U0362471

"人民教育家论坛"文库

教育 从自发走向自觉

主编◎陈玉琨

华东师范大学出版社
·上海·

图书在版编目(CIP)数据

教育:从自发走向自觉/陈玉琨主编. —上海:华东师范大
学出版社,2012.7
("人民教育家论坛"文库)
ISBN 978 - 7 - 5617 - 9808 - 9

Ⅰ.①教… Ⅱ.①陈… Ⅲ.①教育—研究 Ⅳ.①G4

中国版本图书馆 CIP 数据核字(2012)第 178849 号

"人民教育家论坛"文库

教育:从自发走向自觉

主　　编　陈玉琨
策划编辑　彭呈军
审读编辑　车　心
责任校对　邱红穗
装帧设计　陈军荣　杜静静

出版发行　华东师范大学出版社
社　　址　上海市中山北路 3663 号　邮编 200062
网　　址　www. ecnupress. com. cn
电　　话　021 - 60821666　行政传真 021 - 62572105
客服电话　021 - 62865537　门市(邮购)电话 021 - 62869887
地　　址　上海市中山北路 3663 号华东师范大学校内先锋路口
网　　店　http://hdsdcbs. tmall. com

印 刷 者　苏州工业园区美柯乐制版印务有限责任公司
开　　本　787 毫米×1092 毫米　1/16
印　　张　15.75
字　　数　210 千字
版　　次　2012 年 10 月第 1 版
印　　次　2024 年 11 月第 7 次
书　　号　ISBN 978 - 7 - 5617 - 9808 - 9/G · 5801
定　　价　32.00 元

出 版 人　王　焰

(如发现本版图书有印订质量问题,请寄回本社客服中心调换或电话 021 - 62865537 联系)

总序

（一）

这是一部扎根于中国大地的"草根"教育学,作者是一批奋战在一线的现任中学校长。为不断完善中国的教育,他们一直在苦苦思索着"教育是什么"、"教育为什么"以及"怎样才能办出真正的教育"。中国社会正处在转型期,中国教育正面临着前所未有的挑战。社会也急需中国教育工作者对这些问题给出与时代发展相吻合的答案。

教育:从自发走向自觉

校长是学校教育的践行者,在很大程度上,他们对教育的理解决定着教育的样式。糊涂的校长办糊涂的教育,自觉的校长办自觉的教育。为此,教育部中学校长培训中心始终把提升校长的教育自觉作为自己最重要的使命,并为之作出了不懈的努力。在培训中心的各类培训班,尤其是高级研究班,参加的校长也都把提升自己对教育的理解作为学习的首要任务。教育,从自发走向自觉已经成了我国一批教育先行者的追求。

全国第一期优秀中学校长高级研究班班长,清华大学附中校长王殿军坚信:"教育是什么,教育为什么,教育工作者的使命在哪里? 只有搞清这些问题,我们工作的目标、价值和意义才能更明确。……学校的使命是如此重要,它直指学校的存在理由与价值追求;使命是校园的灵魂,它让每一个前行的人听到有力的召唤,看到光明的指引。"

东北师大附中校长李桢则对此作了理论的回答。她说:"'自觉'是个体自我意识发展的主体表征,'自'是主体性的表述,'觉'是内心的觉悟和自我意识的主动觉醒与成熟。"她进一步指出:"自觉教育的内在含义,就是真正给予学生这个特殊阶段的'人'以符合规律的教育,也就是在合规律性与合目的性的结合点上寻找中学教育的责任与使命。"

兴教当以百年计，育人当为百年谋

在今天的中国，"教育是什么?"是一个在马路上随意找一个人就能谈出一大堆见解的问题，当然，一百个人可能谈出几百种理解，一个人上午谈的与下午谈的就可能很不一样，前面谈的与后面谈的也会自相矛盾。尽管如此，可以肯定的是："升学"是绝大多数人在谈教育时绕不开的关键词。对于中学校长来说，"升学"不仅是一个理论问题，更是办学校过程中的实践问题。初中面临的是"中考"，高中直面的是"高考"。面临着政府的、社会的、家长的巨大压力，于是，教育就变成了应付考试的教育。"应试教育"也由此得名。在一个充满浮躁与短视的社会氛围中，"反教育"与"假教育"盛行。

所谓"反教育"就是违反规律的、认"分"不认"人"的教育。拔苗助长，无视孩子的兴趣，忽视孩子的人格。说到底，反教育就是不把人当人的教育。在根本上违反了教育的本意。

所谓"假教育"就是行教育之名，收自己名利之实的"教育"。浙江杭州长河高级中学校长陈立群说，对孩子的爱有"真爱"与"假爱"之分。假爱：名曰爱学生，实则爱自己，教师把学生的成绩当作捞取自己名利的工具，校长把学校当跳板，贩卖文凭是假教育的典型。

对教育的这些问题，浙江省教育厅原副厅长张绪培有非常深刻的论述。对他的见解，本人深有同感。

于是，社会呼唤着"正教育"与"真教育"。怎样才能办出真正的教育?

"正教育"是经得起时间检验的教育。江苏省锡山高中唐江澎校长指出：兴教当以百年计，育人当为百年谋! 这些话语载荷着中华民族的认识智慧与厚重文化，历经千载传承至今，给了我们一种谋划教育的眼界、一种思考教育的角度、一种认识教育价值的历史尺度、一种判断教育功效的时间标准。一派大气，视域宏阔! 如果说中国当今教育还有许多饱受诟病的地方，积弊之由大概多是以眼前之虑替代了百年大计，用稻粱之谋遮蔽了生命之树,急近功利的倾向让本来雍容大度的教育变得短视、浮躁、萎靡。为此,唐江澎特别呼吁:要"把'人的成全'作为教育的至上追求"。

"正教育"是"与祖国共命运"的教育。关于"教育为什么"的问题,杭州二中叶翠微校长借用该校"赤子之钟"的一段铭文作了回答:"我们在此铭心相约:一切皆不能将我和祖国的命运分开,无论是天灾,还是人祸,是金钱,还是权势,是疾病,还是劳累。"在题为"铭心相约:与祖国共命运,让师生心连心"一文中,他强调:"'铭心相约'意味着师生有共同的价值追求;意味着与祖国同命运,与人民共呼吸;意味着学子们承担了为民族复兴和天下大同而求索奋斗的责任。"

"正教育"是为了孩子成长的教育。石家庄市第四十四中面对的是一批朴实无华的孩子。该校校长夏强深深地体会到:社会需要一大批创新拔尖人才,然而,也需要数以亿计的高素质劳动者。与创新拔尖人才相比,我们周围更多的是平凡普通的人,他们说不上多么富有,有多高地位,但却以干净得体的衣着、礼貌谦恭的态度感染他人;他们说不上才华横溢、学识丰富,但却明事理、懂得关心温暖他人;他们活得幸福知足,虽然说不上对国家发展社会进步起着多大作用,但却在平凡的岗位上默默奉献,做好一颗闪闪发光的螺丝钉。他们是社会发展的和谐音符、重要基础。基础教育阶段是为学生持久发展奠基的过程,初中三年可以影响孩子一生。在这一认识的基础上,夏强校长提出"不苛求人人成才,但必须个个成人"的教育理念,并在办学实践中始终坚守着这个教育的真谛,取得了巨大的成功。

"正教育"也是回归生活的教育。深圳市前海学校校长程显栋说:"教育无小事,这是人们普遍认可的;其实,教育也没有多少大事,这也同样是被我们一天天的教育生活证明了的。为此,让学生过好每一天就成了学校教职员工的共同追求。""教育是什么?"根据他的理解,教育"就是一排排高大的芭蕉树下的雕像,就是绿色草坪上铺满的鲜花,就是那阔叶树下自由欢畅游动的金鱼,就是那宣传栏里一张张孩子们的书画、海报,像一首首凝固的音乐,浸润着孩子们的灵魂"。于是,学校把该做的事变成好玩的事,用活动吸引学生,让学生喜欢学习。

教育是人社会化的过程,是基于孩子的实际,引领孩子发展的社会活动。然而,现代的不少学校为孩子确定的是虚幻的理想,让孩子在过度的竞争中过着变态的生活,强加给孩子的是过重的课业与心理负担,缺乏对孩子本性的关怀。这种教育是扭曲的教育,是培养不出德智体美全面发展的社会主义建设者与接班人的。

"正教育"呼唤"真教育"。"真教育"拒绝任何人把教育当作谋取私利的工具。它把学生的成长,而不是学生的成果当作学校教育成功的标志。"一切为了学生,为了一切学生,为了学生的一切",这才是"真教育"的真谛。

教育执着于真善美

为全面贯彻党的教育方针,多年来,我国基础教育改革的一批先行者积极探索全面实施素质教育之路,创造了一批富有启示意义的素质教育模式。其中,江苏省苏州十中校长柳袁照倡导的"本真、唯美与超然的诗性教育"、唐山市开滦一中校长张丽钧的"追求美的教育"、浙江省杭州长河高中校长陈立群的"爱与责任的教育"、上海市曹杨二中校长王洋的"文理相通,人文引领的博雅教育"以及河南省新乡市第十中学校长马玉芬的"阳光育人,多元发展的教育"等都给人们留下深刻的印象。

柳袁照说:"诗性,是美好的,又是从心所欲不逾矩的,是一种审美境界,也是一种道德境界,融审美情感与道德情感为一体。它是一种对高尚优美的人格的向往,也是受教育者的情不自禁的追寻。'诗性教育'在某种程度上,是一种以'浸润'为特征的教育,它让教育成为一种自然的流露和呈现。"

张丽钧说:"教育工作者要做一个美的'布道者'。懂得教育之美,理解教育之美,并执着于教育之美。追求美的教育就是要以对教育美的理解,实现教育对美的追求;以教育对美的追求,丰富及完善教育之美。"

陈立群说："教育是一种培养人的社会活动。爱是教育的内在动力，而责任则是个体对外在社会规定与内在自我要求的意识与实践行为。教育需要责任，也需要培育学生的社会责任。"在此基础上，他进一步区分了教育中的"真爱"、"假爱"、"错爱"以及每一种不同的爱的相应责任表达。长河高中立足于爱与责任为主题的系列教育活动，走出一条从创办宏志班到提炼宏志精神，从宏志精神的迁移到精神教育的成功之路。

王洋说："教育必须尽力让学生感悟人生真谛，诸如生命与生活、幸福与自由、个性与尊严等，增强对人生本质和价值的理解，寻找现实生活永恒的精神支柱，挖掘个人前进的不竭动力。"为此，他认为，"文理相通、人文引领"的博雅教育是以人为本的教育理想体现，他倡导引导学生自我完善的人文追求；期望从师生的德性锤炼开始，让师生成为有思想、灵魂和判断能力、有人类共同理想和普世价值的文化人；期望通过博雅教育引导学生不要过分地追求功利，而是要淡泊名利成为精神高贵的自由人。

马玉芬说，我们确立"阳光育人"，志在把学校打造成充满理想和热情的学校，使师生人人都有内在的生命活力；努力营造阳光和谐校园，让学校成为教师发展的乐土，学生成长的乐园。阳光是多彩的，是"赤橙黄绿青蓝紫"多彩的统一。单一的发展不可能是阳光的，也是违背人性的。确立"多元发展"目的是给每一位教师搭建多元发展的舞台，让每一个学生都有自己成长的一片天空。充分挖掘每个师生的潜能，充分张扬每个师生的个性，努力铸造每个师生的成功。

这是一线校长对教育的理解！一篇序言在有限的篇幅里不可能对本部丛书的每篇论文都作出概括。不过我相信，无论本序言中提到的还是没有提到的论文，它们都是独特的，对我们当下的教育都会有启示意义。

（二）

本部丛书是"全国优秀中学校长高级研究班"成果的展示。"全国优秀中学校长高级研究班"是教育部为培养一批能引领我国基础教育改革与发展的教育家型校长而举办的高层次校长研究班。

改革开放以来,随着我国经济社会的不断发展,培养造就社会需要的大批合格人才,促进我国教育事业持续、健康发展,成为时代对教育的迫切要求。在这一背景下,教育家办学问题逐步受到教育工作者乃至全社会的重视。党和国家领导人对这一问题也给予了高度关注。早在1986年,邓小平同志就明确指出"我们也希望中国出现一大批三四十岁的优秀科学家、教育家、文学家和其他各种专家"。1996年,江泽民同志强调"高校的党委书记、校长应该努力使自己成为社会主义的政治家、教育家"。2006年以来,温家宝总理先后四次发表关于教育家和教育家办学的讲话。温家宝总理在2006年的《政府工作报告》中提出:"要培养一支德才兼备的教师队伍,造就一批杰出的教育家。"在2007年的《政府工作报告》中,温家宝总理又提出:"要提倡教育家办学,鼓励更多的优秀青年终身做教育工作者。"在促进我国教育发展专门举行的教育座谈会上,温家宝总理也多次强调吸引优秀人才从事教育工作,培养和造就大批教育家的重要性。

党和国家领导人对教育家和教育家办学问题的重视,不仅反映了国家对我国教育形势和任务的认识,同时也反映了教育发展规律的要求,说出了我国广大教育工作者的心声,因而受到我国教育界的热烈欢迎和热情回应。教育部对"教育家办学"问题非常重视,将培养造就大批教育家型校长、促进教育家办学局面的早日形成作为促进我国教育健康发展、促进教育质量不断提高的重要措施。2007年3月8日教育部印发的《全国教育系统干部培训"十一五"规划》提出:"举办实施素质教育高级研究班等班次,培养一批引领中小学校改革发展的专家型校长,努力造就一批实施素质教育的带头人。"2007年5月18日国务院批转教育部执行的《国家教育事业发展"十一五"规划纲要》中更明确提出:"提倡教育家办学。选拔一批忠诚于党的教育事业、能力突出、潜心办学的优秀人才担任各级各类学校的主要领导。改进对学校主要领导干部的管理与考核制度,加强对各级各类学校领导干部的培训,不断提高领导学校发展与改革的能力。

加强各级各类学校领导班子的思想建设、组织建设和作风建设,增强建设和谐校园的能力"。教育家办学由此成为我国教育政策的重要内容,成为促进我国教育干部队伍建设、促进教育质量不断提高的重大政策措施。

为贯彻落实《国家教育事业发展"十一五"规划纲要》提出的"提倡教育家办学"的要求和《全国教育系统干部培训"十一五"规划》精神,有目的、有计划、有组织地促进教育家型校长成长,储备教育家型校长后备人才,大力营造"教育家办学"的格局,促进我国基础教育质量的不断提高,教育部人事司作出了相应的工作部署。2009 年 4 月 23 日,教育部人事司原副司长吕玉刚在武汉召开的"全国中小学校长培训工作研究会第十一届年会暨全国教育干部培训工作研讨会"讲话中,将"以培养造就教育家型校长为目的的高级研修培训"作为"贯彻全国干教会精神,扎实推进大规模校长培训工作"的重大措施,并提出"为促进教育家型校长成长和储备教育家型校长后备人才,依托教育部中学校长培训中心和教育部小学校长培训中心,连续 5 年每年遴选一批特别优秀的中小学校长,通过名师指导、境内外访学、立项研究、资助出版等形式,进行为期 1-3 年的重点培养,努力造就一批教育家型的杰出校长"。

根据教育部人事司的工作部署和有关指示精神,教育部中学校长培训中心从 2009 年初开始筹办"全国优秀中学校长高级研究班",并于同年 7 月正式开班。

在全国首期"优秀中学校长高级研究班"的开学典礼上,教育部副部长李卫红指出:"称之为家的,如企业家,可以说这样的称谓现在并不少见,但是现在很少有人将教育工作者称为教育家,真正的教育家,还没有得到社会的认同,他们的教育思想及教育实践成果,没有在更大的范围内得到承认,其影响不能在更大范围内产生作用。与此同时,一些因片面追求升学率而成功的做法,往往被社会追捧,也从一定意义上影响了我们对教育家的认可。"李卫红坚定地认为:"让教育家去实践教育和管理教育,让他们真正成为教育事业的骨干力量,成为教育思想的创造者、教育实践发展的引领者、指导者已经成为时代的要求。"她说:"中学校长培训至今已经有 20 年的历史,20 年里培养了一批优秀的、活跃在我们祖国各地,特别是名校的优秀校长。所以在 20 年后,在以往的工作基础上,办这个高级研究班,是非常适时的,完全有能力办好的。如果说,在 20 年前就办这样的优秀校长高级研究班或许还有些早,那么 20 年后的今天是完全可以办好的。"

全国优秀中学校长高级研究班正是根据教育部与教育部人事司的指示,为在我国造就一批教育家型校长而进行的研究活动。这一活动受到了全国中学校长的欢迎,在大家共同努力下也逐步显现出了一定的成效。

(三)

教育部中学校长培训中心一直认为,教育家是在实践中成长起来的,仅仅依靠培训是不可能培养教育家与教育家型校长的。但是,培训确实能为校长走向教育家提供一定的帮助。这些帮助主要是:

第一,理论的支持。理论是千百年来世界各国教育工作者在实践与实验基础上对教育活动理性概括的结果。如果能与实践结合起来,它对一线的教育工作者会有很大的启迪作用。

第二,交流的平台。校长与校长之间的交流和思想的碰撞是校长观念提升、能力提高的最好途径。教育部中学校长培训中心聚集了一批全国最优秀的校长,在这一平台上,校长之间的交流对校长思想的升华起到了极大的作用。

第三,反思的机会。反思是人对自己以往工作中成功的经验与失败的教训再认识的过程。在 1—3 年学习的过程中,校长有机会认真总结自己的工作,梳理自己的思想,在规律性水平上重新认识教育,以著书立说的方式呈现自己的研究结果。这无论对校长自身还是对其他校长都有促进作用。

在实践基础上形成自己的教育思想,理清自己的教育理念,对校长而言是十分重要的。根据我们的研究,一个校长(同样也适用于教师)成为教育家要经历下述三个阶段：

1. 先成才（Being A Qualified Educator）：先成才意味着要成为教育家，首先要成为教育领域的专门人才。教师要成为合格的教师，校长要成为合格的校长，他们要熟悉教育的规律，懂得国家的教育方针，知晓国家的教育法律法规；教师要具有一定的教育与教学的经验，校长还要具有一定的学校行政与管理的经验，有足够的专业知识、技能与能力去完成自己所承担的教育或管理工作。其承担的工作能使学生、同事、社会各界与政府领导满意。

2. 后成名（Being An Advanced Educator）：成为合格教师或合格校长后，基于其对教育事业的热爱、专注和付出，凭借着独特的人格魅力与教育智慧，校长与教师都有可能获得良好的办学绩效，在同行中和社会上享有广泛的声誉，为他人所敬仰。社会各界对他们办学成效的认可，使他们当之无愧地成为"名师"或"名校长"。在大多数的情况下，"名师"或"名校长"的称号不是来自上级行政部门的加封，也不是学术职务评定的结果，这些称号来自社会的认可，来自同行的认可，"名校长"或"名教师"的称号具有较强的民间色彩。然而，这种民间的认可要比官方的承认更具权威性和影响力。

3. 再成家（Being A Great Educator）：不同于"名师"或"名校长"，教育家型的教师或校长其最显著的特征是，他们具有独特而鲜明的教育思想。这些思想是能够示范与迁移的，是能够带动、引领一个地区，甚至一个时代教育发展的。这就是教育家的价值：他不只是在办一所学校，而是通过一所学校带动一个地区甚或一个时代的教育。

正是基于对教育家这种巨大社会价值的认识，近年来，浙江省、江苏省与吉林省等地正在分别实施"浙派教育家共同体"建设、"江苏人民教育家培养工程"与"吉林省杰出中小学校长高级研修工程"等工作，他们选拔一批特级教师及办学成效显著、有办学追求的中小学校长进行重点培养，使他们成长为在国内外有重要影响、具有鲜明教育风格的人民教育家。

此外，由上海市教委、江苏省教育厅、浙江省教育厅三地联合举办的

"长三角地区中小学名校长培训班"也于 2010 年委托教育部中学校长培训中心牵头,联合江苏省教育行政干部培训中心、浙江省教育干部培训中心举办。

根据教育家成长的规律,教育部中学行政培训中心十分重视名校长教育思想的提炼。可以说,在为期 1—3 年的高研班培训期间,其核心工作就是为了这些校长早出思想并出好思想。在这个过程中,其培训要点有:

1. 隐性知识显性化。众所周知,人所知的往往比其所能说的与写的要多得多。在我国的校长队伍中,校长们具有大量的隐性智慧,如何将其潜在的、隐性的知识显性化,是培训的重点之一。每位校长在办教育、抓管理过程中都积累了很多的经验,这些知识当然有不少是隐性且不能言传的。我们承认"可意会而不能言传"知识的客观存在。但是,可以肯定地说,其中绝大部分只要我们仔细加以梳理是可以显性表述的,是可以用文字或口语的形式加以传播的。当然,这是一件很艰苦的工作,所以很多人就以"可意会而不能言传"为由来加以搪塞。针对这一情况,"全国优秀中学校长高级研究班"把将校长"可意会的知识"转化为"可言传的知识"作为自己的重要任务,帮助校长提炼思想,明晰理念。这就是"隐性知识的显性化"。

2. 个别知识普遍化。规律总是具体的,与一定条件相联系的。为此,按教育规律办学,就要排除偶然性的影响,个别知识的普遍化就是不断地排除偶然性,从而不断逼近教育本质与规律的过程。校长在办学中的诸多实践,有成功的经验,也有失败的教训,个别知识普遍化就是要校长从理性的角度去思考和厘清这些问题的重要过程。其结果就是校长能更为坚定地坚守教育的规律,使其成果能有更大的推广价值。

3. 零散知识系统化。办学过程中,校长掌握了丰富的知识,而这些知识,往往是零散的,缺乏系统性,难以形成体系,如果不把这些知识加以系统整理,那么校长的一些具有借鉴意义的做法,只能停留在"做法与想法"上。零散知识系统化则使校长的办学思想成为体系,使其他学校能够借鉴其思想，从而在自己的基础上，创造新的模式，而不是简单地照搬、照套一些所谓"成功的做法"。

"全国优秀中学校长高级研究班"开班已经两年多，至今已有 25 位校长做了办学思想的介绍。我们非常欣喜地看到这些校长的思想一批比一批成熟，认识一批比一批深刻。"人民教育家论坛·全国优秀中学校长教育思想研究"是开放性的论坛，相信以后还会有更优秀的校长登上这一论坛，发表他们更有质量的成果！

陈玉琨

2011 年 10 月 16 日华东师范大学建校 60 周年之夜

于丽娃河畔

目录

自强不息,超越自我——学校精神的再塑　　105

(辽宁省沈阳市第五中学　周琦)

以孩子今天愉快学习,促学生明天终身发展
——教育,为学生创造多元价值　　131

(山东省青岛市第二中学　孙先亮)

校长的追求——让教师成为最幸福的人　　161

(山东省济南市第五中学　陈仕学)

教育：从自发走向自觉

东北师范大学附属中学　李桢

人要经由教育才能真正成为人,教育关乎国家的未来、民族的明天与每一个孩子及其家庭福祉。能够成为一名中学校长,在学校中有机会来践行自己的教育理念,我感到十分光荣,也深感责任之重大。我是一名走上校长岗位不久的新兵,刚刚完成学校班子交替的平稳过渡,还没有形成自己系统理论化的教育管理体系,要完成教育思想的提升,是一件非常困难的工作。因此以下所谈及的观点,更多的是我在附中工作21年的一种体悟,是植根于自己成长历程和附中传统的总结与梳理,谈及的可能是对学校管理工作的肤浅理解。

一、走向人本:教育的使命与责任

教育是培养人的一种社会活动,人是教育的核心原点,一个人的成长全程,都与教育活动相伴生。不论是家庭教育、学校教育、社会教育还是自我教育,都是使人成为人的重要活动。《国家中长期教育改革和发展规划纲要》明确将"育人为本"作为教育改革发展的核心价值取向,只有做到"育人为本",才能促进学生的全面发展和学校的可持续发展。

(一) 呼唤人本的教育是时代的热切诉求

作为一名校长,身处教育变革与发展的伟大时代,要能从社会发展的现实与未来的高度思考学校的发展,可能会更好地把握学校发展的大势。2004年联合国教科文组织在《面向所有青年的优质教育:面临的挑战、趋势和优先事项》中提出:"全球化其实是一种文化的主要特征,即一种独特的思想、行为、居住和组织世界的方式,也就是人们通常所称的'现代化'。市场和技术的全球化则是它发展的一个自然结果,又反过来发挥作用,加快了'现代化'传播的速度,并使全世界人口的生活条件发生了巨大的变化。"全球化归根到底是为了人,即"为了每一个人更加平等的、更有尊严的、相互理解的利益。"在全球化的背景下,我国现阶段的各种现实问题更凸显"以人为本"的重要性。就教育而言,就是"确保所有青年人的个性自主、公民意识、融入劳动世界和社会生活的能力，以及尊重自己个性、接受外界事务与不同文化和不同社会的能力"。鉴于此，我国当前要"优先发展教育，建设人力资源强国"。而建立人力资源强国的主要目标是培养"数以亿计的高素质劳动者、数以千万计的专门人才和一大批拔尖创新人才"，进而建立完善的人才培养体系。这将在相当长的时间内影响基础教育的走向。

现代教育不仅应培养能够适应社会的人，更应培养能够主动改造社会的人。教育视域中的人，是适应性与超越性的统一。适应是手段，超越才是目的。知识经济时代要求当代教育的本体功能由"塑造人才"向"设计未来"转变。这种转变，凸显主体性教育的重要性，国家与社会发展要求教育培养具有自主性、能动性和创造性的人。创新意识与能力的培养，是现代教育的主旋律。

人是教育的出发点，也是教育的归宿，"培养人"是教育的本真使命。不同的时代背景，对培养人有不同的理解。这里的"人"不仅包括学生，还包括教师，他们都是学校教育中至关重要的因素，这样的人，是真实而鲜活的生命个体，是充满欲望与需求的发展个体。"真实的人是现实的具体人，是具有差异的人，是具有平等权利和尊严的人，是全面、完整的人，是具有主体性的人。"①

在此认识的前提下，我们希望培养传统的现代人。没有传统就没有血脉，没有现代就没有未来。现在的孩子是有现代没有传统。20世纪末台湾学者南怀瑾提出要培养"亦新亦旧的一代"很对。

我们要培养民族的世界人。教育的阶级性在现实首先体现于为建设现代民族国家服务，在全球化背景下还要有世界意识和天下情怀。

我们要培养全面而有个性的人。全面发展永远是健康个性的前提。全人教育与个性化教育是一体两面。现代学生有个性，但缺少健康个性。

我们要培养不断追寻和创造内部世界和外部世界相和谐的人。不能

---

① 冯建军.回归"真实的人"：未来中国教育发展的哲学解读[J].人民教育,2010(9).

只强调外部世界的实践。现在的孩子缺少内部世界的建构,心灵世界萎缩。没有内部世界的真善美的建构价值及其空间的拓展,外部世界的真善美秩序也无从建立,外部世界的生存空间也无从拓展。现在只是一个世界的教育,事实上两个世界都需要创新,《大学》讲:日日新,又日新。不断实现自我超越。

因此,基础教育不仅要把握学生作为人的身心发展的阶段性规律,还要适应循序渐进的教育规律,以此科学地促进学生的健康发展。"以学生为主体,发挥学生的主动性,关心每个学生,促进每个学生主动地、生动活泼地发展,尊重教育规律和学生身心发展规律,为每个学生提供合适的教育。"①对个体而言,合适是选择教育的重要标准。由于个体差异的存在,合适的教育成为个性化教育的最好诠释,学校教育应该为学生选择适合自己的教育提供多种可能,特色学校建设的意义与价值也在于此。

(二) 高中教育应着力完成学生主体意识的培育

普通高中教育是基础教育的重要组成部分,《教育中长期发展规划》中指出"高中段是学生个性形成、自主发展的关键时期,对提高国民素质和培养创新人才具有特殊意义。注重培养学生自主学习、自强自立和适应社会的能力,克服应试教育倾向。促进学生全面而有个性的发展"。高中段之所以是学生自主性发展的关键期,由高中生身心发展的规律与特点所决定。高中是学生主体性、能动性和创造性形成的奠基阶段。

人的自我意识的产生与发展与人的社会化过程紧密相连。李晓文教授认为"自我的本质则在于对自身的主宰,是每一个有形个体的无形主人,突出了人作为'类'的个体存在的主体性。认识自己心理活动和精神状态,并将之显示出来,这就是通常所说的自我意识。"②我理解,人对自我的认识与人的生理发育同时进行,只是我们很少向内叩问自己,我从什么

---

① 国家中长期教育改革和发展规划纲要(2010—2020 年)[M]. 2011:3.
② 李晓文. 学生自我发展之心理学探究[M]. 北京,教育科学出版社. 2001:6.

时候开始认识自己是有别于他人的独立个体，如果能明确感知，从心理发展角度就是具备了一定的主体意识。但只有我们把自己作为稳定的主体认识，并通过一定的标准，与他人比较，在与他人的评价比较中，形成自己的个性、能力、态度和价值观的自我认识，形成现实与理想的自我概念，我们这时才能说自己具备了主体性。因此，我们认为，自我的本质是人在认识自己的过程中不断进行自我调节，而调节是以自身和他人行为的参照作比较，这是一个人与他人、人与社会相互适应的过程，即社会化过程。没有他人的参照、人际交往和活动，人的自我意识就无法建立，而只有具备自我意识，人才真正成为人。法国思想家帕斯卡尔用一段生动的文字精辟地描述了自我意识在人身上具有的重大意义。他认为："人只不过是一根苇草，是自然界最脆弱的东西；但他是一根能思想的苇草。用不着整个宇宙都拿起武器来才能毁灭他；一口气，一滴水就足以致他死命了。然而纵使宇宙毁灭了他，人却仍然要比致他死命的东西要高贵得多；因为他知道自己要死亡，以及宇宙对他具有的优势，而宇宙对此却一无所知。"[①]

人的自我凸显了人的主体性，而自我的本质在于人能进行自我调节，这又集中体现了人在自我意识发展中的能动性。自我调节立足于人的基本价值取向与准则，即人的自我需要，这是调节的内在动力。人具有一种天生的自我肯定的价值取向即自尊的需要。弗洛伊德认为，我们做的每一件事的动机都来源两个方面：性的冲动和想成为大人物的愿望。杜威则认为人性中最内在的冲动是"受重视的愿望"。

不同年龄段的儿童在满足自尊需要的过程中，都在进行有目的意向性的自我调节。自我意识的发展也具有目的性，不同年龄段的学生，自我意识的主体性、能动性和目的性都呈现明显的阶段发展特点。美国心理学家戴蒙（Damon）和哈特（Hart）对儿童自我理解进行了实验研究，提出自我发展的四阶段水平理论。其中第四个水平即相当于高中学生的水平，主要是系统的信念与计划，包括哲学或伦理的信念系统、观念的取向

---

① ［法］帕斯卡尔著.何兆武译.思想录［M］.北京：商务印书馆，1986：158.

和人格目标，并以此重新建构一个自我理解的综合体。这时学生不仅是形成系统的自我意识，更为重要的是获得自我作为社会一员的身份确认。他们认为人格和道德的演化影响和形成了自我。美国心理学家塞尔曼（Selman）从社会认知角度也提出了儿童自我意识发展的五阶段理论，他认为 14 岁以后，青少年逐渐意识自我代表一个稳定的个性成分。开始从具体的心理状态认识人格的一般性特点，能够采取一种一般的和公平的第三者观点看待自己，能够有意识地观察和评价内部的自我，进行积极地自我反省，将自我作为观察者和被观察者双重身份分解开，这是意识主体从被动观察者转变为自己精神生活的主动调节者，积极操纵自己的经验，并潜在地有目的调节自己的经验。①

多方面的研究已经表明，高中阶段是学生主体意识的成熟期，也是主体性建构的关键期。当高中学生将自己视为一个完整的具有独特个性的生命个体时，其必然要求得到他人的尊重与认同，并进入个体的社会化角色，开始自己生命和人生的思考。这时的学生不仅要求有丰富多样的活动与人际交往的机会，更在活动过程中进行自我观察与自我评价，从而在更高水平上进行主体性的自我建构，即对人生意义的追问，从自己的价值体现，社会对自己发展的期待，自我的目标定位等价值与伦理层面认识自我、发展自我、完善自我。

因此，我理解"自觉"是个体自我意识发展的主体表征，"自"是主体性的表述，"觉"是内心的觉悟和自我意识的主动觉醒与成熟。这种自觉意识的形成有其生理发育的阶段性特点，更是其心理成长的必然过程。如果能以科学的态度，从学生身心发展规律的角度认识我们今天学校课程与教学的实施、学校德育的教化、学生活动的组织及对学生发展的引导，我们就不难理解高中提倡自觉教育的内在含义，就是真正给予学生这个特殊阶段的"人"以符合规律的教育，也就是在合规律性与合目的性的结合点上寻找高中教育的责任与使命。

_____

① 李晓文. 学生自我发展之心理学研究[M]. 北京：教育科学出版社. 2001：42—72.

自我主体性发展的理论为东北师大附中自觉教育理念的建构提供了坚实的理论支撑;高中阶段学生身心发展规律和教育教学规律,为学校开展以培养学生主体性为核心的自觉教育提供了落脚点;而东北师大附中六十年的历史与文化积淀,也为践行自觉教育理念提供了鲜活和直接的经验。

二、追求自主:东北师大附中的历史与文化

每一所学校都是一个历史性的存在,不了解本校历史的校长,无以承继学校的传统,更难把握学校的未来。东北师大附中在"精神如山,文化似水,创造如歌,发展为行"的六十年历程中,始终坚守"为学生一生奠基,为民族未来负责"的宗旨,为学生全面而有个性的人生发展奠基,尊重师生自由,崇尚包容与责任,努力营造一种开放的环境,提倡一种减少压抑、增加快乐、尊重个性、关注健康、懂得感恩、拥有个人成长价值感的适合学生发展的教育,并积极帮助学生构建基于考试、高于考试,融合学习内容、学习方法与学习规律于一体的个性化学习体系,让每个学生成为自身发展的主宰者。

(一) 东北师大附中办学史中的价值沉淀

基础教育是教育大厦的基石。东北师大附中作为吉林省基础教育的排头兵,六十年来,一直对如何培养人才进行着不懈的探索。学校成立于1950年,其前身为成立于20世纪40年代的长春三中和松北五省联中。附中的发展始终抓住"人的发展"这一教育主旋律,在教师和学生两个层面进行教育教学和学校管理的探索,积累了自主发展的宝贵经验。

1. 教师优先发展

东北师大附中1950年建校至今已经有60多年的历史,成立伊始,就是东北师范大学着力打造的教育改革实验基地。学校的第一批教师都是来自师大各院系的青年骨干教师。他们带来了大学学术自觉、责任自觉、

研究自觉的精神,这种精神为附中的文化传统奠定了基础,并在当时创造出了很多在全国有影响的成果。

建校伊始,附中首位校长、著名教育家陈元晖先生就提出附中教师"要做教育家,不当教书匠",期待附中教师要将教师工作看成是一种事业追求,要有成"家"的抱负,而不是将教师工作仅仅当做谋生的手段。1952年初,学校设立教学小组,提出师徒带教,开展教学研究,要求每一位附中教师讲一门大学专业课,要求教师写教学手记,开设教师文言文进修班,数学提高班,提高教师的学科教学能力。

1951年,附中首次举行公开教学,1953年,学校开始研究"学生学习质量和负担"、"学生成绩考评办法"、"班主任工作内容和工作方法问题"并召开全校研讨会。1954年,学校首次评选先进工作者。1954、1956年举办了二届教育教学经验交流会、展览会,就文学汉语分科教学、基本生产技术教育、启发学生积极思维等热点问题展开深入讨论。1955年,创立教育研究专刊《附中教育集刊》,截止1958年,学校教师发表高质量论文136篇。1961年,语文组在全省中学语文教育研究会上推出教学观摩课,汇报经验,推动我省语文"双基"教育的发展。同年学校着手制定教师培养提高的四年规划,总结了颜振遥、朱维伦、王德福、王鳌、张君贤、李炳庚等6名优秀教师的教学经验,召开教育经验研讨会。附中通过多种形式激励教师自主发展,将学校的培养目标内化为教师的事业追求,培养了一大批学有专长,德高望重,在全国有影响力的名师,颜振遥、朱维伦、张翼键就是那批教师的典范。

文革过后,学校采取多种形式鼓励教师钻研业务,设定固定的教师进修时间和进修小组,创立教学研究室。1978年开始,朱维伦、彭继尧编写的《数学习题集》(几何部分)、《代数学习指导》、物理组编写的《物理习题集》、化学组编写的《化学习题集》相继出版,在全国各地广为使用,影响巨大。

1979年,学校组织召开文革后第一次教育理论研讨会,重点研讨评价凯洛夫教学论思想,同时学习赞可夫、布鲁纳的教学理论,解放教学思想。1981 年组织学习讨论苏霍姆林斯基、巴班斯基的教学论思想。1980年,我校颜振遥、朱维伦、魏大久、王德福、汪康成、张君贤、刘士俊、孙荣祖、张国华等九位教师荣获吉林省首批特级教师称号。

改革开放初期,为适应整体改革的开展,学校从 1984 年开始设立教学百花奖竞赛活动,这是师生共同创造的一种课堂教学改革模式,为教师提供了展示教学能力的机会和创造的舞台,延续至今已经 29 届,在全省乃至东北三省形成广泛而深远的影响,学校工作呈现出推陈出新、百花齐放的局面。20 世纪 90 年代起,学校改进了师徒带教探索培养青年教师的有效机制。学校不仅进行了学制改革实验,而且在全国率先尝试初中综合课程改革,组织教师编写 9 本自然科学基础教材和社会科学基础教材,经过 6 年的完整实验,取得了丰硕成果,也培养了一大批研究性的教师。90 年代中后期,学校承担国家教育部的重点课题,进行分层次教学、学分控制的系统选修课实验,建立了服务于学生全面发展的课程体系。其中分层次全员走班教学和普通高中课程体系的实践研究为教育部重点实验项目,为国家新一轮基础教育改革提供了实践经验。学校在国家课题运行过程中,完善和改进了教科研工作,使其真正开始服务于教师和学生。

进入 21 世纪以来,在校长孙鹤娟教授文化管理理念的引领下,学校开始了大刀阔斧的改革。她认为教职员工的管理角色具有双重性,教师要先于学生而明确学校教育目标,因此教师要主动发展;管理过程要实现造就人的"二级传递",要实现学生的发展,需要教师的中介环节的培育,因此教师要优先发展。为此,学校坚持尊重人、激励人、发展人的原则,需求为先、机制配套、发展为本;用文化管理的理念凝聚学校精神;引导价值追求;培育团队文化;用学校发展目标影响教师的价值选择、转变生存观念、提升人文境界、培育现代教养,理性整合学校目标与个体价值追求,使教师由自发进入自为状态,实现学校与个人的自觉全面发展。

应当说文化管理是学校管理的理想境界,现在从教师发展的主体看,文化管理更着重教师的自主发展,着重培育教师的教育自觉,以教师对教育的理想追求,引导学生的健康发展。没有一大批师德高尚、业务精湛的教师,就不可能培养高水平的学生。因此,教师的教育自觉,是文化管理在附中发展的新境界,也将是今后一段历史时期内,我校教师发展的主要方向。

十年来,附中进行了两轮人事与分配制度的改革,以人的发展性需求为主,通过体制与机制的改革,引领教师的自主发展。学校实行全员竞聘上岗,从学校管理干部评聘到教师和职员工人岗位竞聘,遵循自愿申报,全校述职,民意推选,专家答辩等公开民主的程序,以此促进教师教育自觉的提升。同时,学校在全国率先实行岗位结构工资改革,体现多劳多得,优劳优得,报酬向一线教师倾斜,努力提高教师物质待遇,满足教师多元化的发展需求。同时建立教师专业发展激励机制,引领教师精神发展需求,学校评选首席教师、标兵教师和特色教师,为教师搭设多元发展平台,鼓励教师的专业成长。

历经60多年的风雨洗礼,学校逐步将教师的被动发展转化为基于教师事业追求的自主发展,用学校文化引领教师发展,用学校文化濡染教师,使教师能自觉领悟和认同学校的发展目标和培养目标,并将其内化为自己的自觉行为,创造性地投身学校的教育教学中,以促进学生的全面发展。

2. 学生自主发展

学校不仅要成为学生学习的地方,更重要的是要成为他们生命成长的地方。20世纪50年代,学校注重对学生进行"五育"(德、智、体、美、综合技术教育)培养,建立木旋车间、无线电车间等实习基地,组织共产主义书刊推广站,测绘小组,让学生亲身参与社会实践,体验创造的喜悦。学校组建大乐队和田径运动队,连续多年获得长春市中学生田径运动会团体总分的第一名,乒乓球队代表吉林省参加全国少年乒乓球锦标赛获第三名等等。丰富多彩的活动让学生的特长得到了充分的发挥。

20世纪60年代,学校又提出学生四主教育,提倡以学生为主、自学为主、读书为主、训练为主,注重学生的自主发展,开设劳技、学农等社会实践,组织学生社团活动,在学校设施设备非常贫乏的年代,仍然让学生得到了比较全面的发展。很多老校友回忆,那时的学生夏天要在南湖学会游泳,冬天要在学校操场学会滑冰。每天晚上六点开始晚自修,同学们自由讨论,相互学习,发愤图强,每个人都努力成为自觉学习的学生。而教师的讲授也是开放的,允许学生当堂质疑。老师给学生的作业并不多,但要求学生自己完成的内容很多。东北师大史宁中校长是我们60年代的老校友,他常和我们讲,他喜欢数学的原因是源于对数学的兴趣与爱好,那时他是数学课代表,老师每天在黑板上要留一道题,如果没人能解出来,课代表就必须给全班同学解出来,有时一道题要想好多天,为了能让老师出的题都有解,他自己把当时能找到的数学题都做了一遍,也因此对数学产生了浓厚的兴趣,并成为著名的统计数学专家。

20世纪80年代后期到90年代初期,学校提出了学生三自能力(活动自立、生活自理、思想自我教育)的培养;开展艺术、体育、科技、读书节等活动;成立各类学生社团,组织周六、周日的闲暇教育,开设多门类的活动课,让学生的个性得到发挥,培养了一大批学业优秀、组织能力突出的学生领袖。那时学校的规模较小,每个年级只有六个班,学生都是统考进入附中的学生,学习自觉性和主动性比较强,学校特别注重学生自主学习能力的培养,留给学生的作业很少,但教师的弹性要求很多,学生可以有选择地完成老师布置的作业,每年毕业的学生基本都能升入重点大学深造。

90年代后期,学校在分层走班的教改试验中,为提高学生的综合素质,提出并全面实施"淬砺教育"的德育工作新理论、新模式。其内容概括为:训练其行为,锻炼其意志,锻炼其精神。淬砺教育主要有实践锻炼、远足拉练、行为训练、学习磨炼和体育锻炼等五大途径,得到社会广泛的认同。学生的军营训练、学农实践、工厂参观、东北三省三校学生夏令营活动,都从那时开始历经十多年保持至今,成为学生主体性教育的主要实践活动。

新世纪开始,学校探索主体性的德育实践,强调学生在学校活动中的自主管理。学校的各种学生社团活动,每周的升旗仪式、大型的体育运动会、艺术节、社会实践活动等都由学生自己组织。在自主管理过程中,不仅锻炼了学生干部的组织协调能力,更培养了学生自主发展、自信自强的主体意识。

60多年来,学校不仅在教师自主发展、学生自主发展方面积累了丰厚经验,由于隶属大学,较少行政干预,学校自身发展也体现出独特的自主性。多年来学校一直坚持科研为先导,改革为动力,质量为生命,管理为保障的原则,自觉遵循学生身心发展规律和教育教学规律,并以此为指导开展学校各项工作,学校的精神始终是一面旗帜,引领一代代附中人,不断创新,追求卓越。

60多年来,学校始终坚持对未来、对事业、对人生的真善美境界的追求。学校教师的业务水平、人才培养质量一直都保持全省、乃至全国一流水平,"追求卓越"的信念已经内化为附中人的一种自觉品格。建校以来,学校始终走在基础教育改革的前列,一直保持着教育创新的势头,力行教育家办学:60年代,开展"一条龙"教改实验;80年代,率先进行管理体制改革、综合课程开发,确立"五以"教学思想;90年代,进行个性化人才培养模式和"淬砺教育"探索;新世纪以来,学校探索多元人才培养模式,实施主体性德育策略,建设现代课程结构体系,提倡优效教学。许多做法,均开教改风气之先。60多年来,学校始终拥有一种兼容并包的精神。学校崇尚学术,鼓励创造,提倡百花齐放,尊重独立思想,培育自由开放的文化。为此,附中校园才学术繁荣,名家辈出;附中的学生才富于个性,善于创造,有着巨大的后天发展潜能。

正是学校60年积淀的深厚传统和丰富实践,是学校坚持以学生发展为本的理念,促使我在高阶班学习过程中,思考"自觉教育"这一学校发展的新命题。

(二)我的教育理想与追求

从哲学的意义解读,"自觉"即内在的自我发现和外在创新的自我解放意识。它是人类在自然进化中通过内外矛盾关系发展而来的基本属性,是人的基本人格。自觉是人一切实践行为的本质规律,表现为对于人自我存在的必然维持、发展。人类自觉本质的维护与发展是自由的真实实现。自觉性是指个体自觉自愿地执行或追求整体长远目标任务的程度,其外在表现为热情、兴趣等,内在表现为责任心、职责意识等等。

1. 自觉教育是主体性教育的新样态

人的自觉性是在人的社会实践活动中形成的,其中也包括教育实践。自觉教育是主体性教育的一种新样态。主体性教育思潮的兴起是市场经济与社会民主进程的要求。重视主体意识和创新精神逐渐在世界范围内成为一种普遍的教育改革趋势,联合国教科文组织在《学会生存》中提出,"教育在历史上第一次为一个尚未存在的社会培养着新人"。主体性教育要求"根据社会发展的需要和教育现代化的要求,教育者通过启发、引导受教育者内在的教育需求,创设和谐、宽松、民主的教育环境,有目的、有计划地组织、规范各种教育活动,从而把他们培养成为自主地、能动地、创造性地进行认识和实践活动的社会主体"。①

自觉教育具有鲜明的个体性,"觉"带有鲜明的个体色彩与特质,每个人"觉"的差异,不仅有先天的生理因素,更与后天的环境和教育息息相关。因而自觉教育必然是一种个性化的教育,这与时代发展的趋势吻合。自觉教育充分强调学生作为发展主体在教育活动中的主观能动性,任何外界的条件与环境都必须与学生内在发展的自我调节相适应,学生只有主动自觉地调控并改变自己,教育才能发挥其作用。自觉教育是影响学生未来发展的终身教育,学生自我意识的成熟必然伴随自主能力的发展和自主人格的完善,这些是学生人生发展的心理基础。学生思维品质、学习能力、个性特点及道德观念的养成,高中学段起到关键作用,并将对学生一生的发展起到潜移默化的影响。

2. 附中"自觉教育"的定位

对主体性教育的解读,是定位附中自觉教育的前提。根据高中学生

---

① 张天宝.主体性教育[M].北京:教育科学出版社,2001:43.

身心发展规律和高中教育教学规律,结合东北师大附中的办学传统,我们把自觉教育定位为:以培养学生自主性、能动性、目的性、创造性为基本原则,以学生自我意识唤醒、自主能力发展、自信品格养成、自强精神的树立为主要目标,以课程与教学为核心,以学生主体性实践活动为平台,以教师教育自觉为关键,以学校文化管理为保障,建构适合每一位学生发展的现代学校教育体系。

美国心理学家罗杰斯认为每个人都有维护自我、提高自我、实现自我的动机,这是人最基本也是唯一的动机和目的,指引人向个人理性状态成长。我们从人的本质规定性出发,强调自觉教育的基本原则是通过学校教育教学活动的开展,有目的、有计划地培育学生自我发展的能动性、目的性和创造性,使每个学生在学校教育环境中能得到真正的、平等的尊重,让他们的主观发展需求在不断自我创生、自我完善中走向成熟,并实现基本社会化。具体来说,应从四个方面入手加强培养:

一是唤醒自我意识。从学生自我意识发展的阶段性出发,根据学生自我发展的水平不同,注重学生价值取向、人生意义、社会责任和前途理想教育,从自我发展的低级水平,引领学生建立理想的自我意识,突出学生主体把握自己未来命运的能动作用,让学生从内在需求出发,以目标引领,认识与理解自觉的深刻含义。学生的主体意识愈强,他们参与自身发展、在学习活动中实现自己的本质力量的自觉性就愈大,对自身发展的责任也就愈大,从而对自身提出的要求也就愈高。这是自觉教育能否取得实效的关键。

二是发展自主能力。自主能力是学生自身主体性得以不断发展的能力。其发展水平体现着个体对外部世界、自身以及二者关系的认识和把握的程度,而这又有赖于学生积极地去汲取前人积累的文化知识,有赖于他们主动地在实践活动中加以发展和提高。学生的主体能力发展水平愈高,就愈能充分利用外部条件去发展自身,从而发展自己的主体性。反之,学生的主体能力发展会受到限制。

三是养成自信品格。自信是一个人对自身能力的信任,是一个人性格的核心。培养学生的自信心是让每个学生快乐成长的关键,也是学生乐观面对复杂的社会,保有理想与追求的关键。自信一直是所有附中学生的一种气质,也是学校文化与传统濡染的结晶。

四是树立自强精神。意志、信念、情感等非理性因素在人的自主发展中的作用十分重要。学生在接受知识、发展能力的过程中,应形成勇于克服困难的决心、百折不挠的意志、执着改进的勇气和自强不息的精神,以逐步形成完善的人格。

总之,自觉教育的核心是尊重、促进和激励学生的自我发展,并从学生身心发展的规律出发,以教育学、心理学的理论为指导,通过教育教学活动的具体设计,将学校教育活动从自发的经验层面上升为理论指导下的自觉实践。因此,自觉教育的目的就是为学生提供一种适合自身发展的教育。"让每个学生都得到适合自己的发展",这是主体性教育的终极目的,也是素质教育的价值旨归。对每个学生而言,没有最好,只有更好。适合于自己的,是学生的自觉选择,也是学校的教育选择。由于学生个体差异的存在,学校教育既要满足全体学生共性发展的一般需求,也必须兼顾个体发展的特殊需求,只有增加课程与教学的选择性,提高教师群体的专业性,满足活动的多样性,培育文化的包容性,才能满足不同群体的发展需求,实现学校的特色建设。

三、培育自觉:校本实践的体系与策略

自觉教育是从学生主动发展、个性发展和全面发展角度对素质教育的一种校本解读,这种解读源于东北师大附中历史与文化传统的积淀,也体现了对当下教育的思考与把握。我们把学生自觉性的培育作为学校发展的价值旨归,这就需要科学地制定学校的发展规划,设计学校的教育教学活动,不断提高教师的师德水平和执教能力,整合学校的环境与资源,以促进学生的自觉发展。

（一）以主体性实践活动培养学生的自觉习惯

将道德内化为学生的品德是德育工作的关键。每个学校的德育工作都不能游离于学校教学工作之外，真正的德育是每个教师都能通过言传身教，自觉激发学生的主体性和能动性，培育学生的自省、自律意识和自主发展能力。学校经过系统化、科学化的建构，逐渐形成了以自觉教育为核心理念的主体性德育模式，主体性德育的研究与实践已经被立项为全国教育科学规划"十一五"重点课题。

我们基于自觉教育的理念，强调学生"四自"培养的目标性和养成性，明确年段教育目标。将高一定位为学生自我发展的习惯养成阶段，高二定位为学生自我发展的理想引领阶段，高三定位为学生自我发展的卓越实践阶段。以此规划每个年级的学生管理目标，设计学生活动，并逐步形成"主体性德育实践课程体系"。内容主要包括自我规划、自觉修养、自我砺炼、自主管理、自主实践等课程模组。课程化的德育体系成为培养善于创造、全面发展、个性优长学生的有效途径。

学校把"内养"与"外塑"作为主体性德育的两个向度。学校开设"交际与礼仪"、"国学"、"成长导航"等通选课程，实施"无人监考"诚信教育活动，开展"合理使用手机，拒绝不健康信息"为主题的信息自律教育等，开展"走出校门一步，代表学校形象；走出家乡一步，代表吉林形象；走出国门一步，代表国家形象"的形象教育。主体性德育的实施激发了学生的自觉，使"优秀"内化为精神素养，外化为习惯能力。

学校坚持通过综合实践活动加强学科知识与综合能力的贯通，让学生在实践体验中巩固知识、形成能力。国防教育活动是学校素质教育的重要途径。高一学生入学后都要到军营进行为期一周的军事训练，从1979年至今，坚持了30余年，学校多次被国家有关部门评为国防教育先进单位，成为吉林省国防教育的一面旗帜。学生升入高二、初二都要参加农村社会实践，高中部和初中部先后在双阳区劝农山镇、农安县合隆镇、公主岭大榆树乡和吉林省农科院建立学农基地。今年将改变学农实践形式，结合吉林是国家战略储备粮基地的特点，让学生真正了解现代农业的发展。以学校主包、班级分包形式,开始从 3 月到 10 月的农业生产全程实践活动,提高学生的自主实践能力、自我管理能力,团队合作意识等。高三学生要进行学工实践,学校定期组织学生到一汽、长春客车厂等大型企业参观学习、调查研究,以了解现代工业的发展状况。

学代会、学生会、团委、社团联合会四大学生组织形成了东北师大附中学生自治组织网络。基于"品""学""能"形象代言人活动,学校改革学代会组织方式,改变了一直以来"学生干部"为少数学生"专利"的弊端。学代会积极参与学校管理和建设,监督学生会等学生组织工作,成为畅通表达学生声音和诉求的重要途径。学校加强对学生会、团委两大学生组织活动模式的改革,强调家校共同培养,学生自主流动,探索英才培养策略,建设品学能兼优、领导力突出的学生团队。大批校学生干部获省优秀学生干部、省三好学生、省优秀团干部等荣誉称号,他们中的很多人进入高校后,成为清华大学、北京大学等各大学的学生会主席、副主席等职,成为附中的骄傲,也成为附中在各大高校的"名片"。

学校有"蜚声"主持人协会、"蜚声"记者团、"瀚林苑"书画协会、"粉墨青春"实验话剧团、"青春领域"网络协会、"中国声音"模拟联合国会议团队等 12 个校级学生社团,社团人数每年近 500 人,每个年级和班级还有自组织社团,分类层级化的社团活动,给学生提供了多种成功机会。从今年新高一开始,学校将实施"五三一工程","一",即指五个"一"活动内容,参加一个社团活动(对外展示类),创意一份活动方案并组织一项参与人数在 3 人以上的社会活动,担任一次社会义工,发表一篇文章或主编一本校(班)刊,拥有一项项目研究成果;所谓"三",即指完成其中任何三项方有资格获得附中毕业证书。所谓"五"即指完成全部五项方有资格获得附中优秀毕业生证书。迄今为止,学生社团共出版刊物 35 期,演出话剧 200余场次,制作播出节目近万小时,组织各项比赛近百场,参与人数近 4 万人次,为附中营造了积极健康、丰富多彩的校园文化氛围。

从 80 年代以来,学校的"科技节"、"体育节"、"艺术节"、"社团活动周"逐渐成为传统,"三节一周"活动采取学生自主策划、自行组织、自主评价的活动模式,学校则以物质保障、教师协助、专项指导等方式予以支持,成功地培养了学生的自我管理、交往与实践等方面的能力。我们还将组织广场毕业晚会,学生科学与人文游学考察等活动。在学生自主管理过程中,活动不仅锻炼了学生干部队伍的组织协调能力,更主要的是培养了学生自主发展、自信自强的自觉意识。

以学生为主体的自觉教育,以课程为载体,活动为内容,强调养成和体验,并不等于放任自流,更多的是强调学校管理的刚柔相济,弹性处理。处在身体和心理成熟期的高中生,更多地强调个体的独立性和私密性,其对自尊、平等、公正的需要尤为强烈。这就要求教师在管理学生的过程中,更多地要从"管"向"理"转变。为此,除了学校大型仪式、学生自治组织、课程化的社团活动等多样化的主体性实践活动,培育学生的自主能力和完善人格,更为重要的是要加大教师班级管理能力的培训。附中不断创新班主任培训机制,先后制定了《东北师大附中班主任培养三年规划》、《东北师大附中首席班主任评价方案》、《东北师大附中优秀班主任评比办法》、《东北师大附中见习班主任培养方案》、《东北师大附中五星级班级评价体制》、《东北师大附中社会实践课程方案》等,评选首席和优秀班主任,建立副班主任和见习班主任制度,让更多的不同年龄段教师参与班级管理,实现德育与教学工作的有机衔接。

(二) 以课程建设铺设学生的自觉发展通道

课程建设是学校教育教学工作的核心。我们以自觉教育理念统领学校课程建设,以培养学生的主体性、能动性、目的性和创造性为基本准则,将学校课程规划与开发放在学校所有工作的核心地位,建立以目标导向为原则的课程体系。在对学生需求调研基础上,根据学校人才培养目标和课程目标的定位,坚持目标优先、建设计划、体系科学的原则,实行分批渐进、主辅相济、改进原有、吸纳先进、形成特色的策略,将课程从内容上划分为学科课程、综合课程、核心课程和活动课程;从修习管理上分为通选、任选和自修,从开发向度上分为主导性校本课程和补充性校本课程。

学校鼓励学科教研室组织骨干教师围绕学科特色和培养目标,集中开发学科课程群,并给予充分的项目支持,形成相对成熟的优质校本课程,同时鼓励教师,根据自身专业特点,学生需求和学校目标,开发补充性校本课程。补充性校本课程的运行由学生的选课意愿决定,满足20人开课。如果教师开发水平高,学生选课意向好,学校将给予专业指导,向主导性校本课程过渡。我们希望将学校特色建设课程化、常规化,凸显课程对学生发展的指导功能,并加强校本学分管理体制,将学分管理与课程运行、综合评价和毕业推荐相结合,促进学生的自主发展。

结合新课程改革的契机,我们经过广泛调研、科学论证和深入探索,从2009年开始逐渐形成了特色鲜明、科学完善、现代性、国际化的"目标——模组式"课程体系。依据《普通高中新课程实施方案》中"普通高中的培养目标",我校将学校的人才培养目标定位为:努力培养习惯良好、态度认真,善于独立思考、和谐交往,富有优长智能、创造潜质和天下情怀的优秀学生,并把这七项基本素质,通过"养心、修身,穷理、创新,通技、专长、乐群、经世"八方面的课程目标加以落实。

在目标引领下,以课程模组为切入点,整合课程内容,搭建课程结构,建构了有效通道,学校课程主要由"10条主干道",即身心素养、艺术素养、语言与文学素养、数学素养、人文与社会知识素养、科学素养、技术能力、兴趣特长、交往与实践能力和隐性课程10个课程模组和若干补充性课程组成。在身心素养模组,强化自我规划、自觉修养、自我"砥炼"内容,唤醒学生的自我意识,通过心理分析与成长导航,帮助学生深入了解自我,明确自身的生理和心理特质,并结合学校的期待,进行学生发展的目标引领。而艺术素养、语言与文学素养、数学素养、人文与社会知识素养、科学素养、技术能力等模组课程,主要进行学生自主能力的培养和完善人格的培育。自主能力侧重学生独立学习能力、独立自我管理能力、独立自我监控与评价能力等方面的培养,特别强调贯穿常规课程实施中的品德教育、理想教育、科学态度与方法教育、人文精神教育、行为习惯养成等。它们整合了国家、地方和校本课程,通过具体的"主导性课程"直接有效地落实了学校的课程目标和人才培养目标。兴趣特长、交往与实践能力隐性校本课程等模组，主要通过团队活动、社团活动等多样化的特色活动体验，加强学生与学生、学生与教师间的交流与合作，让学生在多选择的课程中实现自身特长发展，突出优势智能，并内化为学生自信、自立、自强的精神气质，为学生终身发展奠定人格基础。

为了最大限度地培养学生的主体性，我们开发了学校网络版的课程管理平台，使校本课程体系实现菜单化，以满足学生的多元选择。学校对必修课程精益求精，开全、开好国家选修课，充分实现"走班"选课。校本选修课程已运行成熟200余门，涵盖学科类、综合类、核心类、活动类四种类型，菜单化的课程体系保证了课程的弹性和选择性，为学生综合素质、个性特长的发展提供了广阔空间。

为了实现课程与国际的接轨，进行现代视野下的课程建设，学校还立足未来人才发展的需求和日趋国际化的特点，开设了剑桥大学技能拓展课程、头脑奥林匹克课程、中学生模拟联合国、托福、雅思等课程，为学生走向国际搭建了更宽广的平台。同时，借鉴企业界"蓝海战略"思想开设了"超市的经营与管理"、"国学"、"阅读天下——新闻短课"等课程。

课程建设指导学校教育教学的总体设计，我们将立足学校校本课程开发的成熟经验，引进英国剑桥高中课程和国际通行的IBO高中课程，深入研究国际先进的高中课程体系，在现有的国家与校本课程体系中，引进世界元素，整合改进现有课程，设计与探寻适合中国本土文化传统，面向世界及未来发展的学校课程体系，将学校课程建设由"课程开发向课程设计"转变，从而全面提升学校的办学水平。

（三）以学科教学研究提升学生的自觉学习质量

附中从自觉教育理念出发，坚持"教是为了不教，学是为了会学"的追求，将教与学有机结合。从教师层面提高教育教学的自觉性，从学生层面建构自主、独立的学习风格。为此，我们强调在已有经验的基础上，结合新课程改革，将学科研究本质化、对象化、学科化、专题化，提升学科研究含量。由于高中新课程体系的建构基本是以学科内在的逻辑体系为依托，系统性强，覆盖面宽，专业要求高，我们从 2004 年开始与新课程同步启动校本课程标准和多版本教材的学科研究，并以"自主、合作、探究"为核心理念，开展了多轮教研活动，形成完整三年的国家课程标准的校本解读，明确学校教学的基本要求、较高要求和拓展要求，并以此建构学校的教学质量评估体系。2009 年开始，我们基于培养学生独立学习能力的目标，将学生综合发展先分解到各个学科之中，然后再通过学校的综合活动加以评价与验收。因此，学校特别强调教师要深入了解学科思想方法、学科发展历史，学科内容体系建立的基本依据，之后才是具体的学科教学内容选择和授课，并坚持在学科教学中进行学生的学习指导。

学校始终坚持把高品质的教学内容交给学生。常抓教学环节管理，实施以目标导向为原则的"全面、全员、全程"的教学质量管理体系，建立年级与学科的质量管理目标和学生发展目标，建立网络化的过程检测分析与统计评估模型，并从学年开始就尝试全员导师指导。让教师基于学科的实效性指导和价值期许，成为学生理想自我的建构基础和成长目标，并通过各种常规课堂教学的活动设计，培育学生的自我表达、自我管理、自信乐观、自我激励等品质。学科教学内容选择精益求精，基于高考又高于高考，基于教材又不拘泥于教材，注重教学内容与社会生活相结合，从不同视角拓展知识，着眼于学生的终身发展。教师在教学设计上坚持探索多种形式的集体备课，既整合教师个人的教学特点和风格，又使教学在灵活中保持一定的统一。同时特别重视学情分析，根据不同班型，不同程度学生，完成同题异质备课。理方向、深研究、高质量的集体备课，使优效教学得以持续彰显。

学校基于"自觉教育"理念，以"宽基础、重能力、优特长"为目标，注重激发学生学习兴趣，课堂开放灵活、平等交流、参与度高、信息量大，注重培养学生自主学习能力，为使学生养成独立学习习惯，系统开发了体现学校教学特色的"自学任务 + 自学内容 + 自主检测"的"自学案"，并先以项目推进形式，由教研组自愿申报，进行课题研究，全方位进行教师、学生使用调研,在学期中和学期末通过统计数据指导,有针对性推进服务于自主学习的自学网络平台建设,促进学生学习方式的转变。

学校一直以教研活动为载体研究课堂教学效率,在有效教学的研究中引入了微格教学、课堂教学观察、双轮教研、师徒同台等教研新方式,投资百万建设高技术含量的现代微格教室,帮助教师提升课堂教学质量。2008年,我们首次将"课堂教学观察"引入"教学百花奖"活动。通过9个高考学科的群体教研,在学习与创新的过程中,形成自己特色的质性和量化相结合的课堂教学观察量表,对课堂教学行为进行细化研究,以此提炼学科优效教学评估标准,为"优效教学"深入开展开辟了重要途径。

学校一直坚持打造最精华、最精炼的教学材料,给学生"高营养"的学习食粮。学校的同步训练题、高考模拟题,坚持原创和选编为主,明确试题命制的责任人,进行学生试卷评估,让学生在有限时间内,做好题,出思路,讲方法。

学校基于"自觉教育"理念,贯彻启发式教学,人文学科的课前演讲深化思维,提高学生的语言表达、运用能力;课本剧表演、诗歌朗诵节等为学生的潜能提供了释放空间;语文、数学、英语、物理、化学、生物等学科的知识竞赛,既检验了阶段所学内容,又进入探究层面,学思并重,学以致用;奥林匹克学科竞赛、科技创新大赛、航模设计与竞技运动、智能机器人创意与制作、研究性学习、校本课程、一流高校名家讲座、科技节、艺术节、各种体育比赛、社团活动等,都为学生的个性发展创造了条件。

学校教师对学生作业、练习进行全批全改,并通过网络平台对学生作业、考试情况向家长及时反馈,教师对个别学生还进行面批面改,提高了教学的针对性。

学校定期通过教学测评和家长会向学生与家长进行调研与反馈,有指向明确的教学意见调查,有开放性的建议征询,全方位地倾听学生和家长的声音,使其都能主动参与到学校的管理过程中,体现了民主、开放的教学理念。

学生自我发展水平提升的关键是常规课堂教学质量。我们特别想借鉴科学研究的思路,充分利用现代数理统计工具和信息技术,进一步完善教学质量标准体系,教学质量过程监控体系,学生学业评价体系,学科教学优效评价体系,学校教学资源管理平台和自动组卷系统,基于 3G 网络的办公自动化及会议视频系统等,系统建构可以复制的现代学校教学质量保障体系,通过科学、系统和有效的教务管理,提升教学质量,促进学生的全面、主动和个性发展。

(四) 以教师的教育自觉引领学生的自觉发展

教师的教育自觉,应当是教师责任意识的具体体现,是教师基于对教育本质与规律的自觉认识,负责任地从学生的发展规律出发,将自己的发展体验与学养修为上升为一种事业追求,满怀人性的敬畏与爱心去引导、影响学生的自觉发展。

一个好教师就是学生心目中理想自我的模板。高中阶段是学生理想自我形成的关键期,教师应是学生理想自我建立的榜样。教师不仅要学识渊博,而且要尊重学生,个性幽默,认真负责,能从学生的角度换位思考,给出中肯的建设性评价。任何一名忠于职守的教师天然承担着人生哲学家的角色,职业性质会促使教师进行人生意义的思考,从现实工作中感受自身价值的体现,并将自我的价值判断通过对学生表现的评价,传递给学生,影响学生一生的发展。因此,教师的德行是影响学生自觉意识发展的关键。

学校在"自觉教育"理念的指导下,高度重视教师的师德建设,特别强调教师要关爱每个学生的发展,严谨治学、为人师表、自尊自律。通过激发全体教师的自我专业发展意识、关注多层面的教师需求、建立个性化的目标体系、形成不同年龄段的教师发展规划、建构发展性的评价体系等,为教师搭建多样化的教研和科研发展平台。

学校实行教师分层次培养,制定教师发展规划,激发教师个体发展的内趋力,提升教师教育境界。学校 12 个学科教研室分别制定了各学科教师的发展策略和规划,对入校 5 年以下的教师,以师徒带教、自觉学习为主。学校强调师徒带教、培训"双基"。学校以三年为周期,为每位年轻教师配备业务指导教师,同时还实行年级学科教研组集体带教制度,有力地促进了青年教师的成长。学校把"双基"训练作为教师业务能力的基点,强调教师的自我诊断与反思,以新教师学分制培养、青年教师分层次练功及各类研究课为培训载体。每年通过教师基本功大赛、岗位练功大赛、微格教学比赛、百题竞赛等形式,进一步强化教师的教学基本技能和学科基本素养,提高培训的实效。5 到 10 年的教师已经进入业务的基本成熟期,学校主要以教学策略的培养和教学风格的形成为目标,以青年教师研究院为载体开展系列活动,包括课题研究、论坛展示、研究课等。10 年以上的教师,教学风格有了雏形,应该进入业务的成名期,学校通过"名师工程"激发各层级名教师的教学热情,建立长效激励机制,保持优秀教师的内部发展动力,通过各种教研平台,推出名师,带动中青年教师的持续成长。

学校通过改进"名师工程",增大对骨干教师的政策扶持力度,设立专业发展通道,设立校内荣誉教师系列,包括学科首席、学科带头人、学科骨干和学科新秀四个层次,每个层次都以前一个层次作为资格,并与省内教师专业发展挂钩,增加教师发展机会。每个级别评选都由学校学术评审委员会负责审定,保证评选的公正与公开。

学校实行教师学历教育和在职培训,扶持教师的自主研修与专业提高。学校师资主要来自东北师大、北京师大等重点师范大学,清华大学、北京大学、吉林大学等"985"高校优秀毕业生也相继加入教师队伍。目前,学校有博士和博士研究生 19 人,硕士和硕士研究生 248 人,分别占教师总人数的 4.3% 和 56.8%。省级学科带头人 25 人,省级骨干教师 52 人,市级骨干教师 119 人。学校坚持学历教育与岗上培训结合的方式,依托吉林大学和东北师范大学,开展教师继续教育,实行带薪休假,培养学术硕士和博士,并根据教师专业发展的需求,分批选派教师到东北师大、北京师大、华东师大等高校进行业务研修。近年来,英语教师出国研修的人数不断扩大,从 2010 年开始,学校又启动非英语专业教师赴国外研修计划。首批学科骨干教师在寒假已经赴美进行 20 天的短期教育专项培训。通过这种参与式的课程与教学培训，让教师学习和了解课程与教学的最新理念和实施策略，在改变观念的过程中，变革自己和学科组的教育教学行为，真正以学生的发展为己任，唤醒学生的自我认知，发展学生的自主能力。

学校搭设教研平台和科研平台，开阔眼界，锻炼队伍，推出名师，形成区域教研中心，带动学科整体发展。学校有坚持 30 年的"教学百花奖"活动，有跨区域的师大附中合作体，有三省四校青年教师观摩活动，有语文、数学等学科的区域教研联合体，并支持各类教师参加全国、省、市教学比赛与教学研究，每年都有几十名教师获得各种荣誉，提升了学校的品牌。

学校采取"以团队课题为主导，个体课题为补充"的策略，通过重点课题的招标制分解落实，带领骨干教师全员参与其中。学校建立完善的科研管理网络化平台，实行与大学科研评估相近的三类四级课题管理模式，分类立项制度，有国家级、省级、市级、校级精品、校级课题分类管理及经费资助，实行学期教科研成果网上认证制度，还通过评价机制的改革，激励学科教研室带领学科教师开发校本课程群，拓宽学术视野，提升学科素养，使教师获得长足发展。

学校实施教师读书工程，建设书香校园。定期邀请国内外一流专家来校做学术报告，定期组织读书节，校长和教师借助校园网络推荐"好书目"，开展读书报告会，提升教师的修养与文化。

学校进行教师评价制度的改革与探索，从学生的单纯评教，到全校教师的民主评议，学科组内教师的民主评议，教师自我评议与成果认定，努力建构多元化的发展性教师评价机制，以此促进教师德行的修为，学问的精深和发展的自觉。由于评价既涉及量表、问卷与访谈的方法使用，也涉及量化评价与质性评价的权重，而教师的工作更多是无法量化与评估的良心活，因此尊重、激励与发展是评价的主要原则。我们也在探索之中。

朱永新教授认为，一个好教师的成长，最重要的有三条：专业阅读、专业写作和专业发展共同体。学校下一步要在教师发展共同体上下功夫，重点放在教师的自主发展上。完善教师激励机制和多元评价机制，与大学联合成立教师研究院，聘请骨干教师到大学兼任教育硕士指导教师，提升学科研究能力；鼓励名师建立省内学科教研基地，建立开放的群体教研氛围；吸引东北师大教科院和继续教育学院的教师带领硕士和博士到学校带领教师进行课题研究等。而这些举措要想逐步落实，一方面要给教师减压，有充分的时间提高自己，另一方面要缩小学额，提高师生比，让教师有可能实现岗上带薪休假，但外在的压力与条件都必须与教师内在的发展需求相适应，培育教师的教育自觉，唯此，才能使教师的发展具有可持续性。

（五）以学校管理机制的改进培育学校的文化自觉精神

费孝通先生认为文化自觉是指"生活在既定文化环境中的人对其文化的'自知之明'，也即对文化的来历、形成过程、所具有的特色和发展趋势的了解，以加强对文化转型的自主能力，取得决定适应新环境、新时代文化选择的自主地位"。文化自觉，贵在自知之明，贵在责己，贵在自我更新。它要求我们向内转，反求诸己，发现和培育自己的内在优势，从向他方求经学习转向激发自身的活力和创造力。因此，我们既要对学校的历史与文化有自觉的认识，还要自觉地把握学校的发展脉络，顺应时代发展潮流，自主选择学校的发展战略与未来，使学校文化体现社会发展的主流价值，成为生活在其中的师生共同遵循的行为方式和价值选择。

附中的校训要求我们"志存高远、学求博深"。我们也努力在培养"理想远大、知行合一、善于创造、全面发展的民族进步和社会发展的栋梁才"。这样的培养目标应当说涵盖了素质教育的主要维度，可我还是想用一句更通俗的话来诠释我们的教育理念，即"让每个学生都得到适合自己的发展"。因为每个个体的差异是绝对的，而彼此的共性是相对的。我们要满足不同学生的发展需求，就必须为学生开发高选择、宽基础、重体验的课程体系；要使学生得到适合自己的发展，就需要帮助学生认识自我、认识社会、认识世界，把自己放在现时代中规划未来，激发本体的发展欲望,创造关爱、和谐、奋发向上的求学环境;使他们在附中的三年中健康成长,奠定人生发展的坚实基础。我们不仅要教会他们共同的知识,还要根据个性特点和已有基础,帮助他们形成能力,开启智慧,珍重生命,关爱他人。每一名教师、每一节课、每一次活动如能坚持心中有学生,眼中有交流,口中有欣赏,就能实现学校的发展目标。

学校一直坚持文化管理为特色,从物质文化、制度文化、行为文化等多个方面强调学校的核心价值,坚守以人为本,以学生发展为本的基本理念,秉承"为学生一生奠基,为民族未来负责"的精神,通过尊重人、激励人、发展人的原则,开展学校的教育教学活动,以教师优先发展,促进学生全面、主动而有个性的发展,从而实现学生、教师、学校三位一体的和谐发展。

学校从文化管理的理念出发,进行了人事与分配制度的改革,实行全员岗位聘任制,建立了教师荣誉系列激励机制,制定学校发展规划,修改学校管理制度,实行中层管理机构的改革,突出部门的职能与作用,推行扁平化管理,提高了管理的专业化和实效性。

学校成立专家咨询委员会,教职工代表大会,在教师选拔、聘任、评价中发挥专家的学术影响,推进依法治校、民主治校、专家治校,提高学校的办学质量。

学校与社会合作,利用品牌影响力,开拓社会资源,优化办学环境,建立了总校负责下的分校管理体制。与大连万达、国信投资、北京朝阳区政府等联合办学,形成了学校品牌的辐射,推进了区域优质教育资源的发展。

学校在完成三年管理体制改革后,将进一步加强学校发展的战略规划,合理布局,协调学校与社会的资源关系,突出总校管理下的分校特色建设,研制学校的三年发展规划,强调管理过程中的学术为先、落实为先、服务为先,让教师在更具人性关怀的氛围中,规划自己的未来,践行我们对自觉教育的追求,赋予学校文化管理和素质教育以新的内涵。也许,我们要走的路还很长、很艰辛,受很多未知的因素制约,但只要心中有梦想,坚守自己的教育追求,幸福就在路上!

开发学生的创造能力，
创建符合人性的教育

辽宁省东北育才学校　高琛

一、教育的使命:播种创新的因子

二、为国育才:让拔尖创新人才在学校生态中成长

三、学生创新素养培养的模式

《国家中长期教育改革和发展规划纲要(2010—2020 年)》提出:"推动普通高中多样化发展。推进培养模式多样化,满足不同潜质学生的发展需要。探索发现和培养创新人才的途径。鼓励普通高中办出特色。"回顾东北育才建校以来,特别是近二十余年的发展历程,我们以"敢为天下先"的精神,在全国率先开展超常教育实验,在东三省率先成立教育集团,在辽宁率先建成公办国际学校。可以说,东北育才在办学的道路上,始终不渝地在为建设成为国内一流学校而努力,更在为追求成为中国最"独一无二"的基础教育学校而拼搏进取。

1986 年,学校创建了"超常学生、高速学习"的人才培养模式,开启了从为少数超常儿童的卓越成长营造局部的教育"新生态"到面向全体、营造拔尖创新人才成长的教育"小生态"的学校发展历程。

一、教育的使命:播种创新的因子

(一) 教育应该播种创新的因子

美国国家资优研究资源中心总监兰祖利在其著名的资优三环说中认为,资赋优异是三个条件的综合,这三个条件为:智力在中等以上;显现出创造思考的特质,即有高度创造力;有高度的工作热忱。三个条件必须同时具备才能称为资赋优异。这样的定义强调,先天具有的潜能并不是决定一个人日后成就的主要因素,大多数人的智力都在中等或以上水平,一个人能否有成就,主要取决于他能否以持续不断的热诚,将其潜能充分激发出来。所以,资优人才的培养应该从仅仅关注资优学生的发展,向既关注资优学生,也关注普通学生潜能开发转变。

2007 年,美国教育部发布的《美国学术竞争力咨询报告》中提出美国教育系统中 K - 12 教育、高等教育、非正式教育需要相互整合。联合国教科文组织国际教育规划研究所雅克·哈拉克提出非正式教育是一种典型的终身过程,每个人通过日常经历,通过来自周围环境的教育影响和教育资源,即家庭、邻里、工作场所或闲暇活动、市场、图书馆及大众传播媒介习得各种态度、价值观念、知识和技能。

从以上理论和认识来看,创新能力是每个正常人所具有的自然属性与内在潜能。而人类社会的发展进步也说明,具有创造力是人类与其他动物种类的根本区别。脑科学的研究证明,人还具有为了创造而创造、为了探究而探究的行为动机。创造和探究可以满足人的兴趣,愉悦人的心情,因此,创造活动也是人类获得精神幸福的源泉,是人类的精神需求。从这个意义上讲,呵护并发展学生创造力是学生健康成长的内在需要,培养并发展创造力的教育才是符合人性的教育。

(二) 创造需要综合素质

有专家指出国际公民应该具备的三项条件是:技术、语言和创造力。创新教育模式不是一种选择,而是势在必行。各国在教育改革中都非常重视培养创新型人才,然而各国对创新人才的理解并不一致。但其共同之处在于都强调创新人才必须具有创造性、创新意识、创新精神、创新能力等素质。

我理解的拔尖创新人才,一定是具备创造"根基"的人才,也就是具有较高的综合素质。正如德国著名教育家威廉·冯·洪堡所说:"只有全人才可以创造。"我所指的综合素质,要求学生至少在四个方面有卓越表现:

第一,底蕴深厚。要有扎实宽厚的知识基础。孔子说"君子不器",认为一个有才华的人应该拥有多方面的知识和能力。要成长为拔尖创新人才,必须广泛涉猎各个领域的知识,特别要上下求索,多汲取人类文明与民族文化的精髓。只有底蕴深厚,才能有豁达的心智、深刻的思维和经得起磨练的意志。

第二,视野宽阔。能够走出校门,具有与社会对话的能力;能够推开国门,具备主动融入世界的意识。宽阔的视野是推进学生创新潜能发展的一个潜在的"反应堆",它不仅能够唤醒学生潜在的学习需要,而且能发展学生的兴趣,让学生具有宽阔的胸怀、前瞻的思考、高位驾驭的能力和更丰富的人生选择。

第三，兴趣浓厚。具有对知识的渴望和学习的热情。每个学生都有创新的天赋，而兴趣恰恰是让学生发现这份天赋的"密码"。在兴趣的驱动下，学生主动地去寻找知识，持之以恒地投入热情，享受发现和创造的过程。而教育的意义正在于呵护好学生的异想天开，点燃兴趣并使其更加浓厚。

第四，境界高远。人生有远虑，有大追求，大气魄。育才校友周恩来在少年时代就提出"为中华之崛起而读书"。冯友兰讲，做人有四种境界，其中最高的境界是天地的境界，就是要为社会，为时代，为民族乃至世界做一些事情，承担一些责任。一个人的境界决定了自身的精神高度和生命品质。

（三）创造性是涵养出来的

创造性不是教出来的，因为凡是能传给他人的，一定是可以重复的，而可以被他人重复的则一定不具有创造性。创造性就像一颗种子，需要土壤、阳光、雨露、空气，在自然生态的选择中生根、发芽、开花、结果。如果这粒种子被放在适合的土壤中，提供适当的气候条件，并给与精心的灌溉、除草、施肥，它就能更加枝繁叶茂，硕果累累。

学校教育就好比是对自然生态的优化，它有能力为学生营造一种更加适合创造性发展的教育"小生态"，使学生置身其中，各取所需，各得其所。

（四）"小生态"的营造是慢功夫

创造性人才培养不是一朝一夕的事，从"积淀"到"勃发"是一个缓慢的过程。营造有利于拔尖创新人才成长的学校教育"小生态"也不能靠一招一式就解决问题，这同样是一个慢功夫。需要学校从培养目标、教学模式、课程内容、考试评价、管理体制等多方面循序渐进，逐步改善。同时拔尖创新人才的成长也和学校的文化底蕴、文化品位密切相关。

在培养拔尖创新人才的道路上东北育才已经探索实践了 25 年，期间,一些自发或是自觉、零散或是系统的教育智慧与实践,引领育才走到了今天,并站在了中国基础教育的前沿。尤其是近年来,东北育才内外部的环境与体制都在发生重大变革,如以新课程改革为代表的基础教育改革不断创新发展,东北育才集团运行体制逐步确立。即便在这样巨大的改革时期,学校办学质量仍然稳步提升,拔尖创新人才大量涌现。

应该说,这主要得益于在东北育才内部,营造拔尖创新人才成长的教育"小生态",已经从自发走向了自觉,从局部走向了全局,整个生态系统在持续漫长的运转中,不断得到改善、整合,一点点走向成熟、丰盈。

特别是近年来,学校坚持"高位驾驭,品位发展"。所谓"高位驾驭",就是以海纳百川的开放胸怀,全面实施教育国际化发展战略;所谓"品位发展",就是做厚育才文化底蕴,整合学校生态环境,积极搭建开放多元平台,培养具有本土情怀、国际视野的拔尖创新人才。

二、为国育才:让拔尖创新人才在学校生态中成长

在拔尖创新人才成长的教育生态中,学校精神文化犹如土壤,开放多元的课程犹如提供水分和肥料,教师犹如园丁,而办学条件就是阳光和空气。它们之间相互作用、相互影响,在动态中获得平衡。

(一) 创新需要学生的解放

陶行知认为:"我们发现了儿童有创造力,认识了儿童有创造力,就须进一步把儿童的创造力解放出来。要解放孩子的头脑、双手、脚、空间、时间,使他们充分得到自由的生活,从自由的生活中得到真正的教育。"原北京大学校长许智宏讲道:"创新人才的培养,需要我们解放学生的手,让他们能够在实践活动中获得成长;需要解放学生的眼睛,让他们能够有广阔的视野,把握经济、社会生活和自然界的脉搏;需要解放学生的头脑,让他们能够自由、主动地思考问题;需要解放学生的心灵,使他们的想法得到尊重、使他们的个性得到伸展。"

解放学生,意味着我们要努力创造有利于学生个性发展的自由、宽松的教育环境,把学习的主动权还给学生,由学生来主导自己的生命活动。但宽松不意味着放松、无序,培育拔尖创新人才教育所创设的宽松的教育环境,其中一定蕴含着某种积极向上的力量,这种力量就是学校的精神所在。

(二) 创新需要为国担当的情怀

著名学者克·霍金森说:"倘若哲学家不会成为管理者,那么,管理者必须要成为哲学家。"在学校中,校长有责任把握学校价值观的发展方向,并使其形成学校全体成员共同的思想与信念,规范学校成员的行为,引领精神文化建设,做学校的精神牧师。

东北育才的精神实质是"追求卓越"。从育才的发展历程来看,育才建校于 1949 年,是一所有着光荣革命传统的红色学校,学校创办初期,就提出了"建设新社会精锐干部"人才培养目标,六十多年来,学校始终抱有以自身的卓越发展培育英才、为国担当的情怀。集团内的东关模范小学是周恩来总理少年读书的地方,"为中华之崛起而读书"就是周总理在这里提出的。

东北育才要培养的拔尖创新人才,未来会成长成优秀的国际通用人才,他们应该有在大国崛起中的担当和责任。所以,在多元文化的冲击下,我们的德育目标不仅是教育学生守住道德底线,更要让他们有为中华之崛起而读书的理想信念,报效祖国的本土情怀。创新人格是创新人才成长的根基。所谓创新人格是世界观、方法论和毅力等众多非智力因素的有机结合,往往表现为服务社会的创新责任感、追求真理的创新精神、敢为人先的创新勇气、坚忍不拔的创新意志、善于合作的创新禀赋等。德育在学生创新人格的塑造中有着举足轻重的作用。

(三) 创新需要实践与体验

为培养育才学子始终心系民族、心系国家的责任感和为祖国担当的大爱情怀,在"广、活、精"的发展思路下学校建设起了选修课、研究性学习、社会实践相结合的社团组织,开展了丰富多样的学生社团活动,实现了学生活动的课程化,在活动组织上,充分发挥学生的主体作用,丰富学生自主体验。

体验是教育真正介入个体精神世界的方式。体验以情感为灵魂,以自由为前提,教育应创造条件让学生在情感蕴育中自由、自主地体验,通过体验使学生丰富情感,形成正确的态度和坚定的信仰,实现教育对人生的正确引导。在体验式教学理论指导下,学校十分注重创设各类情境,使学生们的道德认知水平得到充分发展。

学生环保社团"根与芽"小组开展了沈阳浑河水质调查、浑河沿岸土壤污染状况分析等一系列生态保护行动;阳光志愿者协会通过义卖、勤工俭学等形式筹集资金资助福利院儿童;在四川地震爆发后,在法国交流的育才学生、在美国大学读书的育才毕业生心系祖国、心系灾区,他们在法国街头积极募捐,在校园内举办哀悼筹款活动;一些学生志愿者利用假期自费前往云南支教、奔赴地震后的北川中学、探访恢复重建中的四川安县。学生的表现充分展现了他们的关爱情结和乐于奉献、勇于担当的公民责任意识。

2008 年汶川地震后不久,东北育才世界遗产青年保卫者协会的同学们收到了一份联合国国际文物保护与修复研究中心的来信,信中称赞"你们提升社会对于文化和自然遗产所受到冲击的认识,对此所付出的所有努力我深表钦佩和祝贺"。在汶川地震后,身为世界遗产青年保卫者的公逸男和该协会的同学们产生了一个想法:致信联合国多个专业委员会专家和国内外的世界遗产保护组织专家,呼吁为汶川地震损毁的世界遗产提供技术和资金援助。说干就干,同学们利用课余时间分头查阅资料,起草了一封中英双语的信件并寄送了出去。几天后,他们的努力获得了肯定。

柯尔伯格的道德发展阶段论提示我们:在德育教育中,最主要的是激发学生内在的发展,而不能用权威的影响向学生灌输道德观念。为了发展学生的道德智慧,学校把生活中和现实社会中面临的道德热点、难点问题作为德育活动的对象,通过开展演讲比赛、讨论会、辩论会、主题班会、主题校会等形式多样的活动,让学生在调查、分析、讨论、评价中寻找解决问题的出路,以此发展学生的道德思维能力和选择能力。如针对诚信与成才问题进行的辩论,学生们在正方和反方的观点中反复思索、评价、选择;在"世界艾滋病日",学生们走上街头宣讲自己的课题研究成果。

去年,学校还成功举办了东北育才教育集团首届学代会、少代会,学代会的提案《校园设计之我见》体现了学生做学校主人,关心学校发展的精神,充分发挥了广大师生在学校发展中的主人翁地位。在诸如此类活动中,学生真正成为了德育的主体,实现了德育的自主体验,同时也发展了学生的道德智慧,塑造了学生的创新人格,增强了全校师生对育才的价值认同和归属感。

三、学生创新素养培养的模式

教育活动在拔尖创新人才成长的教育生态系统中,是最具有影响力的一环。建构以创新思维培养为核心的开放、多元的课程体系,是拔尖创新人才成长的关键。

(一) 构建灵活多元的优才教育课程体系

东北育才创新人才素养的培养体系是逐步发展的。它经过了以下三个阶段:

第一阶段:顺势而为,开展服务少数精英的特殊教育

1978 年文革结束后,时代对教育提出了"多出人才、快出人才、出好人才、出杰出人才"的要求,1985 年,全国创办少年班的一些高等院校主动提出,在一些条件比较好的地区和学校,创建少年预备班,为这些学校的少年班提供生源。1986 年,东北育才顺势而为,采取集中办学的群体教育模式,对智力水平超出常态、非智力因素良好的儿童进行特殊教育,从而成为国内较早开展超常教育实验的中学之一。

超常教育课程立足于因材施教、多样化课程和个别化教学,通过分组学习、充实(增益)课程和导师制,采用加速学习方式,用四五年时间完成初高中六年的课程,在采用弹性学制、强化理科高速学习的同时,重视学生非智力因素的培养,让学生接受较深的历史和社会科学知识,着重增强学生的社会责任意识和文明生态意识,并充分重视学生的社会和情感需求,同时鼓励学生校外生活经历,加强体能训练,使他们具备良好的综合素质和可持续发展的能力。

迄今为止,超常教育实验班毕业生中60%以上读到了博士或从事过博士后研究,75%以上取得硕士学位。他们中的多数人发展成为本岗位、本领域领军人物。东北育才的超常教育经过20余年的实践,在一些方面的实验探索也已经达到了国际水平,代表着中国超常教育发展的方向。

第二阶段:借势而起,探索满足部分学有余力者的培养模式

在随后的1989至1992年,随着国家素质教育观念的提出和学校超常教育成果的显现,学校借势而为,探索出"单科强化能力迁移模式"的人才培养模式。

这种教育模式依据"能力迁移"的理论,在尊重学生个性特长的基础上,采取单科独进、能力迁移、举一反三的办法充分挖掘学生的智力潜能,使学生在中学阶段全面打好基础的前提下,在数学、外语等某一基础学科形成特殊的优势并迁移到其他学科。在这种教育过程中,学生的思想、能力、方法得到全面的培养和提高。

数学特长班根据学生的自主选择,面向学有余力、有兴趣爱好的学生,在国家各学科课程标准和数学课程基本要求的基础上,开设综合数学课,计算机、物理等理科教学适当加深加宽,着重学生数学思维、数学方法的培养和数学能力的提高,以使学生数理方面的优势潜能得到进一步培育。

外语特长班中通过弹性调整进度使学生的语言特长优势进一步发展,英语班学生主修英语、兼修法语,英语学习采取高速学习和增益课程的方式,高二时达到英语专业四级的优秀水平,新托福考试 95％的学生成绩达到 100 分以上,同时法语学习达到申请法国理科大学资格(TEF B1 级)以上水平。日语班学生主修日语、辅修英语,采用标准日本语课程,在高二都能通过国际日本语水平一级考试,同时,新托福考试 80％的学生成绩达到 100 分以上。

第三阶段:趁势而为,让每一名学生都能有选择地追求卓越

按照加德纳的多元智能理论,每个学生的潜能都是具有差异的,学生的卓越表现形式也是多样的。现代学校制度强调要实现人的发展,这种发展就是给每个学生平等的教育机会,给每个学生提供自由的发展空间,充分尊重每个学生的特点和发展途径。所以,鉴定每个学生的天赋,为他们提供与其发展相适应的资优方案来帮助学生发展这种天赋是当代教育的意义所在。

多年来,东北育才基于多元智能理论中学生的差异性智能要素,合理利用心理学与教育科学研究成果,在满足国家规定的各学科课程标准的基础上,在课程、教学和教法上按照整体优化、科学实施的原则进行课程设计和安排,充分开发大脑的智慧潜力,培养良好的非智力因素,使每一名学生都能得到超越常态的发展,成为高素质的人才苗子。

国家课程是拔尖创新人才培养的主要阵地。长期以来,在升学压力和应试教育的机制下,教师在课程实施中往往把注意力集中在知识的学习、掌握和学生学业成绩的提高上,而忽视了对学生在科学探究能力,对待科学的情感、态度与价值观等方面的培养,从而形成了单一的课堂教学模式,大容量高密度地向学生灌输知识,造成学生课业负担过重。而要使学生真正成长为创新人才,就必须扬弃知识核心、成绩至上的观念,就必须把培养学生高阶思维的能力作为课堂教学的核心目标,努力营造科学启蒙的良好氛围。

为实现学校课程建设目标,保证新课改下育才人才培养的层次和规格,学校校长负责,组织骨干教师着手编写东北育才课程标准。按照课程结构,育才的课程标准由三部分构成,《国家课程校本化纲要》、《校本课程开发纲要》、《学生活动课程化纲要》。学校课程标准编写的着力点是在保证国家课程标准有效实施前提下凸显东北育才的特质和品位,把人才培养的"高层次"具体化,使学校课程真正满足培养拔尖创新人才的需要。

其中,《国家课程校本化纲要》以学科为编写单位,以育才优势学科、特色学科带动,以点带面,逐步铺开。在编写上,阐述"校本化"内容和国家课程之间的关系以及选择依据。在内容上涵盖"知识与技能"、"过程与方法"和"情感态度与价值观"三部分,其中,"过程与方法"强调突出学生学习品质和思维品质的培养。纲要进一步明确了学校人才培养规格,整合了东北育才从小学教育到高中教育各学段的教育实践,实现了集团内部资源共享,充分体现出课程对拔尖创新人才培养的支撑作用。

学校还充分发挥校本课程在发展学生多样化潜能中的助推作用。对体育、艺术等方面有兴趣特长的学生,通过开设与其发展相适应的资优课程来帮助他们发展相应技能,使其获得更高层次的发展。例如,学校面向全体学生开设了射击、赛艇、乒乓球等特色体育课程,并特别针对体育技能型人才组队训练,通过课程培养,使学生在体育方面的潜能被充分激发出来,有的学生发展成为国家二级乃至一级运动员。学校还依托国家汉办,与美国密西根牛津学区乐队共建"世界中学生和平乐团"。我们的幼儿园艺术团有舞蹈队,小学有民乐,初中发展了管乐,高中则建立了室外管乐团。此外,学校还为有美术天赋的学生开设了订单式课程,我们的目标是在发展学生个人志趣的基础上,为国家输送高端美术创意人才。

为强化创新人才培养的课程依托,学校新建了辽宁地下资源研究室、建筑设计室等通用技术课程教室,并建立了占地15亩、袁隆平院士亲笔题名的国内基础教育首家农业生态科普基地,形成了支撑创新人才培养的综合实践中心。

可见,从1986年创办第一届超常教育实验班,到2010年中国教育聚焦拔尖创新人才培养,东北育才积蓄了大量的有利于拔尖创新人才成长的教育能量,内部生态所吸纳的教育元素、触及的工作领域、服务的学生范围不断扩大,整个生态系统变得日益开放、复杂和丰富。这一切,使东北育才在面临"拔尖创新人才大量涌现"的民族期待中,更有信心担当起教育的时代使命。

去年,在国家规划纲要酝酿颁布实施期间,国内多个省市相继启动了创新人才培养模式的具体实践。让一些学有潜力并具创新精神的中学生,尽早地从应试教育的模式中摆脱出来,提前进入创新研究的领域,成为行政部门推动地方基础教育深化改革的一项重大任务。

我们也趁势而为,凭借自身的生态优势,面向本校初三学生,成立了高中创新实验班,开展创新潜能教育,即对数理基础扎实、创新意识强、创新思维品质优异的学生激发创意潜能、强化培养有责任感的创造力的教育,使其创新精神和实践能力得到突出发展,成为未来的科技拔尖创新人才。

创新实验班在招生中特别邀请了参与英特尔国际科学和工程学大奖赛以及全国青少年科技创新大赛评选的中国专家,采取面试中专家专项考察的评分制度,从而保证真正让那些学习基础扎实,对创新实践有较强志趣的学生能够进入创新实验班学习。

以高一为起点的创新课程,立足于创新潜能激发和创造能力培养,课程结构为"基础课程＋创新必修课程＋创新专修课程＋创新特选课程",其中基础课程达到国家各学科课程标准的较高要求,重点突出思维技能课程、创造技法课程、创造活动课程等专业必修课程和软件科学、智能机器与机器人、生命科学等专修、特选课程。实验班在课程设计等方面真正解放了学生的心灵和头脑,丰富了学生的动手实验和创新实践。

为了有利支撑创新实验班的发展,探索基础教育阶段创新素养培育的途径、方法和评价选拔机制,逐步尝试建立起一套具有普适性的创新人才培养保障机制,学校还成立了以研究、培训、评价为主要职能创新教育研究所。

课程的丰富程度决定了学生的优秀程度和最优发展程度,学生综合素质的提高,使他们在国内外著名大学的就学和后续发展中领袖同侪,育才学生身上的大气、自信、丰厚的学养、高尚的品德,得到了社会的普遍认可。

（二）探索体系开放的创新人才培养机制

1. 对话全球教育

教育在现代社会，特别是在知识经济、网络和全球化时代，具有一种创造国家生存空间的作用。这其中两个关键性的因素即在组织层面的国家创新能力和在个体层面的全球生存能力，都与一个国家的教育发展水平有着密切的联系。此外，一种极其重要的公民素质即全球就业能力或跨国就业和跨文化就业对于扩展国家民族的生存空间也是极其重要的。

早在 20 世纪 90 年代，东北育才就提出了创建世界名校的办学目标。近年来，教育国际化趋势发展提速，要求我们在培养世界公民的过程中，必须具有本土情怀、国际视野。所谓本土情怀，就是要尊重并传承中国文化，让东北育才的先进文化在国际教育中得到充分体现，担当起一所名校在大国崛起中的责任；所谓国际视野，就是要主动融合中西方教育理念，在人才培养与创新发展上与国际接轨。学校如此，学生也不例外。

所以，在课程体系建设上，近年来，学校特别注重借用全球教育资源，积极融入国际元素，重点推动国际课程的校本化实施与校本课程的国际化发展，逐步实现了课程结构从"立足国本指向"到"国际化拓展"的转变。

当前，东北育才开展的国际化校本课程除 SAT、TOELF、IB、AP、SDP 等，还有诸如法语、德语、世界文化遗产与年轻人、模拟联合国、高尔夫球等。以选修课的方式纳入课程体系，供学生选择，并实行学分制管理。

从 1998 年就开始开设的世界文化遗产选修课，学生在教师的指导下成立了学生社团"东北育才世界遗产青年保卫者协会"，学生利用课堂所学理论和实地考察数据，撰写了"一宫两陵"申遗报告并提交世界遗产中心，还代表东三省青少年参加了第 28 届世界遗产委员会会议，并作大会发言；2009 年，社团学生在全国率先倡议成立了世界遗产青少年保卫者全国联合会。由于在世界遗产教育方面成绩显著，2007 年，联合国总干事松浦晃一郎亲自为学校授予了"联合国教科文组织世界遗产教育实验学校"的牌匾并授牌。去年，学校还引入了 CDIO（工程教育模式）课题项目，成为全球首家加入 CDIO 团体的中学单位。今年开始，学校将从学前教育入手,逐步拓展到全学段,在科技创新教育体系中借鉴 CDIO 工程教育模式,开展教育教学改革。

我们还通过科技手段为学生创造与全球学习者共同完成课题研究的机会。早在 2004 年,学校就与美国伊利诺伊州数理学院合作建立了中美合作研究实验室,与耶鲁大学开展了学生国际科研项目合作。为学生实现跨年龄、跨学科、跨地域的交流、研讨、项目合作提供机会。

教育国际交流应该是一种开放的状态,它不仅是开阔视野,更重要的是教育同行之间的平等合作和共同促进。在国际交流日渐深入的过程中,我们渐渐意识到,中国教育也有许多值得国外学习的地方,比如传统文化、数学教育和学生集体荣誉感的培养等等,这也让我们更有自信地打开窗子看世界,并底气十足地展示自己的教育理念和实践。

在东北育才,校本课程的国际化还表现为校本课程的国际输出。近年来,作为国家汉办确定的“汉语国际推广中小学基地”,学校进行对外汉语课程开发与建设。当前,学校自主编写的对外汉语教学讲义已经被美国学校所采用。去年 12 月以来,学校先后与美国密歇根州牛津学区、宾夕法尼亚州 EA 姊妹校签约设立孔子课堂,成为辽宁省最早在海外设立孔子课堂的学校。

育才的国际化办学成果在国际上得到广泛赞誉。2009 年日本前首相羽田孜在访问我校后评价:“东北育才在世界范围内也是一所很少见的优质学校,学生涵盖各个层面,在各个领域都有突出成就。”

2. 挖潜社会资源

《国家中长期教育改革和发展规划纲要(2010—2020 年)》在“人才培养体制改革”中明确提出要“树立系统培养观念,推进小学、中学、大学有机衔接,教学、科研、实践紧密结合,学校、家庭、社会密切配合,加强学校之间、校企之间、学校与科研机构之间合作以及中外合作等多种联合培养方式,形成体系开放、机制灵活、渠道互通、选择多样的人才培养机制”。

《国家中长期人才发展规划纲要(2010—2020 年)》中将“高端引领”作为人才培养的指导方针之一,提出要充分发挥高层次人才在人才队伍建设中的引领作用。

早在 2000 年，学校就与中国科学院金属研究所、中国科学院沈阳应用生态研究所、中国科学院沈阳自动化研究所和东北大学软件中心合作，建立起了四个尖端科学实验室，并在专家的指导下成立了学生创新研究指导中心，探索出了开放办学、科教携手、合作育人的有效途径，实现了课程资源从"学校培养"到"社会支持"的转变。

在科学实验室，每周由科学家指导学生做项目，并有学生参与科研院所的导师项目，"高端人才"的引领成就了学生的高端发展。迄今为止，参加科学实验室的学生们在导师的指导下写出了上百万字的论文。五个科研项目参加了英特尔国际科学与工程学大赛并获奖，三人次获得全国"明天小小科学家"奖励活动一等奖。科学素质的培养对学生的影响是潜移默化的，许多同学因为参加了尖端科学研究而确定了自己的终身发展方向。去年，学校又与中科院沈阳计算研究所、沈阳机床（集团）有限公司、沈阳（国家）动漫产业基地等七家高校、科研院所和创新型企业合作，使之成为育才科教合作单位。

民间组织作为公民社会的重要基础，近年来，以我们看得见的力量在不断增长、活跃。在公民主体参与意识悄然形成的过程中，家长，作为公民中的特殊角色群体，参与学校教育管理的意识也正在觉醒，参与权利也正在逐步实现。家长已经从教育的旁观者、支持者逐渐向参与者、合作者的角色转变。

对于东北育才而言，家校沟通的意义并不仅仅局限在开发家长资源为己所用，更在于把学校优才教育的理念与实践经验，传播给家庭，并在家庭生根，从而激活家长的教育能量和教育激情，真正形成家校合力，培养创新人才的育人局面。

2006 年，学校基于"一个优秀学生的背后，一定有一个优秀的家庭"的认识，开展每周一期的"亲师有约"系列专题活动，这个在学生中广泛征集的活动名称蕴意独特，"亲"指的是学生的父母亲、亲属，"师"指的是教师、学校，"亲师"兼有家庭与学校亲近沟通之意。

借力优秀学生、毕业生家长,传播科学的家庭教育理念,活动现场向社会免费开放。登台主讲的除了家长、教师、专家,还有优秀毕业生。通过教师登台、家长现身、专家报告直至学生演讲,引导家长用正确的理念教育孩子,保持与学校教育的同步,有利于克服家庭教育的种种误区。通过"亲师有约",引导家长由经验育人向科学育人转变,由片面注重智力升学向培养高尚人格转变,切实提高了家庭教育水平,从而为拔尖创新人才培养提供了家庭支撑。对育才而言,"亲师有约"的价值不仅限于对学生培育本身,更体现了育才向社会输送力量的名校责任。

(三) 发挥教师在学生逾越知识鸿沟中的推手作用

新课改作为世界课程改革的一部分,无论是在以建构主义为主的课程理念上,还是在以模块教学为特色的课程结构上都吸纳借鉴了国外先进的课改经验。新课程所秉承的理念更加强调课程是"跑"的过程,强调"跑的过程与经历",重视"体验课程"、"实施课程"和"经验课程",在教师诠释、开发课程同时,学生也在创造着课程。

1. 基于校本的教师国际化理念培训

课改理念的转变,需要教师以开放的教育视野树立起与时代精神相通的教育理念。让教师把尊重每个学生的尊严和价值,承认学生的不同禀赋和个性,把开发每个学生的潜能、帮助每个学生形成健康的个性、拥有适应未来社会所必需的知识和能力看做自己最重要的任务。对教师开展基于校本的国际化理念培训,无疑将有助于提高教师在学习、理解国际教育理念、驾驭学科课程等方面的能力,有助于新课改在学校内部的有效实施。

SDP课程(剑桥大学国际技能拓展课程)是针对中国学生在学习技能和综合素质方面的相对弱势而设计开发的短期技能强化课程,旨在培养中国学生的思辨能力、创新能力、独立学习和研究能力、团队精神以及交流和展示能力。近年,学校通过派遣教师接受培训,邀请国外专家来校指导双向互动的方式,将国际课程理念、教育技能引入学校。目前,越来越多的教师结合实际将这些观念运用到自己的教育教学中。

去年,我们还邀请到世界汉语学会副会长、美国亚利桑那大学英文系主任刘骏来校,为全校近300名英语教师和部分学生围绕英语学科的教与学进行了有针对性的培训和指导,并与我校外籍教师进行深入座谈,帮助他们解决在教学过程中的困惑。目前,美国密歇根州兰辛学区教育总监、俄勒冈大学教育学院副院长都在我校做长期访问,陆续对集团各学段教师开展培训。今年开始,学校还将启动"海外培训计划",集中输送骨干教师到国外教育机构进行师资培训。学校还充分利用国际姊妹学校的资源,把国际交流合作由学生层面扩展到学校管理层面,通过挂职锻炼提高干部的管理能力,开展中外教师"同课异构"课堂教学研讨活动,推进国际教育理念的本土实践。

2. 基于名师工程的教师学术社团建设

学生的创造力虽然不是教出来的,但是创造力却可能被扼杀。研究表明,大多数亚洲国家的孩子往往视学校为生活的中心,而在学校这个教育生态系统中,教师的科学精神、思维品质、人文底蕴无时无刻不在影响着学生的发展。巴尔扎克说:"一个能思想的人,才真是一个力量无边的人。"从2005年,学校面向集团近千名教师,注重"全员性、自主性、发展性"特点,启动了名师培养系列工程。

在这个工程中,学校教师全员参与,根据自身的发展状况,按照胜任、骨干、学科带头人、名师四个级别的标准自主申报可行的发展目标。为突出教职员工理性思维品质提升的过程指导,促进每位教职员工在实践反思中追求自我超越,学校设置了教师专业发展基金,有计划、有针对性地开展学习、培训与研究活动。校长、专家和学部考评小组走进课堂进行听、评课指导,主动约请参评教师个别谈话。参评教师经过制定专业发展规划、撰写教育教学体会或论文、参加论文答辩等环节的磨砺,在专业发展的道路上都有不同程度的触动、收获和成长,教师对于教什么、怎么教有了更为理性的认识。

经过六年三轮名师工程的评定,学校骨干级以上教师全部具备开设至少一门选修课的能力。历史教师开了茶艺课,政治教师开了服装设计课,语文教师开了太极拳课程。我们还实现了集团内资源共享,国际部、小学部的教师都在给高中的学生开选修课。

教师在课堂教学过程中更加重视课程的生成性和课堂的生态化。课堂上关注学生的有效表达,关注学生的思维发展。因为我们预见不到学生们在未来会遇到哪些新的问题,所以教师把培养学生解决问题的能力作为课堂教学中学生创造力培养的关键。努力把时间和空间还给学生,启发引导鼓励学生独立思考;把质疑和评价的权利还给学生,在思辨中激发学生的思维热情;把认知和习得的过程还给学生,使学生成为真实问题和情景问题的发现者和探究者。"高立意、宽视野、实基础、深思辨"的学校课堂教学原则得到了有效的落实。

教师教的方式的转变引起了学生学习方式的改变。课堂上举手的学生多了,不是为了回答问题,而是提出问题;学生在一起讨论的时间多了,他们在同伴互助学习中收获别人的想法,比直接问老师多了探索和思考的过程。由发现所产生的兴奋感和自信心将会使学生产生不断探索研究发现的动力,推动学生创造力、高层次思维能力的不断提高。

随着教师队伍整体层次的不断提高,从去年开始,学校启动了新一轮教师培养机制改革。在全集团内大力发展"教师学术社团",鼓励和扶持有能力、有号召力的教师在本学科内或跨学科、本学段或跨学段自行组织学术团体,以课题研究为主要载体,引领教师持续深入地关注一个大家都感兴趣的教育命题,开展扎实的教育研究,在全校范围内营造浓厚的学术氛围,进一步提升教师的科研能力、学科素养和理性思维品质,并通过教师自身思维水平的提高,进一步引导学生创新思维的发展。

(四)改革人才培养的评价体系

作为学校管理的一个组成部分,制度的形成与制定体现着学校文化的影响,同时也推动着学校文化的演进。在培育拔尖创新人才的过程中,需要发挥制度,特别是评价制度的超前作用,通过"评价"把学校教育导向

"创新人才培养"的轨道上来。

现代学校制度的核心价值在于承认学生的发展是首要的、主体的、核心的，主张为学生个性的多元发展提供制度上的保证，强调通过建立具有本校浓厚文化特质的校本管理机制，促进学生的充分、全面、多元、终身发展和允许有差异地发展（最优发展）。

1. 针对集团成员单位开展发展性督导评估

陈玉琨教授认为"在达到学校发展的基本要求后，立足于自我诊断的发展性评价在促进教育质量提升上比以分等鉴定为目标的评价有更明显的效果。"他强调"优质学校的评价要以发展性评价为主"。东北育才的学部发展性督导评估也坚持了这一理念，运用了这一策略。

2009年，立足学校发展、师生发展、办学质量提升，学校建立起了东北育才学部发展性质量检测评价体系和评估制度，形成了学校内部办学质量监控保障机制。学校对学部的督导评估不同于行政部门评估示范性学校、标准化高中，我们的工作重点在对集团成员单位进行诊断性、发展性评价，而不在评优，各指标要素既是对学部的要求，也是对学部工作的指导，更是对学部领导的一次培训。

集团发展性评价由专门组建的督导评估组负责，组员以校务委员会为主体，吸纳了集团各成员单位的主要管理者。多方联动，集中督导。在一学年的时间内，分学段对集团内各学部依次开展督导，督导组通过校长行动研究、实地调研、问卷调查、师生座谈、家长对话、质量分析等多种方式全面了解学部发展状况，对各学部的课程实施、队伍建设等进行发展性评估指导，引导并推动学部践行育才标准，传承育才文化，提升办学执行力、创造力，把创新人才的培养真正落实到集团的每个单元细胞、每项工作、各个环节。

2. 推进学生评价制度改革

如果说每一次课程改革都可能反映当代社会对"好学校"的看法，那么在国家新一轮课程改革下，"好学校的标准"无疑变得多元了。近年来，为加快对各类创新人才的选拔培养，高校在人才选拔上也呈现出日趋多元、开放的发展特点。国家在规划纲要中更明确提出以考试招生制度改革为突破口，克服"一考定终身"的弊端，关注学生和谐、平衡、可持续发展，推进素质教育实施和创新人才培养。社会传统教育评价体系的破冰，推动了学校内部评价体制的积极变革。

集团层面，东北育才具有从学前教育到高中教育相衔接的办学体系，相比其他学校，更具备主动出击，优先变革的优势。学校面向集团内部初中直升考试，研究建立了综合评价、多元录取的考试招生制度。集团初中学段根据学生综合表现，向集团高中择优推荐，免试直升高中。近几年，免试直升的学生数量和范围都在不断扩大，从最早的数学特长班十几个人发展到外语特长班乃至普通班的几十人，从综合素质全面、学业优秀的个别人发展到特长优势明显、潜能突出的大多数。例如体育、艺术特长生同样享有推荐免试直升的政策，人文学科突出的学生享有降分录取资格，创新潜能突出的学生可以在通过综合素质测评后接受菜单式培养。借助推荐免试直升政策，提前解放了学生的头脑、手脚和心灵，使他们有更加充分的时间和空间发展自己的兴趣和特长。

学部层面，面向全体，借助于学生成长档案袋、学业水平发展报告等评价方式替代纸笔测验评价，不断完善数字化学业评价系统。并规定育才学生在毕业之前必须完成"五个一"：掌握一项特殊体育技能，如乒乓球、射击、游泳等；完成一项有较高水平的项目或课题研究；至少参与一次校外志愿者活动；至少参加一个社团组织；至少通读一次《东北育才学生必读书目》。

近些年，随着人们生活水平的不断提高，人们已经突破对教育保障的底线要求，而对优质教育资源的需求不断扩大，对享受高质量教育的要求越来越迫切。所以，在构建社会主义和谐社会的进程中，满足人民群众不断提高的教育需求，满足人民群众享受优质教育的需要，同样成为教育公平的重要内涵。

在"建设人力资源强国"的基本国策下，优质教育在培养各行各业的高端人才方面所具有的现实意义和社会价值得到了人们前所未有的关注,优质教育通过对杰出人才的集中培养,有利于为"创新型国家"培养一大批拔尖创新人才,有利于国家形成合理的人才结构。而作为地方名校,应当把能否担当社会责任,共享学校生态资源,与能否实现内部"小生态"的持续优化一样成为评价优质教育的重要标准。

教育是一个必要的乌托邦,在创新人才大量涌现的民族期待中,作为校长,只要我们坚守信念,始终站在人才培养的"终点"想问题;坚守教育,营造好有利于创新人才成长的学校"小生态"。相信在社会各界的支持下,东北育才一定不会辜负人民群众的期望,她的明天一定会更加美好。

每一个孩子都是有价值的

辽宁省沈阳市虹桥初级中学　谭学颖

一、每一个孩子的存在都是有价值的

二、孩子的价值及其实现

三、学校发展与孩子价值的实现

学校是无数个家庭寄托希望的地方,家长们欣喜地把孩子送到学校,希望通过三年初中阶段的学校教育,孩子们能健康地成长,学有所为,升入高一级学校继续学习,这是所有家长们的期待。我们的学校教育能否给家长一个满意的答复?给社会交一份有意义的答卷?初中教育如何真正实现教育的使命?这一直是我从教以来思考的问题,二十多年的教育教学实践使我体会到:只有我们的教育工作者坚信"每一个孩子都是有价值的",我们的教育才能真正为孩子们幸福的人生奠基,才能真正促进孩子们全面健康和谐的发展,为国家和社会培养出大批适应当今经济社会发展需要的各类人才。

一、每一个孩子的存在都是有价值的

(一)观点产生的背景

案例一:被遗弃学生的转变——信任的魅力

1995年3月里发生的一件事情,现在想起来还是那么揪心。一名叫韩阳的学生被班主任从班里撵出去了。原因,学习不好,经常打架斗殴,扰乱班级秩序……班主任提出韩阳不走,她就不再当这个班的班主任(班主任的资历很老),韩阳的桌子也被搬在走廊里,孩子沮丧地坐着,往日的"威风"顿时全无。校长也无奈,经学校研究,要把韩阳放在我班,我当时带的班是个重点班(那时学校为招好学苗,而设重点班),班里还没有这样的学生,我能行吗?韩阳给我们班带来"灾难"怎么办?我有一百个不接受的理由。但是,看到孩子噙满泪水的双眼、无助的表情,我心软了,我们班接收了韩阳。相处的两年中,我们师生有过无数次的撞击、争辩、矛盾,也有许多感动、激励、友谊,在老师和同学们的帮助下,充分的信任让韩阳找到了自身的潜能,通过两年多的努力,有了明显的进步,中考因体育特长考入沈阳幼儿师范学校体育班学习,现在已成为一名小学体育教师。

案例二：尊重学生的偏好——人人能成才

赵智超，一个酷爱绘画的孩子。刚入中学的时候，他因个性孤僻，不与他人交往，各科的学习成绩偏低而不招人喜欢，常常被误认为是个有心理问题的学生。我和其家长多次沟通也无济于事。一次家访，改变了我的想法。他的房间很小，平时不允许外人走进。据他妈妈说，他在家除了吃饭，就把自己关进屋里一待就是大半天，屋里到处贴满他画的画。我怀着好奇的心情想尽办法到他的房间看看，经过几番努力，我终于和他的画见面了，满屋都是画，我缺乏鉴赏能力，和他沟通起来有些蹩脚。但是，我看到了希望，觉得他一定是个有出息的学生。后来，在学校最优秀的美术老师和校长的指导下，经过大量的细致的思想工作，他渐渐转变了，家里为他聘请了美术教师指导绘画，他的绘画水平进步很快，学校还为他开办学生个人画展，他的心敞开了，脸上有了笑容，和同学的交往也多了起来，其他科的成绩也提高了，中考被沈阳悲鸿美术学校录取。现在，是一名青年职业画家。

案例三："无奈地出走——家长扭曲的心"

张茗茗，女孩，是一个品学兼优的好学生，担任班长。2010 年 5 月 14 日，中考前夕，她离家出走了。半个多月后，她辗转回到学校。她出走的日子里，家长、老师、同学都处于担忧之中。出走的原因，就是在学年组考时没能够考在前 30 名（年组 874 名学生），她的妈妈不允许这样的成绩。据同学们介绍，茗茗是一个很懂事的孩子，孝敬父母，团结同学，有艺术天赋，喜欢吹萨克斯。她妈妈对她要求极其严格，考试班里不出前三名，年组不出前 30 名，否则，就打她。每一次考试后，茗茗身上都有挨打的痕迹，5 月 13 日区二模的成绩出来了，茗茗顶着巨大的压力，没能够考好，她妈妈又一次狠狠打了她，一气之下，她出走了，去过长春、哈尔滨，在饭店打工，孩子内心的坚强使她熬过来。回到学校后，她告诉我，她曾经想到过一死了之，但是，她的爸爸常常安慰她,老师和同学们常常鼓励她,生活的美好,吹起萨克斯曲时的快乐让她坚强,她希望通过出走让妈妈醒悟……这件事后,家长扭曲的心渐渐平复,半个多月失去女儿音信的苦痛刻骨铭心。经过一个多月的努力学习,茗茗考入省级重点高中。孩子无奈地出走,给我们留下太多的思考。

(二) 思考中观点的明晰与确立

初中的孩子年龄大多是 13—15 岁之间,个别偏大或偏小。这个年龄的孩子正处于身体、心理发育的关键时期,思想和世界观形成的关键时期。可是,过多的学习任务和压力,社会、学校、家庭、教师、父母过于看重学习成绩,以成绩作为唯一的评判标准,忽略了孩子本身所具有的差异,来自不同的家庭、不同的学校、不同的生活环境所带来的差异;忽略孩子的成长,身体的成长、心理的成长、思维的成长、思想的成长;忽略孩子的发展,性格的发展、兴趣的发展、人格的发展。考试排名次这件小事从古至今多年延续,从未改过,排名次掩盖了多少教育的真实? 压抑了多少孩子的发展? 制造了多少悲剧故事? 我们的教师、家长似乎都习以为常,见怪不怪了。十三四岁的花季年龄,人生成长的快乐时光,我们的教育到底应该给予他们些什么东西,让孩子们的人生有意义,而不至于因名次过低丧失人生信念。

十三四岁的孩子,内心都是善良的,只要我们尊重他们,信任他们,给他们时间、给他们期待、给他们机会,他们人人都愿意成功,人人都能够成功。"相信每一个孩子的存在都是有价值的"是我的教育追求。"相信"蕴含着对每一个生命个体的敬重与尊重,彼此传递着自信。"每一个人的存在"强调的是客观事实,时时刻刻提示我们教师服务的对象是一个个鲜活的生命,我们的教育一定是面向全体学生,追求每一个个体在某一方面的成功,追求教育的平等公正。"都有价值"强调的是学校教育的目标,培养学生通过自己不懈的努力实现人生价值,进而培养学生正确的人生观、价值观。二十多年的教育教学及管理的实践让我有了更深的体会:"每一个孩子都是有价值的。"

(三)关于价值的相关思考

1. 普遍意义上的"价值"

什么是价值？价值,并不是一个实体性概念,而是一种关系性概念。在生活中,人们更愿意把人的价值理解成获得他人、群体组织的肯定或者任何由于本体人劳动创造的物化成果的一种心理效应,这是片面的。虽然人的价值是关系性的,但它应该是人在认知体验过程中一种自我存在的意识关系性,也就是说任何关于人的价值的评价机制都存在于本体人的自我认知中。个体人并不具有观察世界、考量世界的全部能力,而只需要认识到他是世上的一种存在,是能做某些事情的那种存在的能力。更简单地说,就是一个人的价值无论在任何外物的评价机制下,都要再进行一次自我思维上的加工,即自我存在的认同。当然,任何人的价值的自我认同都离不开客体的作用,因为人的价值具有认知惯性、趋向性、可变性、相对的一元性和多元性等特点,这些关系性原理的先决条件是外物先于本体人的存在。

"每一个孩子的存在都是有价值的。"其中,价值的含义理解为:每一个孩子为自己的一点点进步所付出的劳动及他的存在和努力为他人或集体的环境改变带来的喜悦。随孩子年龄的增长,价值含义的内涵和外延都会不断地发展,为形成正确的价值观而奠定基础。

2. 家长和教师眼中的"人的价值"

人的价值有时候就好像是我们通常所说的意义、身份、境界等等,只不过前提必须是自我意识下的概念交换。

冯友兰先生把人分为由低到高四种不同的境界:"自然境界,功利境界,道德境界,天地境界。"作为当代青少年眼中的"大人们"不少处于前两个境界。处在自然境界的人,对人的自觉程度很低。他们的行为都是依照其自然本性去做,既不了解也从不思考做这些事情有什么意义,冯友兰称这些人是"顺才",他们仅仅顺应了马斯洛需求理论中的生理需要、安全需要,并根据感官体验,机械地重复生活,他们已经被现代工业化淹没,完全丧失了自主性。处在功利境界的那些"大人们",虽然对社会人生有较多的了解,但比较狭隘,因而所有行为都脱不出一个"利"字。尽管他们的所做所为在客观上也可以对他人或社会有益,但是他的出发点却是利己。

"大人们"相信"凡是我作为人所不能做到的,也就是我个人的一切本质力量所不能做到的,我依靠货币都能做到。"以"等价交换"作为做人原则,从而获得简单的自我认同。导致"货币一跃而成为商品世界中的统治者和上帝",拜金主义、个人主义、功利主义、享乐主义之风泛滥于社会中。

长期以来,这一价值观束缚了人们的头脑和视野,大多数家长和教师们以分数作为唯一的尺度来衡量学生的价值的大小,简单地认为分数高,升入重点高中、重点大学就是有价值,反之,就是没有价值。学生们起早贪黑,为分数而拼,教师为分数而教,教师、学生都承受极大的压力,学校也因而失去活力和生机,整日死气沉沉。学生的许多兴趣爱好被无情地压抑和摧残,学生、家长和教师的身心被异化和扭曲。

二、孩子的价值及其实现

(一) 孩子的价值

十三四岁的小孩,天性未泯。在他们的心里,价值似乎十分简单:价值就是兴趣得到满足,爱好能够实现,言行得到他人(尤其是家长、老师与同学)的认可。

然而,在现实的功利社会中,他们也越来越困惑:人生的价值(当然他们对价值并没有真正的理性思考)就在于考试能取得好的分数,升学能进一所重点高中(或重点大学)?对于大多数学生来说,在社会与家庭的反复强化之下,他们慢慢地把社会与家庭的价值追求当作自己的价值追求。

当然,也有一部分学生,由于种种原因,他们不能满足社会与家庭,甚至学校给他们设定的价值,于是他们逐步地被社会、学校与家庭边缘化。

（二）孩子价值的实现

教育是个体社会化的过程，其本质就是将个体的价值融入社会主流价值之中。这是一个双向互动的过程，在学校尤其是如此。孩子天真无邪，他们的追求有时要比成人的追求更纯正，当然，他们的一些不合理的追求也需要学校加以矫正。

案例一：人本善良——育人比教书重要

接手八年级(1)班前，董书成的大名就如雷贯耳。德育处也好，课任老师也好，都感觉他是一个无可救药的孩子。大家的介绍和评价勾起我强烈的好奇，这个孩子到底有多差呢？开学前我们进行了4天军训。我期望见到的董书成竟然连个人影都没有，几次拨打他留给老师的联系电话都打不通。这个孩子果然不让人省心。9月1日开学那一天董书成背着书包来了。孩子长得圆头圆脑，身体很壮实，一身校服皱皱巴巴，脖子很黑，但从表情上看感觉孩子挺憨厚的，一定是缺乏父母的关爱。因为对孩子还不了解，我只问他这些天干什么去了，告诉他我是他的新班主任，以后不可以不经老师允许擅自不来，并没有很严厉地批评他。他很痛快地答应了，一脸的憨厚和诚恳。

我觉得孩子不像大家说的那样啊。可是一天课上下来，我终于体会到为什么所有的老师都烦他。他是一名彻底不学习的孩子，上课没书也没本，侧身坐在座位上，椅子被他压得嘎吱嘎吱响，因为不听课，闲得没事就撩周围的同学，还极不讲卫生，一节课下来座位底下就全是废纸。当我强制他拿书本时，他就拿起一个演算本画画，不过画画的时候还是挺专注的。一天八节课他就是这么过的，下了课就跑到走廊打闹，一天下来让班级扣分无数。每次批评他时，他态度极好，但转身该怎么做就怎么做。真的很令人头疼。

董书成在班里人缘也不好，很多同学都讨厌他，嫌弃他，没有人愿意和他同桌，但我发现他却很乐观，对待同学的白眼，从来不往心里去,很豁达的样子。他始终想尽一切办法阻止我与他家长联系,但我还是了解到了他的身世。他五岁那年妈妈因病去世了,父亲一个人带他生活。他父亲是一个粗人,对孩子的教育方式就是打,有的时候会打得孩子三天起不来床。董书成从小就会做家务了,自己洗衣服,自己做饭,难怪第一天见到他就发现他的校服那么埋汰。

了解到董书成的状态,我对孩子的怜悯之情油然而生。其实孩子就像一张白纸,是我们的家长和老师在为孩子书写他们最初的人生。董书成没有母爱,父亲给予他又是粗暴简单,与同龄孩子比已经很不幸了,作为他的老师完全有责任和义务帮助他,让他少一份缺憾。所以我格外关注董书成。渐渐地我发现这个孩子身上有许多优点。比如:孩子为人很大度,尽管很多同学对他白眼相看,但他不记恨同学,同学有困难的时候他都会热情相助;他并不笨,只要用心学就可以学会,而且字迹工整,能看出小学一二年级应该还是好好学过的;他的动手能力很强,我班的电脑都是他在主动维修;刚开的物理课,他学得津津有味;他画画得很好,漫画集自己已经画了八本⋯⋯总结起来我觉得这个孩子是一个本质不错的孩子,只是因为缺少关爱,缺少尊重才让他不知道如何去赢得他人的尊重。我就从树立他的自信、赢得他人尊重入手来进行教育。

已经进入八年级了,由于他数学、外语基本属于零基础,所以我没有强求他,但语文如果努力的话他是可以学好的。我就与语文陈老师讲董书成的情况,陈老师非常同情他,上课时总是特意叫他。开始时他语文书也不拿,语文考试就得6分。但当他感觉到老师对他的关注后,他开始翻书了,记笔记了。他的每一点进步我和陈老师都在同学们面前及时表扬。当他第一次能够把一首古诗完整清晰地在全班面前背诵出来时,全班同学都对他报以最热烈的掌声,从语文一科开始,董书成发生了非常大的变化。物理课上他听得非常专注,物理费老师拿着他画的电路图在班级展览,说他画图的水平完全是一个优秀学生的水平;生物老师因为个别同学上课纪律不好生气了,我要求同学给老师道歉,让老师能开心地回来上下节课,这件事与董书成并没有直接的关系,而他连中午饭都没好好吃,跑到生物老师那哄老师开心,直到老师说不生气了。他第一时间跑回来告诉我,我都被他感动了,同学们也对他有全新的认识。开学第一个月董书成天天给班级扣分,但终于有一个周五快放学时,他跑到我跟前兴奋地说,老师这一周我没给班级扣分。我再一次在全班表扬了他。因为老师对他表扬的次数多了,他的自信增强了,同学对他的看法也在改变。原来看不起他的同学都对他友好了许多。第二次考试中他语文答了60多分,其他科也有了不同程度的提高,摆脱了年组倒第一,年组前进了30多名。

从董书成身上的变化,我感觉到,作为一名教师育人比教书更重要。我们的学生将来能成为各行各业领军人物的毕竟是少数,大部分都是普普通通的劳动者,就像我们现在的班集体中,有很多孩子他们学习成绩并不好,老师家长眼里他们不是好学生。但当班里有什么脏活累活时,他们却是主动去做而没怨言的,他们待人真诚,对老师有礼貌,他们的价值不在于优异的成绩而是努力做人,将来走向社会这些都将是难能可贵的品质。我们做老师的一定要重视这些品质的培养,不能仅以成绩论英雄。如果带着这种心态对待学生你会发现你拥有的"好学生"越来越多。

案例二:"恶习"女孩的转变——淘金者的胸怀

魏蓝懿也是我教的学生中很特别的一个。这个孩子父母离异,她和父亲一起生活。父亲恶习很多,还经常教唆孩子偷东西,继母又虐待孩子,有一次用木梳把孩子的脑袋都扎漏了。魏蓝懿是一个很难沟通的孩子,瘦瘦的,小小的,目光中充满了对你的不屑。与她说话时,她眼睛斜着瞅你,身体摇摇摆摆,让你丝毫感觉不到尊重,也感觉不到你的语言在她身上能留下什么痕迹。再一细了解,这孩子一身恶习,不仅不学习,抽烟、看黄书,还说话出口成脏,这真是一个"劣迹生"。对于这样的孩子老师真的是爱莫能助。

经过仔细地分析,我认识到,这样的孩子批评已经不起作用了,早就有了"抗药性",表扬你又无从下手,真很难找到什么优点。怎么办?只能静下心来,降低标准,用与普通同学不一样的标准要求她,看到她的进步鼓励她,让她能感觉到你对她好。

为此,我改变了对她的教育方法。军训时,她站在队伍中异常突出,站没站相,身子晃来晃去。而一天下来我还是表扬了她,理由是:她始终在坚持,尽管习惯不好,老师还是看到了她努力。表扬她时,我观察到她眼中的不屑带了一丝亮光。第二天她就好了很多,看我的目光柔和了很多。军训四天我表扬了她四天,我一直肯定她的努力,同时感觉到她的欣喜。紧接着我发现其实她很关心班级,有人从楼上扔垃圾,她及时就报告给我,尽管说话语气不礼貌但真是为班级着想。运动会上瘦瘦的她竟然报了好几项,为我们班拿到好几分,我特意给她照了相片,放在我班的展板中。经过一个月的磨合,我觉得她规范了很多,说话比以前懂得礼貌了;我再同她讲话,她能认真听了;上我的课时不捣乱了。但由于家庭的因素孩子身上的恶习很难一时改掉,但优点在我看来越来越多了。她的同学关系不错,同学认为她很真实不虚伪;她的脑瓜很灵活,什么事一旦交给她,她会完成很好;她也有同情心,喜欢小动物等等。我认为这样的孩子如果能够把人生的方向把握好,未必不能很好地立足社会。

一个看起来那么不可救药的学生,当你用心去感受他时,照样有很多的闪光点。教师就应该是一名淘金者,把学生们闪光点挖掘出来,并不断放大,不是为了一时的利益,而是真正为学生幸福的人生奠基!

案例三:"金子"——在执着地挖掘中闪光

2004 年,学校刚开学不久,我发现班里一个名学生特别与众不同:不喝班级里的纯净水,自己带水喝;不在学校食堂吃饭,自己带馒头；爱打篮球，脚上的运动鞋竟然漏了好几个洞；身上穿的也总是那套校服。最令我不解的是，他几乎不与同学交流，总是心事重重的样子。

经过调查我发现，这个孩子是单亲，从小就没了父亲，母亲又下岗。一次偶然的家访让我进一步了解了这个孩子和这个家。这个家庭的贫困让我诧异，房子是借住亲戚的，屋里没有一样像样的家用电器，唯一的摆设就是一张双人床和一个学习桌。生活来源就靠政府的贫困补助和母亲在外打点儿零工，这种家庭条件和班里的其他孩子相比可以说是天壤之别。每天生活学习在一起，同学们的言行在不知不觉中对他产生了影响，毕竟他还是个十几岁的孩子，心理承受能力、自我调节能力有限，久而久之，他产生了强烈的自卑感。通过一段时间的观察，班主任的直觉告诉我如果不及时采取正确的教育，这个孩子的人生将是一片灰暗。

了解情况之后，我认为只靠物质资助无法解决根本问题，首先要在心灵上对他进行洗涤，帮助他发现自己的价值，让他重新树立自信。于是我精心准备，设计了一套较为科学的帮教办法。

首先，充分发挥专业特长，用语言架设沟通的桥梁。我利用中午休息时间多次找他谈心，给他讲我自身的成长过程，描述我童年贫穷的生活状况，讲述我求学过程的艰难，让他明白贫穷不是我们和父母的错，而且这种贫穷不是永久的，只要依靠自己的努力与坚强，摆脱贫穷现状并逐步成为社会有用之才是完全有可能的。通过心灵沟通，我与他在心理上形成伙伴关系，并逐步打消了他的顾虑，初步建立了自信。在早检午检时间，我经常给全班同学读立志故事。《读者》《青年文摘》是我为全班同学订阅的，每一期的好文章都是我班同学最好的精神食粮。这样，我班同学精神面貌极佳，上进、淳朴、有爱心，很多优秀品质都可以在我班学生身上找到。因此，在没有攀比之风的班级里，该同学更容易获得自信。

其次，切实解决他的实际困难。在彻底消除心理隔阂后，我决定从物质上帮助他。我每月资助他100元钱，解决他吃饭和喝水问题，让他和其他同学有更多的接触机会。在与同学的接触中，我发现他脸上渐渐有了笑容，说话的声音也渐渐大了，课堂上也有了他回答问题的身影。

再次，充分挖掘他的优点，树立他在同学中的威信。我经常在班级表扬他的优点和长处，并号召同学向他学习。在被关注、被欣赏、被激励中，他表现得越来越好，越来越有自信。于是，我决定任用他作班长，让他在工作中再次找到自信，在为大家服务的同时锻炼自己的能力。一段时间之后，我终于看到了他的巨大变化。课间他主动和大家一起做游戏、讨论问题，操场上他生龙活虎，并渐渐成为男同学的精神领袖和学习的楷模。有一次，学校的打架大王与我们班同学争夺篮球场地，打架大王恶语相向、气势汹汹，而我们班的男同学也不甘示弱，一场"战争"即将爆发。这时他走到那位打架大王身边，心平气和地讲道理，只一会儿功夫，那个打架大王就走开了。经过这件事，他在同学中的威信更高了，乐观自信的他，进步越来越大。

这名同学品质很好，但贫困的家境又给他的生活带来了很多麻烦。于是我就发动全班同学通过各种途径帮助他，让他感觉到大家庭是温暖的，同学的帮助是善意的而不是怜悯的施舍。通过大半年的真情付出，孩子脸上的笑容多起来了，愿意主动和同学们交往了，性格也活泼乐观起来，学习成绩进步很快，由原来的中等跃升到班级前列，通过竞选还成为了校学生会的干部。在学校组织的各种活动，比如运动会、艺术节、观看教育影片中，充分发挥了模范带头作用。在别人有困难的时候，他总是第一个伸出援助之手；在社区里，也受到社区群众的一致好评。摆脱自卑的他，真正建立了自信，我很欣慰，因为真心的付出得到了真诚的回报：该同学多次被评为市区级优秀学生、优秀干部，更值得一提的是，2007年他被评为感动皇姑十大人物，这也是教育界获此殊荣的唯一一人。他已经成为名副其实的"阳光少年"。该同学在高中期间就光荣地加入了中国共产党，并以优异成绩考入北京林业大学。

这名同学的成长过程,让我深刻地认识到每一个学生的存在都是有价值的。教育工作者应该是独具慧眼的开矿者,只要勇于拼命地去挖掘,就一定能找到属于学生的同时又属于自己的"金子"。

案例四:"人人都能成功"——富二代的心理教育

2007年,也是刚开学不久,我们就带着学生前往部队参加军训。在前往部队的路上,一个白白胖胖的男生主动与我聊天,刚说几句,这个学生话题一转,忽然说:"老师,你说开烧烤店能挣钱吗?"我当时一愣,之后笑着说:"这个问题老师从来就没想过,但我猜想应该能。"当时我正在琢磨到部队后应该做些什么,所以只是敷衍了一句,没想到他却一脸的认真,"老师,我都观察过了,沈阳人特爱吃烧烤,每天晚上各类烧烤店人都特别多,开个烧烤店肯定能挣钱!"看着他的那股认真劲儿,我很纳闷:这么小的孩子怎么会考虑这种问题……

这一幕一直深深印在我的脑海中,之后我便悄悄观察这个学生。我发现他军训时比较认真,课堂上那双大眼睛也能很专注地听讲,但学习成绩却很不好,第一次全区摸底考试,他竟然是班级的最后一名。由于他学习上的困难,有一些同学歧视他,他很苦恼。有一次他很有感触地对我说:"老师,我原来只知道有钱人瞧不起穷人,现在才知道原来穷人也瞧不起有钱人啊。"一脸的无辜、一脸的稚气……

经过深入调查得知,他的父母自己开公司,买卖做得很大,也赚了不少钱,家长虽然很重视教育,但由于种种原因对他疏于管理。由于生活在这样的家庭中,他的世界观、人生观、价值观很难正确地形成。如果同学们继续歧视他,那他能否健康成长则又成了问题。

基于以上种种情况,我认为应该尽快地帮助他找到真正的优势、价值,让他在同学面前有尊严,帮助他树立正确的价值观、人生观。我利用课下时间找他聊天,试图发现他的特长、优点。一段时间后,我惊喜地发现他原来有画画的天赋,尽管没进行过专业的训练,但只要他用心去画,整个画面会很生动。有一次,他没心思听课,就在练习本上涂鸦,竟然把老师批评学生的过程画了下来。我像发现新大陆一样惊喜,于是,我尽快设计了一次班会,并指名由他来设计黑板。这一次才艺展示,让很多同学对他刮目相看,我当即宣布由他担任美术课代表。他也因此风光了一阵。后来,我又发现他很有语言天赋,能说会道,还会察言观色。一次上级领导来我校调查,我就把发言的任务交给了他,他的对答如流,得到了领导的表扬和同学们的热烈掌声。他在同学们心目中的形象已有了很大转变。挖掘出他的特长后,对他进行价值观教育的时机就到了。由于我对他的关注、鼓励,他很信任我,和我很亲近,有了这种良好的师生关系,我对他的思想教育他很容易就接受了。我又查找了很多资料,拿一些励志性的文章、一些富商的教育观点给他看,他很有感触,并把自己的想法与家长交流。一次家长会时,他的妈妈高兴地对我说:"我儿子真长大了,他说将来要依靠自己,不做不学无术的富二代……"经过一段时间的教育引导,他的世界观、价值观有了很大的改变,热爱班集体,为班级做了很多贡献。在一次捐款中,他把自己的零花钱都拿到了学校,捐了 1000 元。

人的五指虽然有长有短,但都是必不可少的,同时又都有着自己独特的、无法替代的作用。这正如一个班级的学生,每个学生都是一个独立的个体,都具有其自身的价值;有如学生自身,只能称其有各个方面的特点,而不能轻易地判断为优缺点。育人者的工作应是倍加小心地呵护每个学生,充分挖掘学生的价值,在这种理念下,也许真的能创造出"人人都能成功"的奇迹。

(三) 孩子价值的实现与学校教育价值观的转变

通过上述案例,我深切地感受到:实现孩子的价值很重要的是学校也要转变自己的价值追求。孩子们从幼儿园开始读书，到高中毕业，每个孩子都要读书十二三年，这其中，我们家长和老师们一直关注的是孩子们的学业成绩高低，至于孩子成长中的需求，多数人关注不够，孩子们从小就跟分数竞争，跟他人竞争，无数次竞争所带来的焦虑、压力、挫败，使得孩子们失去童年、少年、青年时期应有的快乐、幸福，更可怕的是他们失去对学习的兴趣、对未来的憧憬与追求。

众所周知，芬兰的基础教育世界领先，最根本的原因之一是教育尊重孩子们成长的需求，教育的环境是公平的。在芬兰的教育中，学校与学校不去做无谓的"竞赛"、"排名"，学生与学生、老师与老师，更不会做原本起点就不公平的较劲。所有的评估与考试，都是为了让学生知道从哪里去自我改进，提供日后成长的基础与学习能力进步的空间，从不鼓励、不强调孩子从小就与人争，而去启发、协助每个孩子找到生命的价值，同时建立可以一生追寻的正面学习心态。在芬兰轻松自由的教育环境中，孩子们主动、自觉的意识就更强了，孩子们的潜能自然而然地表现出来。有了这样的认识，我们的行为慢慢转变，学校取消了各类考试的排名，教师由关注成绩转到关注孩子们成长的需求。慢慢地，课堂发生了奇妙的变化，孩子们的自信心增强了，主动展示的学生多了起来，教育的环境静悄悄地改变了。

（四）孩子价值实现途径的探索

每个孩子都是独一无二的，多把衡量的尺子，每个人都能成功。我们面对的是有血有肉、有思维、有感情、活生生的人。他们来自不同的生长环境，有不同的性格和对事物的不同看法，要想把他们造就成同一种类型，拥有同一种思维、同一种行为，那是绝对不可能的。有时，我们教师要求孩子们整齐划一、全部都达到既定的目标，结果发现，这只不过是一个愿望而已。后来，接触的孩子多了，生活经历也丰富了，就更能体谅、理解、包容了。尤其，当拨开了眼前追求成绩的阴翳之后，我们的眼光更纯净了，这才赫然发现，每个孩子都是非常可爱的、有价值的：有的举止文雅、待人体贴,班级中的大事小情都积极地出谋划策,是个十足的热心肠;有的虽然沉默寡言,但他们对班级非常关注,班级中的笤帚破了,是他们悄悄换来新的,班级中的花生意盎然,是他们悄悄浇水剪枝;有的很愿意亲近老师同学,性格开朗,在他们眼里世界上的一切都是那么美好,即使遇到挫折,也会昂头挺胸、充满斗志;还有的做事小心翼翼,说话小声小气,但是对待自己的事情、对待班级的事情都会尽心尽力……每个孩子的表现都不一样,但就因为这种独特,才构成了这个多姿多彩的大千世界啊。多把尺子量人吧,这样,我们的孩子们会更快乐。

经过多年的探索,我们逐步摸索出了一些帮助有价值的孩子实现他们价值的途径:

1. 关注心灵,引领思想的成长

教育是用一种思想交换另一种思想,一种感动创造另一种感动,一种心灵走进另一种心灵的活动。

初中阶段是人生观、世界观形成的重要时期,教师如能正确引导,会让孩子受益终生。我们教师要学会寻找恰当的教育载体适时的对学生进行思想的引领。《心桥》是我校优秀班主任李艳霞所带班级自创的一份班刊,旨在交换思想,心灵互动。多年来它早已成为学生自由论坛的天地,家校沟通的纽带。孩子们在《心桥》上发表自己的观点,表达自己的思想,教师和家长尊重孩子们的话语权。孩子们在民主的氛围下,国事、家事、天下事、事事关心。如汶川地震后孩子们出刊了以"汶川不要哭泣,我们永远爱你"为主题的《心桥》;如针对父母过度关注成绩,忽视孩子其他方面的感受,孩子们写出了"妈妈,我想对你说…"的心里话,《心桥》搭建起母子沟通的桥梁。《心桥》中有对热点问题的讨论,如"作弊"、"追星族"等。在《心桥》中孩子们思想开放,敢于表达、质疑、思考,往往一石激起千层浪,在不同观点的碰撞中,孩子们的价值观、世界观得以澄清和修正。

2. 培养孩子优良的习惯和品行

曾有人对"什么是教育?"做了一个有趣的诠释:"把所学的东西都忘了,剩下的东西就是教育。"剩下的东西无外乎是人们所能看到的积淀于人自身的气质、性格、处事方式、行为习惯中的那些东西。培养孩子优良的习惯和品行是我们学校教育中不可或缺的重要任务。学校开展了"中学生十大行为习惯培养"的行动研究,"十大行为习惯"即"强身健体、明礼诚信、孝亲感恩、谦恭温和、言行一致、团结合作、阅读静思、勤勉节俭、劳动创造、乐观豁达"。这十大行为习惯的设计、商议到确定,本身就是一次有效的教育过程。学校在 54 个班级,2700 名学生中征集"十大行为习惯",校德育处、团委经过归纳、筛选、整理,从上百个习惯中排出前 10 个习惯,又经过再次商议、推敲确定下来,每一条行为习惯都有其独特的意义与要求,有具体操作的步骤与方法,细致、规范、有效。学生们亲自参与制定,实施起来顺畅,有效性强。

各个班级可以根据自己班里的实际情况,开展一两项行为习惯的研究,通过多种形式、举办各种仪式、开展多种教育实践活动,将"十大行为习惯"的学习和践行落实在教育教学的每一个细节中,最终将实践研究的结果在全校交流,经验向全校师生推广,各班在相互的交流中学习、促进。我曾参加一次"孝亲感恩"教育的主题班会,内心受到触动。班会的设计很用心,班主任请家长给自己的孩子写一封感谢信,感谢孩子成长中给家长带来感动的故事,同时也请学生写一封信,写出父母让自己最感动的那一刻。班会上,同学们踊跃地读着那一封封饱含亲情至爱的信,许多人默默流泪了,此时此刻家长和孩子的心碰撞了。学会感恩,才知道给予的意义,才会孝敬长者、父母,渐渐地才懂得给予社会和人民。孩子们的行为习惯,乃至价值观在一次次爱的交流与碰撞中形成。学校的感恩教育开展得颇有特色,发挥了教育的功能,学生们受益匪浅。

3. 信任和尊重孩子的愿望

每一个十三四岁的孩子都是怀揣梦想和美好人生愿望的,我们是否信任和尊重孩子的愿望是孩子未来人生输赢的关键,信任是我们教育的核心价值。信任会让孩子更加自觉地对自己进行管理,自己的事情自己努力做好,这个过程中他们就会不自觉地养成自我学习的意愿和动力。

信任与尊重,让孩子们学会自己解决问题。我们教师始终坚持信任、尊重、民主、赏识的教育方式,让每个孩子都心灵纯净、思想自由、阳光快乐、积极向上地生活学习。每当教师对某个问题束手无策时,就会放下来走到孩子中去,向他们寻求援助。每一次在与他们的谈话中教师都会找到解决问题的灵感,每一次从孩子们身上学到都比我们给予的或期望的要多。例如初三(6)班网络事件:进入初三孩子们的学习也进入忙碌阶段,家长们对电视、电脑采取了全面的封锁。很多孩子由于压力没有释放的途径,变得更加消沉。如何增强孩子们的网络自律性,又要说服家长信任孩子,教师鼓励孩子们寻求解决问题的方法。在孩子们的精心准备下,以"网络对中学生的影响"为主题的班会召开了。班主任邀请了部分家长参加。孩子们就"我们利用网络做什么?上网多长时间适宜?网络的利与弊?中学生如何正确使用网络?健康上网倡议书、家庭上网协议"等问题展开了热烈的讨论。在辩论中孩子们对应用网络有了正确的认识,家长们也解开了担忧与疑虑。

在学校教育中,教师尊重孩子们的意见,将一言堂变为多言论,如对篮球比赛失利的思考、对月考成绩的分析,对学校提合理化建议,鼓励他们参与学校发展规划,孩子们视自己为学校的人,自我发展的意识更强烈了。

4. 不带"有色眼镜"看学生,善于调动学生的主动性、积极性

苏霍姆林斯基曾说过:"在每个孩子心中最隐秘的一角,都有一根独特的琴弦,拨动它就会发出特有的音响……"不以成绩取人,善待每一个学生,应成为教育者基本的素质。化学教师吴菁蕾就是学生欢迎的。她每次接新班,从来不要班级的成绩表,和学生见面第一句话:"老师现在一个人都不认识,你们在老师的心目中都是平等的,一切都是零起点,希望我们共同努力,共度化学课堂的美好时光。"没有戴上有色眼镜,不给学生贴标签,平等对待每个学生,往往这样才能及时地发现别人忽视的一些学生身上的优点,知道他们的兴趣爱好,并适当地引导,努力让他们朝一个好的方向发展。为了能调动每个学生的积极性,首先从课堂着手,课堂上尽量多举与生活息息相关的例子,给学生营造化学就在身边的氛围。教学中,紧密联系生产和生活的实际,将"食用面碱"、"小苏打"、"衣服的标签"、"洁厕

灵"、"紫甘蓝"等实物带进课堂，又将实验中的石灰浆、硝酸铵溶液、冷冻剂、高锰酸钾等带到生活中，充分让学生体会知识的实用性，学以致用。

三、学校发展与孩子价值的实现

（一）学校文化的滋养

1. 学校精神的孕育

学校是人与人的心灵最微妙地接触的地方，是孩子们接受文化滋养最基础最丰富的地方，学校文化滋养一代代人的成长。学校精神——"永远比别人多做好一点点"，看起来朴实直白，似乎缺少内涵，其实不然，做到并非易事。比别人做好一点点易，多做好一点点难一些，永远多做好一点点更难。学校精神蕴含"永恒超越"之意，在教育中，我们坚持让孩子们从身边的小事做起，每天比别人多做一点点，做事总要精益求精，不断超越自己。由做事到做学问做人，孩子们就在不断做好小事情中得到潜移默化的影响，持之以恒，养成习惯，形成品格。每天早晨，我看到孩子们认认真真清扫教室、走廊，细心地擦去花瓣上的灰尘，那专注的样子让我感动；课堂上，为一个问题争论不休，总是敢于大胆质疑的神态，妙语连珠的发言给人留下深刻的记忆，我为孩子们的健康成长而欣喜。

2. 和谐团队的力量

虹桥中学一向以和谐大家庭著称，这里因团队优秀，师生和睦，育人高质被社会和家长信赖。孩子们在学校学习生活得到所有教职员工的爱护和关心，"相信每一个孩子都是有价值的"，"不让一个孩子掉队"不仅仅成为教师的共识，而且成为教师教育行为的一个重要准则。学校各个部门创新地开展了"六多"活动，即多侧面了解，多方位沟通，多层次教学，多渠道发展，多平台展示，多角度欣赏。评价评比的方式均以团队为单位计算，或以班级，或以年组，或以孩子们自己组合的团队，活动的过程中人人参与，人人奉献，各显其能，人人有机会，人人有特长，增进了相互理解，相互支持，相互友谊，收获了人生最为宝贵的东西。例如：我们初三政治教研组的四位教师,设计了趣味政治知识竞赛,在 18 个班中开展,难度比较大。四位教师设计新颖,比赛有趣,最值得借鉴之处:竞赛规则的制定,"全班同学人人参加,不许一个人掉队",方法上,她们采取"过塞子"的办法,发挥团队智慧,优扶弱,良帮中,一个带一个,个个过关。经过一周的备战,竞赛相当精彩,18 个团队都获得不同的奖励,知识在活动中灵活地掌握了,团队合作共赢的学习策略被许多人拿来,为自己的发展而用。教师的付出,同学的付出,成为榜样,人人学习。和谐团队中成员个个自信满满,对生活、学习、实践活动充满热情,诚恳努力,每一个人都为自己的进步而骄傲。

3. 家长赠书的智慧

家长每次来学校办事或开家长会都会主动地为班级赠书,这件事已坚持多年,成为校园佳话,也成为学校文化建设的一大亮点。据说是家长们受到学校、教师常年坚持为学生们赠书的影响,由于赠书的不断增多,学校建起了"流动的图书馆",由校"小记者团"的孩子们负责安排"流动的图书馆"的去向,并且寻找机会宣传各类图书的阅读方法,借此向学生们推荐自己喜爱的书,引领学生们挤时间读书,使"阅读静思"真正成为受用一生的习惯。教师和家长们的良苦用心充满智慧,赠书就是培养孩子终身受用的生活兴趣,让书与孩子产生互动,并成为伴随终身的友谊与养分。读书养成孩子独立学习思考的习惯,在知识的空间中自由自在游走,开启心灵与脑海中的创造、幻想与视野。随年龄的增长,读书的兴趣随自己成长的需要而有所取舍,书中厚实的养分孕育孩子的成长,使他们不断认识人生,探索人性,书的力量有时大于任何的说教。

孩子们从书中汲取人生的智慧,学会发现、呈现、创造、服务,学生演讲团定期举办各种读书演讲活动,将此项活动延伸至学校周边的各个社区。他们了解社会、了解弱势群体的需求,在学生中开展了"为贫困家庭献爱心活动",全校 2700 名学生捐款 8 万多元,送到社区,送到需要的百姓家中,把学校奉献和关爱的文化传承下去。学校的文化墙、文化角及各个可以触摸的地方,都被热爱读书的孩子们占领,布置读书体会园地、书画展示园地、名著鉴赏园地、读书评论园地、名言激励园地……凡是孩子们想到的,学校尽力提供场所满足他们的需求。学校文化就这样在不知不觉中慢慢成为"场",吸引无数的孩子们,达到润物细无声的效果,他们从"场"中不断吸纳、不断扬弃,反反复复中体会、反思、分享、成长。

(二)建设有生命力的课堂

抓好"四个"落实:即抓课前信息的准备,借助网络进行开放性学习。这个环节的关键,就是教师培养学生进行课前的预习,学生自觉借助现代化的学习方式网上查找资料,为新知识的学习做好铺垫。个别学科使用"导学练测"稿,教师把学生需要预习的知识范围给出来,便于学生集中查找资料,开放性学习,大大提高了学生学习的趣味性和自觉性,养成良好的学习习惯,受益终身。

抓课中师生互动,有效对话交流,开展主动性学习。这一环节重点强调的是教学过程中的师生相互学习,教师的主导作用和学生的主体作用的相互促进。课堂上师生同是学习者、合作者、引领者,师生在平等、尊重、和谐的氛围中学习,达到教学相长,师生共同提高。一改过去教师教,学生学的单一、被动的课堂状态。和谐的师生关系是提高教学质量的一个重要因素,不可忽视。和谐的师生关系才能提供有效的对话交流,课堂上师生思想解放,思维敏捷,学习欲望强烈,学生的灵性得以充分地发挥,课堂教学充满生命力。

抓课中适度的分层训练,开展有效性学习。这个环节关键在于练习题的设计,要求适度分层,为每一个学生服务。课中的适度训练,既巩固当堂所学知识,又减轻了学生课下的学习负担,更重要的是学生们共同学习、共同研究,对知识的学习和掌握有直接性、时效性,便于记忆,符合中学生的学习规律,学生们学习的有效性大大增强了,教学质量稳步提升。

抓课下有选择积累反思,继续进行生成性学习。这个环节有两方面要求:一是教师的教需要积累反思,教师要把教学中优势的地方有选择地记录下来,在团队备课中提出来与大家分享教学中的收获,为其他教师提供有效帮助;同时,也把教学中的不足记录下来,向学生、向教师问课,师生共同查找教学中的问题,反思中改进教学。二是学生需要积累和反思,就是我们常说的"知识精要"、"错题本",教师根据学科特点,把一个单元或一章一节的知识要点形成知识树给学生,帮助学生做知识的积累,并指导学生做相关知识的拓展,为尖子生的提高搭桥,培养学生自觉学习、自觉探索的修养,为未来的发展奠基。教师还根据学生学习中遇到的问题,教会学生建立"错题本",对易错知识点加以重点记忆,避免同类问题再错,效果很好,积累反思为学生进一步学习新知识打下良好的基础。

抓牢"四个"完善:即完善校本培训,提升教师育人教书本事。教师要终身学习,让学习成为每一个人的需要。学校定期召开专题研讨会,引领教师学习理论、实践理论,让学习贯穿于教师教学实践的始终,让教师把学会教学与学会学习结合起来,努力提升教学实践的合理性。组织教师进行团队学习,帮助教师形成共同的价值,达成共同的目标,通过教研组、备课组等团体组织,让教师在组织中相互学习,共同提高。

完善团队教研、名师引领的教研方式,提升它的实效。团队的教研从问题研究入手,让教师关注身边的教育细节,问题就是课题。引导教师寻找和发现问题,通过研讨等形式对问题的性质和成因进行分析,教师们通过自我反思,与同事交流,吸纳他人的意见,最终达到解决问题的目的。在研究过程中,教师有了一种潜移默化的教科研意识和内驱力,提高了教师教科研能力。同时,由于研究过程牢牢植根于课堂,切切实实地解决课堂教学中的问题,使课题研究和提高课堂教学质量又融为一体,使课题研究具有实践性和可操作性,使课题成果能真正推动课堂教学实践。

名师引领的教研方式是学校教研的一道风景,定期由学科带头人、骨干教师上示范课,青年优秀教师上汇报课,教师带着问题听课然后分组讨论,讨论围绕课例进行,小组讨论重在营造一种相对自由开放的"学术沙龙"环境,鼓励教师畅所欲言,让教师把自己的收获、感悟与困惑摆出来,促使教师不断反思和矫正自己的教学行为。名师引领提高了学科教研的时效性,教师们在团队教研中收获教育教学的智慧。

完善培养教师成为研究型优秀教师的个案机制。要培养具有创新思维的人才，必须首先培养一批具有研究意识，善于学习、善于思考、善于探索、善于实践的研究型教师，这是学校未来发展的坚强基石。学校建立培养教师成为研究型优秀教师的个案机制，制定具体培养目标，采用"导师制"的培养方式，聘请著名的大学教授、学者或有教研能力的专家委托培养，选拔有教研潜力，乐于奉献的教师为培养对象，有针对性地培养，发挥教研骨干教师的引领辐射作用。

完善对教师和学生的评价方式。评价方式的多样化带来了师生精神状态的改变，学校拓宽评价的渠道，宽泛评价的标准，让师生在评价中感受进步的喜悦。对教师的评价，内容主要看五方面：课堂上师生关系的融洽程度，团队教研中的贡献多少，自觉参加校本培训的成效，提高学生学习成绩的幅度，培养尖子生和转变学困生的个数；方式，自评和他评。对学生的评价，内容也看五个方面：作业的完成情况，主动参加社会实践的次数，小组学习中作用发挥的程度（包括帮助他人、积极发言、团队意识等），善于思考提出有价值问题的次数，学习成绩的提高幅度；方式，自评和他评。我们努力做到在评价中学习、在评价中激励、在评价中改变、在评价中提高。

让真爱沐浴每一个孩子。我们老师在上课时，总会不自觉的或无意识的关注了一些"精英"，而忽略了一些个性内向或学习成绩相对落后的学生。课堂是培养学生学习知识、形成技能、获得情感体验、实现生命成长的主要阵地，每一个孩子都是鲜活的生命个体，都有被爱的需要和被尊重的需要，而"没有爱就没有教育"，没有对全体学生倾注"有教无类"的爱就没有真正意义上完整的教育。在课堂教学中，随着教学内容的不断复现，我们可以有意识地找机会辅导学习相对较差的孩子。比如大部分孩子都会读单词或句子，但还有孩子不会时，我们老师应认真分析其不会的原因何在，然后以平和的心态、鼓励的口吻，帮助孩子建立自信，及时赶上，这种看得见的帮助才会让孩子真正沐浴在爱的阳光里。

赋予每一个孩子绽放思想的机会。很多时候，我们的课堂成了优等生的舞台,无论是课内交流、课堂展示还是师生对话都会有他们忙碌的身影,优等生的个性得到了充分的张扬,他们的发展有了一个很好的心理环境。那么反观学习成绩稍微落后的同学,他们在课堂中默默无闻,仿佛是置身事外,好像只是一名观看别人演出的观众,对新知识没有多少认同与体验,知识表象也不是很清晰,新知识的建构自然也就建立在一个很低的层面上。没有思维加工的参与,没有个性化的对文本的解读,学习自然就变成了一份苦差事。所以随年级的升高,越来越多的孩子不再愿意举手,不再乐意参与到课堂中来,甚至造成了厌学的情绪,造成了我们的课堂中越来越多的孩子被"边缘化",逐渐淡出了老师的视野,这些学困生的心也就逐渐飞出了教室,学习成绩也自然一路下滑……

作为老师我们应给每个孩子创造成功的机会,应视问题的难易程度,分层提问,即使学生回答不好,最起码让他警惕:我要努力,我知道我还存在什么问题,我要在哪方面加以努力。在同学们和老师的帮助中学会和会学,将是他们生命成长中不可多得的财富。学困生一旦在他人的帮助下克服了学习中的某个困难,那么他的人生可能会因此而变得更加精彩。

耐心倾听孩子成长的声音。孩子成长中会发出不同的声音,老师需要耐心地倾听,好比孩子在课堂上回答问题,答错时,教师往往容易打断学生的回答,要么是马上纠正错误、要么是把自认为更好的答案告诉全体学生。其实,如果让他讲完,让别的孩子找出问题,纠正错误,对回答错误的孩子来说,既是对学生人格的尊重,又能起到既教育个体又教育集体的作用,学生发言中存在的问题,应是很好的教育资源,很真实的教学材料,我们老师应该与孩子们一起学会倾听、学会尊重。倾听花开的声音,是一种教学策略,更是一种美德。

建设有生命力的课堂,师生精神面貌焕然一新,学习、研究、探讨的积极性自发、主动,学生的多种潜能在师生相互交流碰撞中激发出来,学生们感受到自身蕴藏的力量,发现了自己的价值,信心坚定了,进而促进了自身的和谐发展。建设有生命力的课堂是提高学校教育教学质量,促进学校可持续发展的重要途径。

（三）建设多元的课程

"为学生幸福的人生奠基"是学校的办学理念。"幸福的人生"主要体现为：一是形成学生快乐、开朗、积极、乐观的人生态度。二是培养学生终身学习的愿望、兴趣、能力；培养学生良好的健身习惯，打好健康体魄的基础。三是发展学生独立地、有尊严地面对世界的品质和能力。四是帮助学生与他人、自我、自然建立积极的、建设性的关系。五是教会学生吸纳人类优秀的文化、经验、核心价值，树立远大的人生目标。

这一理念要求我们的教育，不仅要对学生的升学考试负责，更要对学生一生的幸福负责。教育要带给学生希望、力量，带给学生内心的光明、人格的挺拔与伟岸，带给学生对自我、对生活、对未来、对人类的自信，相信每一个孩子都有价值，都能成为自由社会的建设者和幸福人生的创造者。

为学生的幸福人生奠基，学校从课程设置上做了一点尝试，设立基础型课程、探究型课程、拓展性课程、校本课程。

基础型课程要注重结合学生情况，体现分层性。基础型课程分层教学的实施有利于因材施教，合理减轻学生学业负担；有利于调动学生学习积极性。对于基础型课程，原则上学校在语文、数学、英语、物理、化学五门学科中开展分层教学，以保证学生的个人基础性学力得到充分的发展；定期开设彩虹班培优、彩霞班补弱，使虹霞辉映，持续发展。探究型课程包括信息技术、综合实践、写字课。信息技术、综合实践课程纳入课程表，写字课程利用课余时间进行。信息技术进行电子报刊制作方面的竞赛、综合实践进行剪纸工艺课程、写字课进行软硬笔书法教学……通过这些课程的学习，培养学生的动手能力、感受传统文化，并不断创新发展。拓展性课程要注重挖掘基础课程中的多彩因素，在英语学科开设中小衔接过渡课程，在物理学科开设生活中的物理课程，在语文学科开设古诗文及名著诵读欣赏课程，在艺术方面开设京剧及乐器演奏课程。要利用晨读培养学生阅读静思的良好习惯，采用"学习委员组织、任课教师指导、班主任协作"的形式,推荐不同内容的书籍,并制定不同年段学生阅读书目,提出比较具体的阅读要求及目标,在英语、语文等学科进行阅读学习,形成书香校园。要利用自习的时间,进行拓展性课程的学习,使之成为适合学生创新精神和实践能力进一步培养的有效辅助途径。

为学生的幸福人生奠基,还要注重开发多彩校本课程。心理健康科目,自主开发校本教材,在七、八年级进行16个主题的教学,例如七年级:学会倾听、和考试焦虑说再见,八年级:学会自我解压、静心等花开、青春期性心理探讨等。心理健康是一门新兴的学科,在课程建设上是一项空白,学校在心理健康教育上计划以活动和体验为主,在做好心理品质教育的同时,突出品格修养的教育,并提倡课内与课外、教育与指导、咨询与服务的紧密配合。这一校本课程的实施学生受益颇多,我们在继续研发中,努力为孩子的健康成长提供适时的帮助。

为学生的幸福人生奠基,学校还加强了学生社团建设。为学生展示多彩人生搭建舞台。例如:读书社、文学社和数学社、爱心社、钢琴社、广播社和街舞社。这些社团贴近学生生活,受到了学生的喜爱。社团的建设和展示大大地丰富了学生的校园生活,对培养学生的兴趣爱好、组织能力和交往能力都有很大的帮助。实现了学生的自我教育。社团建设以服务广大学生为宗旨,进行有计划、有目的、有步骤的合理安排,从学生实际出发,开展活动,增强学生的自我意识,培养学生自我评价、自我认识、自我调节和自我教育的能力,善于合作的团队精神。社团活动实现了学生兴趣与个性特长发展的愿望。学生社团在学生的眼里是一个"快乐的天地",是一个"展示的舞台"。学生充分发挥主体创造性,发展个性,使每个学生都有一个充分表现自我的小天地。实现了教学的课外延伸和拓展。社团活动激发了学生强烈的求知欲,使学生在课堂学习中更加投入,促进了课堂教学的不断优化,提高课堂教学质量。

期待每一个孩子的成功。每个孩子都是一个独特的生命个体,他们都有各自的长处,教学中我们老师一定要努力找出每个孩子的优点,不断找机会放大这些优点,让这些优点成为他们不断前进的不懈动力,从而不断走向成功的彼岸，享受到学习的乐趣、成长的快乐。比如：让模仿能力强的孩子表演课本剧或者参加学校艺术节的演出，让文学方面有天赋的学生参加文学社，让逻辑思维能力强的同学讲每日一题，让音乐方面有天赋的同学参加学校的钢琴社、街舞社，让美术方面有天分的同学把自己制作的手抄报、绘画、书法等作品拿到校园里展示。钢琴社的同学用他们优美的琴声迎接新年的到来，每个学生都在属于自己的领域展示着才华，每朵花都吐露着芬芳，每个孩子都在学习中体验着幸福，品尝着收获，走向成功。

文化的滋养、理念的更新、课程的变化、社团的建立都为孩子们健康成长提供了有效地服务，相信每一个孩子都是有价值的是教师的情怀和不可推卸的一种责任，我们会更加努力地探索、执着地实践，为孩子们幸福的人生打好身体的基础、人格的基础、知识的基础、能力的基础。

不求人人成才，但须个个成人

河北省石家庄市第四十四中学　夏强

1981年大学毕业后,我被分配到到石家庄市第四十中学任教,后到新疆乌什县支教,1985年底返回后继续在四十中工作。2002年,我担任四十中校长。2007年11月22日,我到石家庄市一所新建学校任校长,至今先后合并4所学校,形成了石家庄市第四十四中学。

在多年的教育实践中,我深深地体会到:社会需要一大批创新拔尖人才,然而,也需要数以亿计的高素质劳动者。与创新拔尖人才相比,我们周围更多的是平凡普通的人,他们说不上多么富有,有多高地位,但却以干净得体的衣着,礼貌谦恭的态度感染他人;他们说不上才华横溢,学识丰富,但却明事理,懂得关心温暖他人;他们活得幸福知足,虽然说不上对国家发展社会进步起着多大作用,但却在平凡的岗位上默默奉献,做好一颗闪闪发光的螺丝钉;他们是社会发展的和谐音符、重要基础。基础教育阶段是为学生持久发展奠基的过程,初中三年可以影响孩子一生。在这一认识的基础上,于90年代中期我就提出了"不苛求人人成才,但必须个个成人"的教育理念,从四十中的办学实践到四十四中的创建,始终坚守着这个教育的真谛,并在实践中取得了巨大的成功。

一、引言:张磊的故事

张磊是我校9706班的一名男生,一个简单而又特殊的孩子,生活在单亲家庭,从小生活窘迫。衣服总是很脏,身上常常散发出一股异味,学习成绩很差。但是老师们都格外关心他,叮嘱他勤洗澡,教他洗衣服、讲卫生。在老师的引导下,班里同学也不歧视他,在多方面给予他热情的帮助,使张磊感受到了班集体的温暖,从而尽己所能参与班级活动,主动为班集体服务。比如:参加长跑、摆放自行车、倒垃圾等,每一件事都做得极为认真,很有责任感,他热爱集体,热爱老师,把班级当成了自己的家。

毕业多年再次遇到张磊,得知他初中毕业后没有考上普通高中,上了一所技校,之后当了工人。工作后深感知识的欠缺,自己利用业余时间又在一所夜大学深造,后来成了一名技术工人。他说自己可以赡养父亲了,家里也买了房,还有了女朋友。他憨厚的脸上写满自信和笑容。他说,现在很满足,非常怀念学校。

张磊同学的例子,引起我许多的思考,从成人成才的角度看,他算不上是成才,但是,他的确是一个合格的人,一个善良、自信、有感恩的心、有责任感、有一定素质的合格劳动者。对张磊的教育,不能不说是成功的。

张磊的故事引起我对学校和校长教育使命与责任的思考。

二、不苛求人人成才,但必须个个成人
——教育使命与责任的确立

(一)义务教育的价值追求

教育的目的何在?学校教育的使命是什么?陈玉琨教授曾说:教育是认识人、培养人的伟大事业。教育的目的就是塑造人、陶冶人、培养人,使人有良好的修养和完善的人格。让每一个接受教育的人,有长远发展的持久动力。

曾经有一部在河北张家口拍摄的农村题材的影片《一个都不能少》风靡全国。影片揭示了我国农村基础教育中的部分现状,引发了社会对基础教育问题的辩论与思考。就在这一时期,我国酝酿启动了第八次基础教育课程改革。时隔不久,远隔重洋的美利坚合众国也开始策划一场教育革命,2002年2月8日,布什总统正式签署《不让一个孩子掉队》教育改革法案。此法案堪称数十年来美国联邦政府在基础教育领域的最大"手笔",其初衷是通过教育法制化建设,以提高基础教育质量,实现教育平等的终极目标。它给美国基础教育带来的影响是巨大的。

我曾在一所优质的学校——石家庄市第四十中工作近27年,从教师一步步成长为校长,为她的升学率、各种各样的全市第一、数不清的荣誉奖励、培养的优秀学生而自豪(当时的远期目标是培养接班人,近期目标是为高一级学校输送优秀人才)。在允许多渠道筹措教育经费的90年代,我们首创了全市第一所依托名校四十中办的国有民助学校"求实中学",并将最优秀师资集中于此,得到了丰厚的经济利益,然后再进行学校硬件、师资的投入,短期内学校迅速壮大起来。

但随着时间的推移,我看到了"另类"的教育。很多学校也包括我们,为追求经济利益,抢夺优质生源和师资,比状元,追求一时的荣誉;为提高平均分、升学率,逼迫成绩不好的学生转学或不予报考,将这部分学生转为社会报考,导致一部分学生无学可上,甚至辍学,但学校整体成绩却迅速提高。我对这些行为感到困惑,难道义务教育就只是面向优秀学生吗?难道学校发展要付出如此沉重的代价吗?义务教育学校承担着提高国民整体素质的社会责任,而不只是确保某一所学校的发展、一部分学生的成功,因此学校应该面向每一位学生,帮助他们成人成才。当学校无法做到这一点,就远离了教育的本义,成为考试技能的训练场、经济利益的追逐者。

2010年我国颁布的《国家中长期教育改革和发展规划纲要(2010—2020年)》提出:把教育摆在优先发展的战略地位;把育人为本作为教育工作的根本要求;把改革创新作为教育发展的强大动力;把促进公平作为国家基本教育政策;把提高质量作为教育改革发展的核心任务。"优先发展、育人为本、改革创新、促进公平、提高质量",这20字是指导我国各级各类学校发展的工作方针。作为义务教育阶段的初中教育,更要为区域教育的均衡发展,推动教育公平作出更多的努力。基础教育担负的是为孩子一生幸福成长奠基的工程,是奠定学生成人成才的基石。为此,我们要坚守教育的使命与责任,决不能放弃任何一个孩子,为每一个学生的成长负责。

(二)我校学生基本情况

"不苛求人人成才,但必须个个成人"的教育理念也是从我校实际出发的价值选择。为均衡教育发展,2007年我调到四十四中工作。这是裕华区一所新建学校,目前只有初中阶段教育,教育经费完全由政府下拨,位于城乡结合部,农村学生居多。这一特点决定了我校的办学目标。

1. 生源构成

我校学生由三部分构成。一是城市学生。我校所处裕华区位于石家庄市东南部,是市区的第二中心,新建大量高档住宅小区。二是农村学生。包括周边 10 个自然村。三是城乡结合部学生。我校位于石家庄"三年大变样"城中村改造地区,招生辖区包括 4 个城中村,经济发展较快。由于拆迁,村民迅速致富,生活环境得到改善,生活水平得到提高。

年级	总人数	农村学生(含城乡结合部学生)比例	城市学生比例
初一 09 级	720	56.2%	43.8%
初二 08 级	897	64%	36%
初三 07 级	867	62%	38%
学校总人数	2686	60.7%	39.3%

2. 学生学业成绩与行为习惯

由于我国客观存在的城乡发展的二元结构,城乡学生之间在学业成绩与行为习惯方面都有着很大差异。

(1)学习学业成绩分析。我校 09 级初一新生入学成绩如下图所示:

	学校数量	学生人数	学生平均成绩
城市	16	315	145
农村	15	404	129

上图中"学校数量"指学生来源小学的数量。通过以上数据可以看出我校农村学生人数大于城市学生人数,而且农村学生平均成绩较低。尤其是数学英语成绩与城市学生相差较大。另外他们在行为习惯、卫生习惯上、普通话规范上也有差异。

(2)行为习惯分析。因为经济发展的差异,城乡之间在生活与行为习惯方面差距甚大,家庭教育背景不同对学生各方面发展带来很大影响,这也直接导致了学生行为习惯的极大差异。

3. 家庭教育现状分析

我校学生家长职业大致可分成以下几类：

职业分类	务农	个体经商	企业	无业	行政事业单位
所占比例	32%	28%	23%	11%	6%

从家庭教育看，大部分村民，希望孩子成人成才，认真配合学校，但由于自身文化素质不高的原因，不能给孩子很好的学习指导。少部分村民，因家庭条件较好（政府拆迁补助丰厚），迫切想提高孩子学习成绩，又无良方，幻想用满足孩子物质需求的方法刺激孩子的上进心，忽视人格发展。小部分公职人员，素质较高，对子女的未来十分关注，主动与学校沟通。极少部分村民，因家庭贫困忙于生计，忽视孩子的教育，认为只要有学上就行了。

并校后，学校从生源水平、教师队伍素质等方面发生了较大变化，面临更大挑战，但这一举措明确了我校办学的基本方向：作为义务教育学校不仅仅要为塑造精英、培养高端人才打基础，更重要的是面向广大民众，实行资源共享，尽己所能让不同层次学生接受优质教育，培养学生好的行为习惯、优秀的道德品质、健全的品格修养。这是一所优质初中的必备品质，是办好四十四中的基点。

(三) 国家教育政策法规的导向

《中华人民共和国义务教育法》总则第三条：义务教育必须贯彻国家的教育方针，实施素质教育，提高教育质量，使适龄儿童、少年在品德、智力、体质等方面全面发展，为培养有理想、有道德、有文化、有纪律的社会主义建设者和接班人奠定基础。

胡锦涛在 2004 年 5 月 31 日，与北京少年儿童座谈时说：未成年人的素质如何，决定着中华民族的未来发展和前途命运。教育培养未成年人，不仅要大力提高他们的科学文化素质和体能健康素质，更要大力提高他们的思想道德素质。

十六大报告也指出：建设小康社会，人才是关键。强调要加强人才培养，造就数以亿计的高素质劳动者、数以千万计的专门人才和一大批拔尖创新人才。

当然，社会的发展需要多样化的人才，我们在对学生的培养方面也应当"不拘一格降人才"。我国《基础教育课程改革纲要（试行）》中指出，"教师应尊重学生的人格，关注个体差异……""建立促进学生全面发展的评价体系。评价不仅要关注学生的学业成绩，而且要发现和发展学生多方面的潜能……"这也正是多元智能理论的体现，多元智能理论打开了学习方式多样性、教学方式多样性、训练方式多样性、发展方式多样性以及评价方式多样性的更为广阔的实践空间。中国成语叫"殊途同归"，西方谚语称"条条大路通罗马"。这已经为中外研究者的实践所印证。

（四）平民教育思想的启发

平民教育是中国教育的一个优秀传统。从春秋时期孔子"有教无类"的思想与实践，到 20 世纪二三十年代晏阳初的《平民教育真义》及"新文化运动"，再到陶行知的《平民教育概论》，他们都是平民教育的伟大倡导者和践行者，他们以实际行动谱写了中国教育史上的重要一页。什么是平民教育？用被誉为"世界平民教育之父"的晏阳初先生的话来说：平民教育的目的是教人做人。做什么人？做"整个的人"。什么叫做"整个的人"？第一要有知识力，第二要有生产力，第三要有公德心。总之，平民教育是养成有知识、有生产力和公德心的整个人（晏阳初《平民教育概论》）。晏先生所讲的"造就整个人"的教育思想就是素质教育所要达成的目的。

时至今日，平民教育的理念、精神和价值并没有过时。在对其内涵赋予的新的诠释中，依然透露出穿越历史时空的光辉。不久前，温家宝总理在新闻发布会上提到了平民教育。他说："世界上绝大多数人都是平民。平民素质关系到一个国家国民的整体素质。我们有 13 亿人口，9 亿农民，平民的比重更高，我们之所以把义务教育放在重要位置，就是要使教育成为面向平民的教育，从而使人人都能受到教育。"温总理的话指明了义务教育发展的方向。

平民教育就是面对大众的教育,是为普通老百姓服务的教育。但是,平民教育绝不是单纯的农民教育或贫民教育。平民教育不仅是为平民的教育,也应该是培养平民意识和平民情怀的教育。平民教育并不是培养平民,它所培养的是具有民主思想和创造精神,以一技之长自食其力和服务社会的合格公民,培养的更是善良的、正直的、富有智慧、体格强健的公民,同时也是为了让每个孩子在不同程度上都得到发展,让每一个学生的潜能得到最大的开发。中国大部分的学生都来自普通家庭,而他们是未来社会稳定的基础,因此提高他们的整体素质,成为我们义不容辞的责任。针对社会主义建设的需要和初中阶段学生身心发展规律,秉承平民教育思想,借鉴四十中学的办学之路,我校确立了"不苛求人人成才,但必须个个成人"的办学思想。力求培养社会主义建设需要的全面发展的人,将"成人"教育放到第一位。

三、教孩子三年,要为孩子想三十年——成"人"的基本要点

(一) 成"人":德育与智育之间的关系

文化知识的积淀和能力的提升是每个人发展的重要条件,我们鼓励学生广泛涉取丰富的知识,取得好成绩,充实他们的精神世界,培养他们的创新能力。但学生接受和掌握知识的天份是有差异的,不能过份苛求,更不能把它当成育人的唯一目的。一个人成才是有一定基础和条件的,不是所有人将来都可以成为高端人才,成才具有特殊性,因此不能对每个人苛求。但良好的品德,积极的人格是每个人必须具备的,是每个人都应该达到的基础水准,因此成人是必须的,也是必然的,具有普遍意义。

苏霍姆林斯基在《怎样培养真正的人》中指出:"学校的首要任务是培养人,请记住:远不是你所有的学生都会成为工程师,医生,科学家和艺术家,可是所有人都要成为父亲和母亲,丈夫和妻子,假如学校按照重要程度提出教育任务的话,放在首位的是培养人。培养丈夫、妻子、母亲和父

亲,而放在第二位的才是培养未来的工程师或医生。"所以在成人与成才中我们更注重对学生成人的培养。

"不苛求人人成才,但必须个个成人"的办学思想充分体现了义务教育的培养目标,符合义务教育发展的方向。我们培养学生既有较高目标的"成才",又有最基础的目标"成人"。

学校是培养"人"、培养公民的地方,而不只是培养精英的地方。"不苛求人人成才,但必须个个成人",实质上是诠释了德育与智育之间的关系。在学校教书和育人的两个目标上,我们把育人的重要性放在了知识传承之上。

(二) 成"人":不比起点比成长,不比聪明比勤奋

确实,由于地理环境等多种因素的影响,我校学生无论在学业还是行为习惯等方面起点都比较低,但这绝不能成为教育工作者放弃对他们教育的理由。教育工作者就是要在他们原有的基础上促进他们尽可能快、尽可能好地成长。为此,我们在对学校现状与未来发展的综合考虑下,坚持"不比起点比成长","不比聪明比勤奋",扎实地开展活动,让学生在各种不起眼的活动中培养健康的人格。

1. 今天比昨天强,未来比现在强——学生卫生习惯的养成

由于受家庭影响,农村学生卫生习惯一般都比较差。刚并校不久,我听了一堂化学课,课间和学生交流时发现,一名女生,临近初三毕业,连氢氧的元素符号都不会写,我很诧异,诧异之余,我突然发现她连普通话都不能讲,且衣脏面垢。对这样的学生究竟应当从何抓起,我陷入了沉思:对于这个初三女生来讲,可以不知道元素符号,但她要有适合现代生活的基本素质啊,否则,她将来怎么会做一个成功的女儿、妻子、母亲呢? 更谈不上成才了! 我们常说:成人是基础,我们所培养的人,首先应该是高素质的合格公民。针对这一现象,我们在全校内开展了个人衣着、卫生日常督促检查工作,促使学生逐渐形成良好的卫生习惯。学校从学生卫生习惯养成教育开始,从洗脸洗手教起,比谁的衣服洗得干净,谁的书包更加

整洁,谁的物品摆放整齐。就这样一点点手把手教,从初一进入校门起,就鼓励学生"每天进步一点点"。可喜的是到第一届学生 2010 年毕业时,这些昔日的"土娃娃"已经变成了"洋娃娃",由此,他们也极大地提高了人生的自信。

2. 仪表与风纪的培养

早在 1993 年,我校就专门制定了《关于学生仪表着装和骑、乘车的有关规定》,十几年来,效果显著。比如:头发要求干净整齐。男生一律寸平头,女生为齐耳短发。刚开始的时候,好多家长和学生不理解,当时还引起了全市的大讨论,河北师大的教育专家就此专门写了一篇文章坦言此举对孩子健康成长的益处。其实我们也明白:头发长不一定学习不好,不一定品质不好,不一定考不上好高中。头发不在长短,但我们培养的是学生遵守校规校纪的意识,杜绝跟风攀比现象,培养朴实的求学风貌,培养正确的审美观。如今精神、帅气的四十四中发型已经成为我市一道亮丽的风景。

环境影响人,习惯成自然。良好的习惯使人终身受益。我校优秀毕业生孙慕烈说:"初中对我的影响不仅仅体现在三年,因为实在是觉得,人只要有精神就好,真的没有必要去把自己搞得多么华丽耀眼。"

优秀毕业生魏世豪说:"在这三年的磨练中,养成了我良好的学习习惯和良好的生活习惯。这一点非常重要——良好的习惯使人受益终身!它比多学多少知识都重要得多。"

3. 律行成习,化习为德——从他律走向自律

2008 年并校初期,很多农村学生行为习惯很不规范。废纸、饮料瓶、食品袋等垃圾随手乱扔。学校也三番五次地教育学生,学校领导也以身作则,常常主动捡起垃圾。但三年的时间过去了,虽然有改观,但有个别学生仍然我行我素。这引起我们的思考,认识到对于低层次的习惯必须采取强制手段加以干预。于是,我们改变教育方式,发现乱扔垃圾者,一是批评教育,二令其清扫干净,三要扣班分,四对于屡教不改者写书面认识,乱扔现象才得到制止(发达国家的洁净,也是从惩罚违规行为开始

的)。

我们习惯说"培养"良好行为习惯,但从实际来看,"约束"更有效。德育较高境界是"养行成习",但仅仅靠"养"还达不到目的,有时要通过一定的强制手段才能让学生记忆深刻,进而"德育入心,成德于行",也就是必须"律行"才能"成习"。因此,我们更认同"律行成习,化习为德"。通过"他律"的手段,来达到最终"自律"的结果,最后达到"为德"的目的。

4. "我当一天家"——让学生学会感恩

感恩是对别人所给予的帮助表示感激。感恩是一种认同,认同自己的现状,为自己已经拥有的而感到温暖,这样才会有一个积极的人生观。有感恩之心的人是一个有智慧的人,他们心胸开阔,不会斤斤计较、一味索取,他们在感恩中激发挑战困难的勇气,进而获取前进的动力。当感恩成为一种自觉,我们的生活将因此而更加美好。

包容是宽容、容纳。在这个价值取向多元化的社会中,拥有包容的智慧显得尤为重要。要学会从不同角度看问题,大处求同、细节存异,善于发现别人的优点和长处。懂得包容的人,就懂得快乐,这是人心底善良的表现。学会包容的人,可以使心灵得到净化,从而更加明确自己的方向。包容是人生的财富。心胸有多大,事业就有多大;包容有多少,拥有就有多少。

为此,每年寒暑假,我校都要求在全体学生中开展以"我当一天家"为主题的道德实践活动,这一天学生要做所有家务,从买菜做饭到打扫卫生,计划一天的开支,充分锻炼学生独立自主的做事能力,让他们学会在家庭和社会担当责任,体谅父母。

感恩教育对我校学生影响很大。我校07级毕业生离校最后一天,规规矩矩地上完最后一次课间操、充满激情地上完最后一次班会、最后一次认真彻底打扫教室卫生,满怀留恋地离开校园。学生们在黑板上郑重地写下了"我不是您最好的学生,但您却是我最好的老师"。他们用行动阐释了感恩母校、感恩老师的情怀。

"我当一天家"的活动在我校已坚持20多年,成效显著,社会反响大。

"我当一天家"的道德实践活动荣获河北省首届未成年人思想道德建设工作创新案例一等奖,中央五部委联合在全国推广"我当一天家"道德体验活动。

5. 修德养和——提升学生的社会责任感

我校以"责任、荣誉、感恩、包容"的校训为基础,培养学生健全的人格。责任是份内应该做的事情。有责任心的人,会焕发出无穷的人格魅力,从而有克服困难的勇气,勇往直前的动力。作为集体中的一分子,应该承担自己的责任,这个集体必然会绽放光彩,永远向前,正是"尽得大责任,便得大快乐"。为此,我校积极组织各种志愿者的活动,让学生在服务社会中提升责任意识。多年来,我校 50 多个志愿者小分队活跃在市区各个地方,有医院、干休所、社区委员会、老年公寓、医院、派出所、公交车队等。内容涉及环保、服务社会、关心弱势群体、普法宣传、奥运会期间深入社区普及英语等方面。志愿者活动从四十中到四十四中始终坚持着。即使在大年三十也坚持开展活动。每到新学期初,学校都会收到很多社会各界的表扬信和感谢信。如坚持了多年的爱心医院小分队、民心河环保小分队、"今天我站岗"小分队、回收废电池小分队、照顾孤寡老人志愿者小分队等,其中十七年如一日的"盲人楼"志愿者小分队,被团中央、中国残联授予"全国百万青年志愿者先进集体"称号。通过以上活动的开展,同学们从中体验到了"我参与、我奉献、我劳动、我快乐",增强了社会责任感。

6. 整洁校园——体验劳动者的幸福

为培养学生的劳动意识,我校楼内外所有卫生均由学生承包。为此,我校组织了"星级厕所"活动评比,定期培养卫生委员,班主任培训时也把搞卫生当成一个重点内容来进行。环境卫生这项各学校的常规工作,在我校成为学生行为习惯教育、道德品质教育、责任心培养的一个平台。

每到寒暑假放假前最后一周,各班及团员都会分批组织起来,为学校进行劳动,有拔草的、有擦墙的、有打扫厕所的。在四十四中劳动已经成为热爱学校,表现班级和个人良好素质的象征之一。

7. 一个团员一颗星——团员与团队成员集体荣誉感的培养

荣誉是光荣的名誉。前乒乓球世界冠军容国团说过："我爱荣誉，胜过热爱我的生命。"有荣誉心的人，有原则，遵规守纪。珍视荣誉的人，重视尊严，因此正直、刚毅、伟岸。重视荣誉的人，必不在乎物质的丰厚与否。荣誉感重要，集体荣誉感更为重要，它能使人摆脱狭隘的"小我"，更关注班级、学校，从而走上社会以后关注社会与国家"大我"的荣誉。

每年的新团员入团仪式是学校重大的仪式之一。所有新团员都穿着鲜艳的校服、白衬衣，庄严而光荣地加入共青团。我们追求每一个环节的规范化、精细化，防止仪式流于"形式"，以切实增加学生的荣誉感。

此外，每年9月份，为了督促学生养成良好的行为习惯，我们都会举行为期三周的"开门红"评比。内容包括文明守纪、卫生、两操等情况，我们认真做记录，并进行量化评比。通过此项活动使学生迅速从假期散漫的状态中走出来，使学生进入正常的学习生活。同时，更重要的是以此为把手，培养学生的集体荣誉感。

8. 秀手艺、绣团结——班级文化的带动与熏陶

在学校的倡导下，各班纷纷开展各种课外活动，0808班全体同学一起绣十字绣，已坚持了两年，0704班毕业前夕，全体学生与家长一起为学校绣了一幅"太阳花"十字绣作品，表达对学校的感激之情。"太阳花"在他们手中传递，渐渐绽放笑脸，100多人用一针一线表达出学校教育的成功。

（三）成"人"：人才多样化，人人能成才

"万物之生各得其宜也"，随着社会的进步，时代的发展，我们需要的人才日趋多元化，多样性。既需要数以亿计的高素质劳动者，也需要数以千万计的专门人才和一大批拔尖创新人才（十六大报告）。

陈玉琨说过：社会多样化的需要要求教育培养多样化的人才。单一化的人才满足不了社会多样化的需要。人才的单一化必然造成一些特定领域出现人才积压，而在另外一些领域人才不足。在这一意义上，学校为

社会培养多样化的人才是社会发展的必然要求。

从不同人的差异与发展角度来讲,也是多样化的,正是"人才多样化,人人能成才"。每个学生都像深山中的璞玉,给予适当的打磨雕琢,就会绽放光彩,教育就是要做好打磨和雕琢的工作。学校要通过有效的教育活动,激发学生的潜能,坚信总有一条道路能让学生有所为。帮助学生正确认识自己的长处,产生自我教育、自我提升的内驱力,形成终身学习的热情。在因材施教的基础上,让学生根据自身特点选择最适合自己发展的方向,并努力为学生发展搭建平台,开辟通道,使不同的学生在不同的发展方向都获得成功。

"吾生也有涯而知也无涯",多几把尺子衡量学生,帮助学生找到适合发展的道路,是符合规律的。为此,学校明确提出教师要牢固树立"关注每一位学生"的教学观,在教育过程中注重分层教学,既平等对待每一个学生,又承认个体差异,为每位学生提供不同的教育,最大限度获得知识与发展。让每一个学生受到应有的教育,不同学生都有发展,都有提高,也包括优秀生,能学有专长,学得精深,否则仍然是教育的不公平。

我们重在培养学生完善的人格,但也不会忽视那一部分具有超常素质的天才学生。他们有超强的领悟能力、理解能力、学习能力,往往被人称为"精英"、"英才"等。

均衡教育实施较有成效的韩国实行了《英才教育振兴法》,2010 年前针对 40 万中小学生实行普及教育,其中 5‰ 是精英教育,又将对其中 1‰ 的学生实行英才教育,并且把英才教育专业教师增加到 11000 名。类似的,美国有天才教育,港澳台有资优教育等。

高效的课堂学习是学生成绩稳定和拔尖的根本保证。在此基础上,我校对 3‰ 的优秀学生集中实施更有针对性的教育。对尖子生进行全方位细致管理,从班主任到任课教师注重课堂的分层教学,在课堂设问和作业布置等方面给予关注,帮助他们制订科学的学习计划,对课外知识进行适度拓展,并指导他们合理利用课余时间,推荐课外书,在知识的深度和广度上给予补充。每周六我们集中最优秀的教师对他们进行有针对性的免费辅导,每个假期由班主任安排进行知识的先修与拓展。想方设法调动各方面的积极性,努力挖掘尖子生的内在潜力,激活尖子生的思维灵感和竞争意识,同时关注尖子生的心理变化,调动非智力因素。

四、成"人"教育实践探索——从基础入手,促全面发展

(一) 对"人"、"才"的理解

1. 对"人"的理解

《汉语大词典》对人的解释是:能制造和使用工具进行劳动,并能用语言进行思维的高等动物。《说文解字注》中认为"人"是"天地之性最贵者也"。现在一般解释"人"指品格健全的人,善良正直,保有人类公认的道德标准,无论从事什么职业,都认真负责,自信有热情。

2. 对"才"的理解

《说文解字注》中对"才"的解释是"草木之初也",也就是蕴含极大能量的意思。现在的"才",指才能,本领。在很多人眼中"才子"、"有才之人"的称谓是成功的标志,是令人羡慕的。我们通常所说的"才",仅指专业拔尖、知识丰富、学历高的人。

3. 对"人"与"才"、"成人"与"成才"关系的理解

"教书育人是完善学生人格与提升学生智慧相统一的过程……但人格的陶冶比知识的掌握更重要……完善学生的人格既是教育的重要目的,也是提升学生智慧的重要手段。"(陈玉琨《一流学校的建设》)这里所说的"完善学生人格"就是"成人"的过程,"提升学生智慧"就是"成才"的过程。

在教育中我们要坚持"以人为本",而不是"以才为本",将立德树人放在首位,学习才有动力,前进才有方向,成才才有保障。

专业拔尖、知识丰富的精英、各行业的领军人物,如果他们品格高尚就会在社会发展中起重要作用。但如果他们自私自利,道德败坏,把知识当成满足私欲的手段,把才华当成谋取利益的砝码,比如"黑客"等,那么

给国家、社会带来的破坏力更大。

古人云："德教为先，修身为本。"就国家而言，"德者，国之基也"；就群体而言，"德者，民之信也"；就个人而言，"德者，才之帅也"。司马光在《资治通鉴》里分析智伯无德而亡时写道："才德全尽谓之圣人，才德兼亡谓之愚人，德胜才谓之君子，才胜德谓之小人。"现在我们的理解应该是，德才兼备是能人，有德无才是庸人，有才无德会害人。在我国传统教育中，一直把品德教育放在重要的位置，而目前实际上无论家庭、学校还是社会，往往把"考试成绩"放在了第一位，而恰恰忘了"成人"是"成才"的基础。一个人智力水平不高，顶多做不好事情；一个人身体素质较差，顶多做不了事情；但一个人道德品质低下，那就一定不会做好事情，要是能力强、身体壮、品质劣的人，那一定会做坏事情。之所以许多智商高、能力强的"才子"堕落犯罪，就是因为他们忘记了学校过去对他们的"成人"教育。

未来的社会是靠今天的学生去创造的，是靠他们带着自己的理想与价值选择去创造的。我们要把学校的教育看作"培养能够创造未来社会的人"的教育，看作积极培养富有社会责任又充满个性与主体性的人的教育。因而，这就要求学校通过教育把"学习的基础"转化为学生"终身发展的基础"。

（二）成人的教育：从基础入手，促全面发展

1. 加强体能训练，铸就强健体魄

（1）体育课，增强身体素质。常规的体育课，体育教师认真组织，进行高效训练。2010年我校体育中考取得全区第三名的好成绩。2010年9月起，体育组全体教师认真总结经验，先后两次召开体育工作研讨会，并给全校教工进行总结汇报，大家备受鼓舞。

（2）运动会，展现良好体能。2009年11月我校改变作息时间后，利用课外综合实践活动时间，开展了有针对性的体能训练，将身体素质较好的学生集中起来，进行专门培训。在第七届、第八届区运会上这些运动员取得了好成绩。

（3）体育节，校园因运动而精彩。每年 12 月开展体育节活动，根据学生特点，组织踢毽子、跳绳、冬季长跑等形式多样、内容丰富的活动。

（4）广播操比赛，阳光体育显活力。每年 3 月份组织各班进行广播操比赛，经过比赛，每日的广播操真正起到了锻炼身体、调节身心的作用。

（5）少军校活动，小军人的磨砺与成长。每年 9 月份初一新生都会进行少年军校活动，磨练意志，培养吃苦耐劳的品质。除此之外，我们还利用这段时间进行生活习惯的培养，比如教会学生洗衣服、整理内务等。

（6）班级锻炼，其乐融融，我最棒。在学校的倡导下，各班纷纷开展独具特色的体育锻炼，0908 班从初一入学开始，每天带领学生做蹲跳起，从一开始做 5 个，每天增加 2 个，到现在全班同学都能做 100 多个。0904 班以体育好的 6 名同学为主，成立 6 个运动小组，每天大家一起跑步。

1996 年李延熙进入四十中学学习，一直活跃在田径赛场上。在我校全体体育教师的严格训练下，他在 200 米、400 米、800 米、跳远、三级跳等田径项目上，一直名列我校第一。第十五届亚运会田径项目的比赛在多哈哈里法体育场进行，在男子三级跳远的决赛中，我校优秀毕业生李延熙以 17.06 米的成绩获得冠军，为母校增光添彩。

2. 强化劳动意识，塑造健全人格

党的教育方针强调：教育必须同生产劳动与社会实践相结合。著名教育家苏霍姆林斯基也说过：我们认为劳动的崇高道德意义还在于，一个人能在劳动的物质成果中体现他的智慧、技艺、对事业的无私热爱和把自己的经验传授给同志的志愿。我们力求使孩子在自己的劳动中能体验、感觉到自己的荣誉、自尊，能为自己的成果而自豪。

我校的一些学生本来就生长在农村，就是在城里长大的小孩也经常参加各种劳动，他们对劳动并不陌生，为了进一步强化他们的劳动意识，提高劳动技能，我校开展形式多样、主题丰富的劳动实践课程，让学生做他们喜欢做、能做的事，在劳动中培养学生健全的品格，促进全面发展。

（1）我和小树共成长——种植责任树。在学校求真教学楼南边，有一大片闲置的土地。规划为建设教学楼，但至今未动工，无奈之下，我们开发成了德育实践基地——责任田。虽然每个班只有 1 分多地,但我们把这些地分割开来,每两块地中间铺设自来水管,用便道砖隔开。2009年第一次种地时,08 级各班大展手脚,种植了各种各样的农作物,花生、玉米、辣椒、生菜、红薯、茄子等,到了收获的季节一片果实累累的景象,让同学们喜出望外。这些生命力旺盛的植物丰富了校园生活,相信这将是08 级所有学生未来美好的回忆。在这片责任田中,我们经常看到让老师们头疼的调皮鬼们跑前跑后,忙碌不已,一会儿浇水,一会儿摸摸果实,炎炎烈日下,他们用双手实现着自己的价值,找回了自信,得到了成就感和满足感。他们做着自己喜欢做的事情,得到了弥足珍贵的赞赏与自豪感。

劳动本身使孩子感到快乐,孩子从劳动过程中得到满足,要造成这样的情景,必须使劳动充满丰富的智力活动,使科学和技术渗透在日常的劳动活动之中。因此在劳动中,我们也贯穿着劳动技术的指导。比如每班种植的农作物,都是提前交一个种植计划,包括生物特点、劳动分工、田间管理办法等。

2010 年,09 级又接手了责任田,开始新一轮的劳动,改为培育树苗。榆叶梅、火炬、杨树、梧桐等树种在校园扎根,一天天长大,到了 6 月份已形成一片片颇具欣赏价值的小树林。浇水、拔草、卫生照样一项都不少,小树在同学们的照料下散发着无穷的生命力。

(2)青春的记忆——开辟学子林。2009 年在食堂前的空地,我们为没植树的班级开辟了一片学子林,每班种植一棵象征班级特色的班树,并负责照料它。45 棵树在花圃中济济满堂,见证着班级的成长。每到暑假,在周二或周五下午 5∶00 规定的管理时间,同学们拿着桶、水管、铁锹聚到学子林,谈论着自己班的树,互相比较着个头大小,欣赏着芬芳美丽的花朵,在树荫下快乐地交谈,享受着劳动的成果。

学生在劳动中既体验劳动的艰辛,又体会劳动的乐趣。劳动激发了学生尊重劳动、热爱劳动、珍惜劳动成果的情感,培养了学生吃苦耐劳、勤劳的品质,在劳动中团队协作的精神也能得到充分体现。

(3)校园与菜园——创设实验田。学校东南角,行政楼地基正在闲置,这一大片空地杂草丛生,难以管理。从 2010 年春天,我们在这片空地上种下了南瓜、北瓜、洋姜等经济作物,初步进行尝试管理。我们的初衷是美化校园,抑制野草的生长,给学生开辟一片综合实践的基地。地面很快整理好了,种子、水管很快到位了,总务处还找了专人进行初期维护。

在所有人的期待中,这些植物慢慢生长、发芽、露出新绿、显示勃勃生机。每天都有老师和学生极富兴趣地在周围谈论、观看。教导处从植物发芽起就组织劳动班进行拔草,将这片地打理得干干净净。这里成为四十四中校园里惹人注目、极富特色的风景线。

各班利用劳动课的时间进行拔草、浇水、捡砖头等维护工作,给学生开辟了一片自由自在体验田间劳动乐趣的空间。

3. 组织各种活动,培育多元兴趣

苏霍姆林斯基在《帕夫雷什中学》曾指出:美是道德纯洁、精神丰富和体魄健全的有力源泉。美育最重要的任务是教会孩子能从周围世界(大自然、艺术、人们关系)的美中看到精神的高尚、善良、真挚,并以此为基础确立自身的美。近年来,我校开展的活动就有:

"校园里的梨园春"——戏曲合唱节,民族情梨园韵;

"舞动的青春　飞扬的激情"——啦啦操,青春劲舞秀活力;

"舞彩缤纷,优雅自信"——集体舞,绅士淑女展风采;

"展现个性舞台,享受英语之美"——英语短剧,寓教于乐共联欢;

"声情并茂,读尽心声"——文学作品朗读,浸润学生心灵;

"挥墨写人生"——美术作品大赛,陶冶审美情趣;

"光影传奇"——影视作品展播,思想艺术共享;

"我的地盘我做主"——校徽设计,提升文化品味;

"我们的校园我的家"——摄影比赛,发现生活之美;

"倡导文明,拒绝陋习"——DV 比赛,记录身边微笑;

"雏鹰竞飞"——简易飞模;

"创意空间"——积木建构；

"百科知识纵横谈"——百科讲坛；

参观博物馆，让历史浸润我的思想；

暑期夏令营，让梦想插上我的翅膀；

文化科技节，让创新荡漾我的脑海；

校外实践课，让知识融入我的希望；

家庭一日读，让诵读引领我的世界；

班级读书角，让图书丰富我的生活；

开设阅览课，让阅读充实我的内心。

在长时间的探索中，逐渐形成了身体素质过硬，品德培养一流，兴趣爱好广泛的学生特点，河北省"知荣辱，树新风，我行动"道德实践活动启动仪式在四十中举行。全国百万青少年"我承诺：做一个有道德的人"网上签名活动启动仪式在四十中进行，全市 18 万中小学生庄严宣誓：在家庭，孝敬父母；在学校，尊敬师长；在社会，奉献爱心，做一个有道德的人。一系列的显著成绩证明了在培养学生积极人格方面的成功之路。

（三）成人的教育：春风化雨，润物无声

校园文化是一所学校特有的环境教育力量，是学生成长的潜课程，表现学校的独特风格和精神，是学校的灵魂所在。良好而浓郁的校园文化氛围在学校教育中所起的作用是无法估量的，是任何显性课程所不能代替的。

校园文化中的环境文化、典章文化、行为文化、精神文化，有形的和无形的，无论哪一种都在对学生成人成才起着潜移默化的作用和影响。

美的环境是一部立体、多彩、富有吸引力的教科书，具有奇特的感染力、约束力，也更好地陶冶学生的情操。校园环境优美，布局合理。校园内高大的雪松，整齐的银杏林、独具特色的班级责任树、学子林以及一排排的桃、李、海棠、樱花、柿子等与环楼绿化带错落有致，凸显自然特色。

学校通过各楼过道的文化设施和学生艺术作品及各种宣传板,让校园文化成为一支曲,一首诗。

优美的校园环境有着春风化雨,润物无声的作用,对促进学生身心健康发展、培养学生良好的思想品德具有重要意义。每一景每一物,都是无声的教育者,学生置身这样文明、高雅、向上的环境,自然会受到美的熏陶,奋发成才。校园文化与其他教育活动相互配合,共同促进学生的全面发展,有利于陶冶学生的情操。

学校制度文化对校园文化起到重要的导向作用。制度文化是校园文化中重要的一部分。因为合理的规章制度是文化价值观念和思想品德的规范化。健全的规章制度及健康的集体舆论对学生的学习、生活及思想言行具有规范作用。通过严格的制度管理达到"律行成习,律行成德,种德养和"的效果。

五、成"人"教育的支持系统——师资与家长

(一) 成"人"教育的支持系统——师资

《教育规划纲要》指出:强国必先强教,强教贵在重师。胡锦涛同志在全国教育工作会议上发表了重要讲话,他指出,教育大计,教师为本。要把加强教师队伍建设作为教育事业发展最重要的基础工作来抓,充分信任、紧密依靠广大教师,努力造就一支师德高尚、业务精湛、结构合理、充满活力的高素质专业化教师队伍。

教师是学生发展的直接引领者。三年的初中生活,可能会对孩子的一生产生影响。我校的成"人"教育如果得不到教师的响应,如果教师不能达成对这一教育理想和教育目标的共识,很多具体的改革就会徒劳无功。

1. 重师能更重师德

陈玉琨老师说:提升学生思想道德水平首先要提高教师的思想道德水平。所以有时要判断一个学校的学生思想道德水平,只要看看这所学

校的教师思想道德水平就能知道大概的情况了。如果教师思想道德水平不高,那么要这所学校有很高的思想道德建设成效,在我看来近乎天方夜谭。学校坚持把师德建设纳入教师继续教育和校本培训中,实行"师德一票否决制"。学校组织教师深入学习《义务教育法》、《中小学教师职业道德规范》等,强化在工作实践中依法执教和以德治教的有效结合;追求相互尊重、与人为善、和谐融洽的工作环境,追求良好的职业道德风气,保证学校教育工作的健康发展。帮助教师树立"人才多样化,人人能成才"的人才观,树立"德智体美劳"全面发展的质量观,树立"为学生的一生发展和终身幸福奠定基础"的价值观,做学生健康成长的指导者和引路人。

学校高度重视培养教师学习意识,大力倡导建立学习型学校,完善图书馆建设,征订200余种教育、教学刊物,购买两万余本书籍,为教师学习提供资源保障。指导教师制定个人学习计划,定期组织教师教研学习,通过自主学习、集中学习、实践学习、反思学习等形式有效拓宽教学知识,增强教育教学能力,提升教育教学水平。

2. 注重班主任队伍的建设

现代教育观念要求班级建设向管理要效益,因此班主任要走专业化道路,每位班主任都要具备相应职业特质。通过学习与培训不断提高自身素质,增强沟通能力、应变能力、协调能力等,灵活融洽地做好学生、家长的工作,满足不同学生成长的需要。同时班主任要有责任心和对工作的热情,用这样的态度才能焕发出足够的动力,使工作成果更加显著。

结合教育部颁发的《关于进一步加强中小学班主任工作的意见》,通过班主任培训、班主任经验交流会、师德月演讲、班会评比等活动实行资源共享,提高班主任进行心理教育的能力,创建积极向上、和谐合作的健康班级。

班主任工作关系着学校的稳定、提高与发展,关系着每一个学生的人格发展与身心成长,是学校最重要的工作之一。为了提高班主任工作水平,实现规范——精细——个性化的提高过程,我校实行平时专题培训和假期专门培训相结合,重视校本培训,深挖内部潜能。

平时专题培训:针对班主任遇到的实际问题,设计多种主题,组织班主任围绕主题及时交流,提高理论水平和管理能力。

假期专门培训:利用暑假,集中培训。既有各年级的整体工作思路,又注意教会具体方法,经验交流与实际操作相结合。

培训方法:推心置腹的交流、贴近实际的演练、毫无保留的点评、幸福快乐的分享。

通过班主任培训老师们不但强化了责任意识,也提高了对班主任工作的认识,从具体工作方法上更加灵活多样,对学生、对同事、对学校又多了一份理解,这是今后工作顺利展开的保障。

学校在努力提高班主任工作能力、水平,实现精细化德育管理的同时,进一步健全班主任工作的考核制度,优化竞争机制和激励机制,不断改善班主任的待遇,坚持在评优评先、评聘职称、提拔干部、学习机会等方面向班主任倾斜,激励教师尽快成长,促进学校德育工作的发展。

3. 以教科研引领发展

以教学研讨课为载体提升教师专业能力。学校定期开展教学研讨课活动,组织教师围绕课例进行讲、听、评、改,促使教师不断反思和矫正自己的教学行为。教师们通过上课、听课、评课,在实践体验、感受感悟、总结提炼中提升了专业能力。

以教师培训为平台引领教师专业发展。学校从教师发展需求出发,积极为教师成长创造条件,提供学习培训机会,本学年组织教师参加各级各类培训、教研活动共209次,范围涉及所有学科。学校与全国多所名校建立友好关系,有计划选拔骨干教师到名校参观学习,开展"同课异构"活动课,开阔视野,多角度、多方位学习先进的教学经验,推动学校教学改革。今年学校先后组织近百名优秀教师到各地名校参观学习,回来后在学校召开学习汇报会,交流学习体会,分享学习成果。同时学校还邀请专家、名师及友好学校教师来我校指导交流,相互切磋、取长补短,对教师的专业发展起到较大促进作用。

为了进一步提高教师的教科研水平,学校组织全体教师开展了题为"教师如何做科研"和"如何开展有效教学"的专题讲座。对老师的教学和科研进行具体指导,并引导老师多读书学习,多总结反思,做研究型教师。学校定期开展优秀论文、优秀教案、优秀课件评选活动,激励教师不断提高专业化水平。

通过不断的培训,我校教师队伍的素质在不断提高,学生的面貌也在发生可喜的变化,学校教育教学工作取得了显著的进步,学校各项工作也步入了良性的发展轨道。

(二) 成"人"教育的支持系统——家长

《苏霍姆林斯基论家庭教育》(摘要)"对儿童和青少年施加教育影响的有六个方面:一是家庭(首先是母亲);二是教师;三是集体;四是自我教育;五是书籍;六是社会环境"。"母亲要关心孩子的精神生活,培养孩子热爱文化、科学和书籍。家庭的精神文化气氛,对儿童的教育成长具有非常重要的意义。"

《关于进一步加强和改进未成年人思想道德建设的若干意见》指出家庭教育在未成年思想道德建设中具有特殊重要的作用。

面对素质参差不齐的家长,我们没有对家长提强制性的要求,而是通过各种机会,帮助家长克服家庭教育的困难,提高家庭教育能力。比如让家长要求应与学校要求保持一致,督促家长言传与身教保持一致,提醒家长关注物质需求与重视精神生活一致。为此,各班建立家校联系本,帮助学生合理安排在家时间;班主任加强教育的针对性,常常用晚上进行家访;平常不给家长辅导学习方面的要求,而是要求家长注意言谈举止对孩子的影响;学校活动常要求家长写反馈。

社区也是学生教育的一个重要场所,各班的志愿者活动,社会实践活动都在社区内进行,成为我们可以利用的教育资源。

结　语

　　我的九年三步走规划:面对一所新建校和学校的师生情况,我首先明确了四十四中的工作思路:起点要低,线路要直,坡度要缓,速度要慢。第一个三年:磨合期;第二个三年:升腾期;第三个三年:成熟期。现在已经完成了第一个三年计划。三年来,我们牢固树立"不苛求人人成才,但必须个个成人"的育人理念,发扬"团结勤奋"的学校精神,恪守"责任、荣誉、感恩、包容"的校训,逐步完善干部培养的机制、唤醒教师发展的自觉、关注学生健康的成长、提高家庭教育的能力、发挥社区帮扶的优势,走出了一条有自己特色的城乡结合部初中的发展之路。目前,学校已步入了良好的发展轨道,各项工作规范有序,教育教学水平不断提高。创办一所优质学校不是一朝一夕的事情,是一个循序渐进的过程,不能急于求成,因为教育成果更有其滞后性的规律。我相信通过第二和第三个三年计划的实施,学校的既定目标一定会实现。

　　"一年之计,莫如树谷;十年之计,莫如树木,终身之计,莫如树人。"(语出《管子·权修》)说明了育人的长期性和教育成果的滞后性。

　　"才德全尽谓之圣人","德胜才谓之君子"。(司马光《资治通鉴》)当圣人很难,教育得好,当君子还是有可能的。

自强不息，超越自我

——学校精神的再塑

辽宁省沈阳市第五中学　周琦

教育是一条没有止境的探索之路，我很庆幸自己作为一个行路人，一直没有停下追求的脚步。正因这样，在人生的旅途中，我才发现这许多别样的风景。2005 年 8 月，沈阳市大东区教育局面向全省招聘沈阳市第五中学校长，我在各级党委领导的信任下接受了大东区区委、区政府和教育行政部门的招聘，来到了沈阳市第五中学。这一年，正值五中百年校庆之际，我怀着激动又忐忑的心情走上了崭新的工作岗位。激动是因为学校坎坷又辉煌的历史给了我巨大的震撼，忐忑是因为这一个世纪的兴衰与荣辱同时也给了我极大的压力。

　　这是一所跨越了沧桑世纪的学府，在她身上，我感受到了一种强大而坚韧的精神。这一切，给了我一种无法抗拒的影响，也给了我一个非同寻常的开始——

一、精神背景

　　现在，我将学校沿革的百年历史简单备述于此，因为这对于我的成长是一个不能不说的精神背景。

　　沈阳市第五中学始建于 1905 年，是沈阳市第一所高中，原名奉天普通学堂，当时学校作为具有先进思想的办学实体，成为废科举兴学堂之先锋。

　　清朝末年，戊戌变法失败后，救国图存的呼声越来越高。改革科举制度，施行学校教育，成为当时有识人士的普遍要求。到光绪三十一年（1905 年），许多封疆大臣也联名奏请立停科举、兴办学堂，得到清廷诏准。至此，在中国历史上延续了 1300 多年的科举制度最终被废除。

　　据《奉天通志》记载：光绪三十一年（1905 年）九月于大北门外依大人胡同协领佟裕书旧宅（现五中址）开办奉天普通学堂。光绪三十二年（1906 年）二月，改称奉天中学堂。沈阳市首任市长曾有翼 1909 年前后曾在我校任教。张作霖重将杨宇霆于建校初期曾在我校插班就读，后被首批公派至日本留学。

民国时期,学校几历沿革,体制渐备。民国二年(1913)易名为奉天省立第一学校。民国十二年(1923)改名为奉天省第一高级中学校。实行当时教育部颁布的新学制——"壬戌学制"(1922年学制),规定初级中学三年,高级中学三年,高中文理科分班。

著名文史学家金毓黻,著名教育家车向忱,著名教育家、作曲家阎述诗曾于此时期先后在我校任教。

当时学生分为20班,达八百余人,所造人才,蔚然称盛。全国最早获教授学衔的中医师马二琴,沈阳八王寺汽水厂创始人金恩祺,著名建筑家、建筑教育家童寯都是这一时期的优秀毕业生。其中童寯于1921年考入清华大学,是我们辽沈地区考入清华的第一人。

建国后,学校革故鼎新,取得了飞跃发展。20世纪50年代学校组织全体教师系统学习凯洛夫《教育学》,逐步用苏联教学论体系进行教学。同时,学校开展丰富的课余活动以辅助教学,先后成立了生物、航模等活动小组,活动开展得有声有色。此外,学校还经常性地组织集体劳动和勤工助学活动。

1978年学校首批进入省级重点高中行列。学校全面贯彻党的教育方针,在加强双基教学、培养学生能力、发展学生智力、提高教学质量过程中,把改革教法作为改革教育的重点之一,进行了多方面的试验。管理体系日益完善,教育教学成果显著。

新世纪,学校教育已进入百舸争流、千帆竞发的时代。学校深知唯有与时俱进,不断超越,自强不息,继往开来才能不愧传统名校之望。

2000年底,市、区两级政府决定五中就地整体改造,把五中打造成省内"一流规模、一流设施、一流质量"的示范性、实验性的高级中学。2002年9月1日新五中教学楼主体竣工,改造后的学校占地面积由原来的28100平方米扩大到59600平方米,建筑面积由原来的不到20000平方米扩大到56500平方米。在校学生由原来的27个班级1300余人扩招到48个班级2600余人。

学校设施先进,功能齐全。计算机网络覆盖全校,实现了办公自动化,教学网络化,为师生提供了最现代、最完善的教育教学环境,使教师在办公室就可掌握最新的教育教学信息,学生在校园里就可享受到最先进的教育资源。

这就是我的学校,面对她,我常常能够深切地感受到在百年纷繁复杂的历史中,是一种坚韧的自强不息的精神支撑她闯过历史的一道道关隘,是一种顽强的自我超越的精神引领她创造教育的一个个奇迹。她的沉沉根基,孕育着无尽的生机;她的深深脉络,传承着不息的希望。我们代代五中人,心怀光荣与梦想,从历史的纵深处走来,正向未来的辉煌处走去。

二、重塑学校精神,实现思想超越

纵观学校百年的历史,每一个五中学人都会深深地感慨教育的求索之路是多么的艰难。每一代五中学人也都坚信支撑我们在世纪的风雨中跋涉过来的,除了历史的选择与推动,更有一种知识分子代代相传的精神追求。正是这种力量赋予我们以自强不息的进取精神和不断超越自我的自觉意识。在新时期,我想,这就是我们最大的财富,是我们学校不断攀登教育高峰的强大根基。

(一)"自强不息"学校精神的重新审视

沈阳五中是一所百年名校,审视五中百年的历史,不难发现,无论是反抗列强还是大革命时期,无论是新民主主义时期还是新中国建设时期,无论是十年动乱还是改革开放,"自强不息"的精神与"超越自我"的核心理念始终是五中人薪火相传、献身报国的灵魂。抓住学校文化的精神与核心理念,不断充实并赋予学校文化以鲜活的内涵,使之与时代前进的脉搏相融合,是五中获得发展新动力的重要基础。因此,我们把这种蕴含在百年历史积淀中的"自强不息"的精神作为我们学校的文化精神来挖掘与传承。

"自强不息"语出《易经》"天行健,君子以自强不息"。其意是,天上的日月星辰是不分昼夜，永恒运动，所以"天"是"刚健"的，人应效法天，积极进取，永不停息。旨在要求我们对生命，对生活抱有永不放弃、永不停止奋斗的信念。梁启超先生也曾对"自强不息"作了如下的诠释："乾象言：君子自励犹天之运行不息，不得有一暴十寒之弊，且学者立志尤须坚忍强毅，虽遇颠沛流离，不屈不挠；若或见利而进，知难而退，非大有为者之事，何足取焉。人之生于世犹舟之航海，顺风逆风，因时而异。如必顺风而后帆，登岸无日矣！"

在新时期，我理解的"自强不息"就是呼唤并激励我们要用积极的态度面对生活，对待困难要有正确的认识，不管遇到什么挫折，对生活对人生都要有乐观奋进的精神；教导我们在生活中要懂得享受困难给自己带来的磨难，享受苦难克服之后自己迅速成长的喜悦心情，充满热情和信心地行走在人生的道路上。所谓"天将降大任于斯人也，必先苦其心志，劳其筋骨，饿其体肤，空乏其身，行拂乱其所为，所以动心忍性，曾益其所不能。"

同时，"自强不息"是一种开拓创新的精神，要求人不断地有新的追求，不断地汲取新的知识和技能，不断地创造出新的成就。这正是学校和成长中的年轻人所需要的。由于种种历史原因学校在发展过程中遇到了许多的困难。但我们仍然能够在不同的历史时期坚守教育的使命和职责，坚持发展。尤其是新世纪以来，我们不断追求，不断提升自己，不断创新，使办学水平与综合力量得到了飞速的提高。我们更是提出了"让每个人都成功"的办学理念，培养了一代代优秀的学生。而作为一校之长更应继承百年老校的这种自强不息的精神，不断的学习，不断的充实自己，提高自己的人生追求，完善自己。树立一种敢为人先、善于超越自我的理念。保持一种顽强奋斗、拼搏向上的姿态，人人自强，个个争先，使自己慢慢地靠近成功从而走上成功，实现自己的人生目标。

"自强不息"是一种积极的人生态度、人生追求和人生境界，是对人生意义的一种深刻认识和理解。一个人只有对生活充满热情和信心，才能始终如一地坚持这种生命不息奋斗不止的精神。使成长中的年轻人知晓自己生存的价值与追求所在。"自强不息"作为一种绵亘于中华民族几千年历史的精神，它已牢牢植根于人们的心田，深深浸润到人们的灵魂。正是有了这种精神，中华民族历史长河中才群星璀璨，辉映出足以照亮整个人类的灿烂文明。我们的教育事业也得以不断创新发展，给每个成长中的生命带来生生不息的希望。

（二）从容面对变化和危机

1. 靠精神迎接挑战

20世纪末，世界历史发展呈现出全球化与知识经济相互交织的壮丽景观。它深刻地影响着我国教育的发展：一是学校教育的发展正处在一个历史的关键点上，在世界范围内，高新技术突飞猛进，知识的创新与人的发展成了社会与时代的共同要求。把人的发展作为一个重要的社会发展目标，这是人类社会又一次重要的思想解放；二是教育现代化的进程加快，主要表现在现代化教学手段的运用上；三是教育的服务职能得到强化，越来越多的人意识到教育是一种服务；四是新的课程改革要求教师的教育观念必须转变，终身教育的思想、个性化的教育、同伴互助、教学反思等使教师的观念发生了巨大的变化；五是教育的竞争日趋激烈。一句话，教育走上了发展的快速车道。教育的快速发展要求百年老校不断地超越自我，这是时代发展的必然趋势。因此，思想的变革是迎接新世纪挑战的先决条件，而体现学校传统的"自强不息"的精神早已对这场变革发出了历史的呼唤。

2. 靠改革化解危机

教育的发展促使学校主体性意识增强，学校再也不能像计划经济时代那样亦步亦趋了，而是要积极主动地谋求自身的发展。但是，要发展，就必须勇敢地迎接并智慧地化解危机。新时期，我们所面临的危机是巨大的。一是激烈的竞争使学校感到了生存危机。社会对优质教育资源的需求必然加剧学校之间的竞争，而学校之间的竞争某种程度上说是由学校的教育质量决定的。教育质量是学校的生命，一般而言，教育质量差的学校就会在同类学校中落伍，甚至销声匿迹。因此，任何一所学校要想不被淘汰，就必须进行改革，在改革中求生存，在生存中求发展。二是百年老校历史沉积的东西太多，一些管理制度和方法已经陈旧了。也正是因为百年老校的"名校"光环使老师逐渐变得相对保守和安逸，且自我感觉良好，缺乏变革的内在动力。老师们个体强势，却缺少团队协作的意识。这些都已经成为学校进一步发展的障碍，学校要发展就不能不进行改革。大胆地改革也正是我们对"自强不息，超越自我"的学校精神的诠释。

3. 靠理念寻求发展

所谓办学理念，是指在教育观念基础上形成的一种指导学校发展的理想信念，它既反映了教育的本质，也反映了时代的特征，是教育理论与教育实践相结合的产物。办学理念是教育理念的下位概念，是基于"办怎么样的学校"和"怎样办好学校"的深层次思考的结晶。办学理念是学校的领导以学生前途与社会责任为重心，以自己的价值观与道德标准为基础，对管理学校所持的信念与态度。从内容来说，包括学校理念、教育目的理念、教师理念、治校理念等；从结构来说，包括办学目标、工作思路、办学特色等要素。

我们学校在新时期发展中秉承着"自强不息"传统精神的同时，也在根据时代要求和学生身心发展需求不断反思和改进教育观念。因此，我们确立了学校先进的办学理念："以人为本，为学以理，积学精业。"

"以人为本"的办学理念就是以学生和教师的发展为本。尽管我们学生入校的起点相对那些精英、优秀、一流的学生来说低很多，但我们在正确的办学理念下我们坚信每一个学生都是可塑之才，我们要使每一个学生在学校里（高中三年）都学有所成，保持可持续发展。

"为学以理"：为学即"治理学校、勤勉学业"，理就是"法理、道理、情理"；"为学以理"即严格依照法律法规、办学规律和"以人为本的思想"治理学校、勤勉学业。

"积学精业"：积学即"传承、内化、融合"，精业为"探索、创新、执着"

"积学精业"即传承、内化学校优良的历史传统,融合当代国内外的适合我校特点的先进经验,善于探索、善于创新,执着地追求一流的办学业绩。

在学校的教育教学工作中,我们尤其注重践行"以人为本"的宗旨。因为,教育以人的发展,即以学生的发展为根本。"以人为本"是在对当今教育发展中人的主体地位和作用日益突出的反思中,尤其是在对片面追求升学率所付出代价的反思后提出的一种发展理念。以人为本有三层含义:其一,它是一种对人在教育过程中的主体作用与地位的肯定。其二,它是一种价值取向,即强调尊重人、解放人、依靠人、为了人和塑造人。其三,它是一种思维方式。要求我们在分析、思考和解决一切问题时,要关注人的生活世界,要对人的生存和发展的命运确立起终极关怀,要关注人的共性和个性及其差异性。

以人为本就是以人为中心,着眼于人的全面发展,千方百计地挖掘人的各种潜能,充分调动人的积极性。以人为本表现在教育上,就是以教师为本、以学生为本,也就是以师生为主体,关注"人文性",最大限度地促进师生共同发展。树立以学生为中心的观念,全面推行素质教育,面向全体学生,促进全面发展,把学生培养成为富有主体精神和创新精神的"人";造就一支德高业精的高素质教师队伍,依靠教师办学,把教师的主体精神发挥出来,激发他们的积极性和创造性。

我的办学理念是在办学实践中产生的,是在"经过理性思考,依据政策理论基础、继承传统与创新、借鉴他山之石和体现时代精神"的原则指导下提出的。

办学理念的提出既是对学校精神的再塑也是对百年学校教育文化的积淀,是在原有基础上的一个发展,又是适应时代发展需求的必然。

三、超越的核心——教育教学的改革

对中小学而言,超越自我最核心的还是教育教学的改革。没有教育教学上的突破,其余都是没法落在实处的。教育教学是一个极其丰富的过程。科学的、健康的教育教学是我们在新时期必须探索与实践的发展之路。探究每一个孩子的成长密码，探寻每一个学生的成长之路，是我们努力为超越自己设置的新台阶。我想，在这种背景下成长起来的学生，一定会深邃地体验到我们的学校精神，将"自强不息"内化为一种品质，代代传承下去。

（一）让学生成为学校精神的继承者

任何一所学校所追求的终极目标都是实现学生的健康成长与全面发展，这是学校工作的根本落脚点。我一直坚定地认为，学生应该是我们学校精神的继承者，只有在学生身上不断地实现"自强不息，超越自我"，我们的学校精神才会拥有强大的生命力，我们的学生也才能够在离开校园后实现更深入地、更持久地成长。我们的教育也才具有更深远的意义。

为此，我们尤其重视学生的德育培养，坚持注重养成教育，做实常态；突出教育重点，做精内容；明确学生特点，做活形式；重视家庭教育，做强合力。把学生思想道德教育整合到学校工作和学科课程之中，构建全员、全程、全方位的育人格局。在学校德育大背景下我们更加注重培养学生的人文素养。

人文素养是一种情感、价值、伦理的素质，包括诚信品质、创新精神、规范意识、共生理念、感恩情结和审美情趣。在人的素养中起着方向性的作用，是促进未成年人全面发展的基本保证。因此学校把加强学生的人文素养作为德育工作的主线。

诚信品质。针对当今社会上各种道德失范现象对学生产生的负面影响，学校全面开展诚信教育，要求学生当老实人、说老实话、做老实事。一是宣传教育，明诚信之理。二是实践活动，做诚信之人。三是讨论总结，固诚信之果。我们通过开展多种形式的教育使学生懂得：诚信乃立身之本，守住了诚信，就守住了人品，守住了人格。

创新精神。创新是一个民族进步的灵魂，是一个国家兴旺发达的不竭动力，而学校则是培养学生创新精神的重要阵地。我们在办学过程中真正把学生当作主体,让学生制作个性化班标、参与校服的设计、参与学校规章制度的制定与执行,鼓励学生敢于质疑,敢于对话,设置研究性实验室为学生开展研究性学习创造便利条件。

规范意识。所谓"无规矩不成方圆",如今的学生大多是独生子女,往往存在个性很强、规范不足的缺点。因此学校要降低工作重心,从养成教育抓起,强调规范意识。

共生理念。共生意味着所有成员能够在相互协作中共同增进利益。让学生在共生理念指导下学会与人合作是基础教育的重要目的之一。因此学校大力倡导合作、交流的育人理念。

感恩情结。每一个人的人生成长和事业成就都离不开社会的保障、家庭的关爱、师友的帮助。我们开展了感恩系列活动,让学生充分地体验到感恩才会懂得珍惜,才会加倍珍视自己拥有的一切。

审美情趣。培养学生的审美情趣是让学生生活得有品位、有意义的有效途径。学校创设了多种平台让科学知识、纯洁文字、美妙旋律、神奇色彩和活泼思想来丰富学生的心灵。

我相信,具备以上素养的学生一定能将"志存高远,自强不息"的精神内化为自我的一种品质,更能够将"完善自我,超越自我"的精神深化为成长的一种习惯。

(二) 教育教学改革的超越与突破

突破一,坚信每个学生都是可塑之才。在整个高中三年中我们把每个学生都当做人才来培养,这是具有重要意义的。

1. 学生地位的新认识

学生是学习任务的接受者,是发现问题的探索者,是知识信息的反馈者,是学习目标的实现者,他们理应是课堂教学的主人。学校多项活动的设计都由学生精心组织,独立完成。比如,我们已经成功举办了两届学生PPT大赛,整个赛程全部由学生组织安排,参赛的学生团队可以自由选定主题,展现青春活力、班级特色、自我风采、生活感悟等等。学生们通过这种形式来认知生活,也表达自己对生活与世界的看法。

2. 学生选择的新途径

学生是学习的主人,教师在教学中应注重培养学生自主学习的意识和习惯,为学生创设良好的自主学习的情境,尊重学生的个体差异,鼓励学生选择适合自己的学习方式,充分尊重自主选择的权利,让学生学习的自主权得到体现。要让学生学会"自主学习",这就要求我们的学生要"学会选择"。"学会选择",是素质教育的必然,也是培养学生独立思考、自主选择和创新实践能力的基础。我们学校近年来开设了一些选修及拓展课程。比如,旨在提升学生生命质量的心理课,旨在培养应用技能的通用技术课,旨在培养审美情趣的艺术课以及旨在开发学生兴趣与专长的特色体育课。近年来,我们的特色体育已经引起媒体的关注,很多媒体都对此进行过专门报道。我们根据学校场地、设施及师资情况,尊重学生的需求,采用打破班级界限,走班式的授课方式。除了传统的项目外(篮排足球),我们还开设了橄榄球模块,跆拳道模块,瑜伽模块。这些课程设置的根本目的都是让学生切实地感觉到自己在自主选择中成长。因此,"自强不息,超越自我"便成为他们为了自我的发展与完善必须具备的精神品质。而这些课程的实施过程,也是学生对自我进行认知、评价、调整的过程,这本身就是对自己的一次又一次超越。此外,我们特别重视开展科技教育。近几年来,我校学生参加科技大赛取得累累硕果,有近 20 个项目获得辽宁省一、二等奖,有近百个项目获得沈阳市一、二等奖。

3. 学生体验的新探索

一是积极的情感体验。体验是指通过亲身实践来认识周围的事物。让体验走进学校的课堂,就是指在教学中要遵循以学生的发展为本的原则,把学习的主动权交给学生,让学生主动参与,积极体验,获得成功。我们每年都开展学军、学农活动,让学生在充分的体验和实践过程中丰富对社会的认知,深入对自我的反思。

在教学中,我们提倡教师首先要真诚地尊重,热爱每一位学生,相信每位学生通过自己的努力,都可以在原有的基础上得到发展。对学生要信得过、放得开,学生自己能解决的,教师不指导;学生自己能思考的,教师不暗示;学生通过探究、交流,可以自己理解的,教师不替代,促使学生主动地、独立地完成学习任务。

二是愉悦的成功体验。心理实验表明:一个人只要体验一次成功的欢乐和胜利的欣慰,便会激起再一次追求成功和胜利的信念和力量。在教学中,我们要充分重视学生在学习中的情感投入,不断给学生以"有趣"和"成功"的体验,让学生充分体验思考的快乐和克服挑战性问题的精神满足,喜欢学习,乐学、会学。

三是丰富的活动体验。学生学习的过程是一个活动的过程,是一个"做"的过程,因此应充分重视学生获取知识的体验过程,让学生获得丰富的活动体验。

4. 学生创新的新尝试

荷兰著名的数学教育家弗赖登塔尔指出:学生学习数学的唯一正确的方法是实行"再创造",也就是由学生本人把重要的东西自己去发现或创造出来。教师的任务是引导和帮助学生去进行再创造,而不是把现成的结论灌输给学生。教学中教师要让学生自己去主动探索知识,激励学生自己去探究问题,创造性地解决问题。

突破二,全面完善学生的成长教育。

1. 养成教育——从入学开始,让每个学生养成良好的行为习惯

"播下一个行为,收获一种习惯;播下一种习惯,收获一种性格;播下一种性格,收获一种命运。"这是威廉·詹姆士的一句名言。

学校根据不同学段学生的心理特点,开展不同内容的教育活动,详细制定每个年级的教育目标,做到有的放矢。高一年级进行爱校教育和校规校纪教育,组织新生参观校史馆、学习校史《润泽百年》。高二年级进行法制教育,针对高二年级的学生正处在由未成年人向成年人过渡的关键阶段,增强学生的法制意识和法制观念,让他们有所感有所悟,顺利地度过人生的浮躁期。高三年级进行理想前途教育,通过"成人仪式"、《个人成长规划》达到"立志、立德、立人"的教育目的。

2. **激励教育——让每个学生积极地投入到每天的学习和生活中**

"激励教育"的核心教育理念为自信教育,五中的老师相信每一位学生都能够成才。五中的激励教育,让学生克服了学习困难,增强了学习动力,提高了学习效率。

未成年人思想道德建设的主要任务之一就是从增强爱国情感做起,特别是在走向现代化的今天,我们要给学生一个在东方传统文化熏陶下的人格支撑与精神皈依,因此学校通过多种活动,让学生继承"见利思义"、"见得思义"的操守;高扬"天下为公"、"爱国为荣"的理念;发扬"天行健,君子以自强不息"的气概;养成"富贵不能淫,贫贱不能移,威武不能屈"的人格美;坚守"位卑未敢忘忧国"的使命感。

3. **活动教育——激发每个学生的兴趣和快乐**

在课堂教学中,五中教师尊重学生的主体性,引导学生积极主动地参与学习过程,让学生亲自去感知、领悟知识,并力求产生个性化的认识和情感体验,从而达到自主发展的目的。在学生活动中,学校结合学生的现实生活,注意在内化上下工夫,选择学生熟悉的内容作为素材,让学生参与其中,进而起到净化心灵的作用。"奥运手势启动仪式"、"向四川地震灾区捐款仪式"、参观学习六0一所、沈阳装备制造工程学校、九·一八纪念馆等活动都能引起学生的共鸣,扩大学生的视野;校园课本剧大赛、演讲比赛、辩论赛、大合唱比赛等多种形式的活动让学生在参与中感知真、善、美;社区服务、清除小粘贴等社会活动让学生在实践中体验奉献社会、回报他人的价值与意义;收集整理《花开的声音——五中学生道德典型事例集》使学生从身边事做起,在看似点滴的小事上践行荣辱观、是非观。

突破三,实现课堂教学的根本性变革。这是我们探索"低进优出"的人才培养模式的一个大胆尝试,目前已初步取得实践性的成功。

何谓"低进优出"?这是针对五中现有的二三流的生源质量来说的。这些学生通过在五中的三年学习,综合素质能够获得最大限度的"增值发展",尽管他们的起点相对精英、优秀、一流的学生来说低很多,但是高中毕业时,他们反而略胜一筹,甚至决胜千里。

从 2010 年新学期开始,我校高一年级实行课堂教学新模式,采取小班化教学和小组探究学习模式。高一全体师生对高效课堂的实施都进行了积极而有效的摸索和尝试。各班以"我们不做旁观者"为题围绕小组成员的分工等七个问题召开了主题班会。每个小组都初步构建了自己的小组文化。比如"10086 小组",他们说名字的内涵是"积极回答问题如同客服随叫随答,并且有新意,新颖";"凹凸村",凹字代表小组不足的地方,凸字代表该小组突出的地方,组内每人都有突出和不足的地方,但当大家相遇后就是一个完美的集体;"核聚变",他们说:"我们小组每一个成员,都拥有无穷的潜力,将来,我们会用努力激发它,这种潜力爆发出来,就如同核聚变,爆发出无穷的力量。每一个人的力量聚在一起,力量会愈强大,从而我们的小团队也会强大,我们每一个人始终相信,我们的核聚变可以超越一切";"狂奔的蜗牛",他们说,"我们不是最聪明的,但是我们是最勤奋的"。还有一些学生们自己提出的口号,比如"立鸿鹄之志,展鲲鹏之姿","成长靠对手成就靠团队"。这些充分体现学生奇思妙想的名称和口号不仅让我们看到了学生们的个性,更看到了他们对自我的认真审视与成长的强烈愿望。我们尊重学生的内心需求,我们更要借助这种形式激发学生学习的热情与兴趣,使学习成为他们内在的一种心灵需要,使交流成为他们自觉的一种学习习惯,使竞争成为他们习惯的一种学习方式,也使超越成为他们必然的一种成长经历。

学生的成长是在日积月累的教育实践中实现的,我们的种种努力都是在践行"自强不息,超越自我"的学校精神。我们的所有力量都蕴蓄在这种精神的承续中,我们希望它能够在所有五中学子的身上生根发芽,让我们每个学生的生命都像一棵树,不断拔节生长,永远向上挺拔。

四、以教师的超越实现学校的超越

陈玉琨老师曾说:"改变一所学校要改变这个学校的校园精神;改变一个教师要改变他的价值追求;改变一个学生要改变他的人生目标。"

人的成长总是需要强大的精神动力,学校正是启蒙思想、开启智慧、启迪心灵的地方,而这一切都需要一支优秀的教师队伍。他们是传扬学校精神、推动校园文化建设的核心力量。学校有师道,教育才有尊严。我们全面建设优秀的教师队伍,正是本着不断超越的信念,促使自我不断地强大,促进我们的教育不断地发展。

(一)教师的发展是推动学校超越的关键力量

在教育理念日新月异、教育改革突飞猛进的新世纪,作为一位省级示范校的领导者,我越发清晰地认识到促进教师发展才是改善学校的最有效的方法。

多年来,作为一校之长,我一直不遗余力地致力于学校硬件设施的改造与物质功能的完善。这在某种程度上已经成为我们学校蓬勃发展的一个标志。但当我面对追求卓越的办学理想和自强不息的办学精神时,我又深切地感到,仅靠资金的投入并不能从根本上改变教育落后的竞争力,更不能消除现存体制下教育的不幸。随着对学校发展的不断思考与探索,我坚信,真正能振作这所学校的应该是一种内在的精神力量,是一种来自于全体教师的专业成长与教育激情的唤醒。

事实上,每个学生及其家长都了解,如果没有优秀的教师及校长,学校只不过是空空如也的自习教室。即使拥有完善的教学设施,孩子们也无法实现真正意义上的学习与成长。每一所优秀的学校必须拥有的核心力量,就是一个优秀的教育者团队。这对所有学习者的意义都是非凡的。就像每一个怀念母校的学生,在他心目中,那里必然会有一位他所感念的教师,给他以受益终生的影响。

在现有的教育环境与教学条件下,学校的招生始终服从于整个城市教育发展的需要。而能够使各个层次的学生在有限的三年学习时间内获得发展,是我们所追求的教育理想之一。因此,能够使这一理想成为现实的,除了完善的教育管理制度与教学机制之外,更重要的是它们的执行者——教师。在每一天的学习时间与具体的学习实践中,教师是真正与学生密切接触的人。在高中阶段，不可否认的事实是，教师的教育理念、专业能力与管理水平会全面地影响一个学生的发展与成长。我们甚至可以说，要促进一所学校发展，它所拥有的最大财富与资本就是教师。

（二）促进教师发展的 n 个途径

在目前的教育人才管理机制下，促进教师发展是一个复杂而又具有挑战性的工作。一般情况下，学校的现有教师资源是很难通过组织方式进行改变和调整的。几乎每个学校都会面临这样一个问题——新教师缺乏教育实践所积累的经验，而老教师缺乏教育理念的更新与创造力。这在很大程度上抑制了教师自身教育激情的迸发与成就感的产生。这个看起来很常规的问题其实对学校的创造力与竞争力的发展产生的影响往往是非常巨大的。基于这样的认识，我们首先致力于为全体教师打造一个具有丰富文化底蕴的精神家园，从而释放教师潜在的能量，使教师更自觉也更自如地投入到学校的教育教学活动中去。

沈阳市第五中学是一所拥有百年历史的世纪学校。这对每一个五中人来说都是极具震撼力与影响力的。在我来到五中的那一年，刚好是学校百年大庆的纪念。庆典那天，在所有新老五中人的脸上，我都惊喜地发现了那种来自于心底的自豪感。这对于学校的发展无疑是一个非常有利的良性因素。从此，挖掘五中百年来积累的历史文化，重铸五中的文化精神，便成为我打造五中精神家园的一项重要工作。我们的百年校史馆自开馆以来，不断向学生与外来参观者开放。而每名教师都是校史文化的展示者，每位教师都能充当校史馆的解说员，富有个性地向参观者讲述他们心目中的世纪学园。

我们为教师创设了环境幽雅、书香氛围浓厚的书吧，支持教师在课余时间拓展自己的教育视野，加强自我的知识素养。在书吧里，我们为全体教师提供各个领域的典籍与书刊，并且定期举办读书沙龙活动，以主持访谈和读书报告等多样的形式为老师们的阅读交流提供方便。这种丰富而自由的交流，使很多教师都觉得获益匪浅。

为了进一步深入地交流与探讨，我们还特设了一个教师论坛，由各个教研组轮流负责承办。每期选择一个与教师的工作生活密切相关的主题，通过表演、访谈、调查等多种形式展开，深受广大教师的喜爱。比如，第二期的论坛主题是"如何提高学生课堂的参与度"，他们根据平常教育教学中所发生的案例及自己的教学经验来讨论如何让学生参与到课堂当中。理论阐述、精彩案例、教学故事赢得全场教师的共鸣，大家共同经历了思维的碰撞和激荡。这样的场景在以后的几期论坛中常常出现，大家一致认为论坛的价值首先是快乐的交流，并使他们更快地在交流中提高。教师们常常能从每一期精心选择的主题中感悟自己的工作和生活，进而实现对自我的多角度审视与反思。

在我看来，每一位从教者应该能够从更深远的意义上去认识教育，知道它的生成与发展，知道它的根本意义与终极目标，从而建立起宽广的视角，追求高远的境界。

另外，为教师创造机会，使他们不断提升专业技能，获得职业的自豪感也是我促进教师发展工作的重中之重。我在考察经历中发现，无论是在欧洲还是在美国，能够获得与医生和律师同等的职业地位，是很多教育工作者的梦想。这给了我很大的启发，任何职业都需要来自于从业者内心的认同感，只有这样才会产生真正的动力与激情。我们要求教师拥有饱满的热情与高效的教学能力，就必然要为教师创造同等的学习机会，搭建自由的发展平台。

因此，多年来我始终坚持为教师的进修学习、教育教学实践、考察交流创造丰富的机会，提供充足的资金。因为，一切的关键都在于教师的质量。教师只有不断追求教学技能的提高，知晓最新的研究动态和所在领域的发展趋势，才能为学生树立终身学习的榜样。而这一点，恰恰是对学习者最直接、最有效的影响。

在我的坚持下，学校不断开展对外的合作交流，把校外的名师请进来，也把我们的名师送出去。我们始终坚持使成功的教师有展示的平台，使成长的教师有提升的空间。我们始终认为教师的知名度就是学校的知名度。我们始终支持教师形成自己的风格、发展自己的个性、进行自己的尝试、寻找自己的突破。我们始终坚持提高教师的职业声望,把教师视为专业的从业者,视为具有特殊技能的个体。我们还始终主张,教师必须热爱自己的团队,以协作为主展开自己的工作,每个人都尊重与欣赏他人的劳动。我们制定了以教师为课堂效果负责的评估制度,所有教师都用数据说话。我们为所有年轻教师寻找一位自己崇敬的职业导师,我们也让所有经验丰富的教师为年轻同事提供强有力的支持与指导。针对那些有教学困难,或能力欠缺的教师,我们给予尽可能多的机会,去提高、改进他们的教学技能,修正他们的专业行为。但是,如果过了相当长一段时间,他们仍没有任何实质性的改变,那么我们也会果断地让他们离开教学岗位。因为,我们深知在当代社会,高质量的教育是成功的基本条件,我们不能为庸师寻找任何借口。

这里我要特别提一下我们于 2010 年首次举办的学术节活动。这是我们将教师培养工作推向深入的一个大胆举措。2010 年 10 月 14—15 日,为促进教师与学校的共同发展和科学发展,我校举办了第一届沈阳五中学术节。我们认为,教育应该走向学术,这是教育发展的一种必然,也是教育者和教育实现自我超越的必由之路。教师走向学术,意味着教师把目光投送到更远大的天地,更加关注教育的本质、教学的规律和学生的全面发展、个性发展和终身发展。

学术应该成为教育的基础,学校学术也应该成为基础教育发展的一个重要方面。无论对于一名老师来说,还是对于一所学校来说,学术是一种眼光,它能够体现我们对教育理解的深度;学术也是一种使命,它能够体现教育对我们的一种要求;学术更是一种信仰,它能够体现我们对自身的一种完善。

学术节期间,我们进行了三省三校同题研讨课活动,我校与内蒙古霍林郭勒市第一中学和陕西省西安市长安区第一中学的九个学科的 27 位教师为来自省内外的一千余名教师呈上了 27 节风格各异的研讨课。课后,27 位教师进行了教学反思,有吸纳、有反省、有质疑,甚至有直言不讳的批评,这些都充分体现了我们的学术精神——百家争鸣,和而不同。我们坚信,完美永远在远方,我们永远在路上。我们也希望教师们能够在学校学术的道路上越走越好,离完美越来越近。

(三)教师发展的本质就是教师"自强不息,超越自我"

无论是实现学生的成长还是推动教师的发展,从根本上说,都是实现人的进步。而每一个人的真正进步,都体现在精神的成长与超越上。从这个意义上说,我们的所有工作都是在再塑学校的传统精神,让它能够在一代代五中人的身上传承并发扬光大。

2010年的教师节,我们过得特别有意义。为了表彰一年来教师们的成长与进步,为了让教师们充分感受到自身的价值与职业的荣耀,我们像中央电视台每年的"感动中国"节目一样,为获得各个奖项的教师创作了颁奖词,并特意捕捉他们生活、工作的幸福瞬间,精心制作了PPT在现场播放,使全体教师都感受到了一种温暖与自豪。在这里,我摘录几份颁奖词,我想从中可以以管窥豹,看到我们五中教师的风貌——

颁奖词——科研、常规检查满项奖

他们兢兢业业,恪尽职守;他们踏踏实实,勇于创新。他们在工作中,宽字对人,严字对己。他们认为一丝不苟是一种品质,他们觉得日积月累是一种智慧。他们永不停止求知的脚步,他们永不懈怠教学的热情。他们在工作中把科研作为常规,把常规变成习惯,把习惯变成素养,把素养变成境界,用境界感染整个五中!

颁奖词——优秀备课组奖

"同心山成玉,协力土变金。"他们是一个优秀的团队,集体备课,群策群力;他们是一个团结的集体,协同作战,同进共退。他们将个人的经验整合为集体的智慧;他们把个体的得失转化为集体的荣辱。他们的合作精神是五中前进的原动力,他们的合作能力是五中发展的新希望。他们是旗帜,在我们求真求实的道路上高高飘扬;他们是

基石,在五中润泽百年的历程中熠熠闪光!

颁奖词——班主任奖

有一种伟大来自平凡,有一种崇高来自始终如一。校园里,总能看见他们步履匆匆的身影;办公室中,总能听到他们谆谆善诱的话语。他们,舍小家,为大家,服务学生,服务家长;他们花心思,费心血,关注成长,关注幸福。他们忠诚地为五中诠释着责任的担当与爱的奉献。他们是五中坚不可摧的城墙,他们是五中崛起的强大脊梁!

颁奖词——行政服务奖

他们身在二线却冲锋在前,以校为家,爱岗敬业,身兼数职,任劳任怨。"忠于职守"是他们的原则,"用心服务"是他们的宗旨。他们把职责作为一种信念,他们把服务做到一种境界。他们始终寻找价值的体现,他们始终关注自我的完善。五中的发展史上会有他们光辉的一笔,我们的军功章上也有他们闪光的一半。

目前,在我们学校几乎每一位教师都具有这样的理想:首先将教学视为一种感召,而非仅仅是一份工作;将自己的全身心献给学生,通过不断的职业发展改进自己的教学实践,永不自满;用高标准要求自己,永远在提高自己的教学技能;能认识到与家长建立牢固的、积极地关系的重要性;珍视与同行合作的机会,在各种活动与会议中与同行分享经验;积极参加专业组织,为教育工作者群体的建立和巩固出力;甚至成为给学生和学校带来直接影响的积极、高效的教师领袖。

并且,几乎所有教师都形成了这样的共识:为了让所有学生拥有安全、健康、舒适的学校环境,高素质的教师,高质量的教学和学习氛围,我们所有人必须通力合作,坚持不懈,给课程赋予生命,给学科赋予意义,给学生赋予激情,做教师,就是做一个永远的乐观主义者,不抛弃,不放弃,永远自强不息。

五、实现超越的管理保障

作为百年老校,学校曾经有一套完善而严格的管理制度,这为学校的发展壮大起到了不可磨灭的作用,已经成为每一名教职工自觉自愿遵循的行为准则。但是,随着社会由计划经济体制向市场经济体制的转轨,尤其是新世纪我国的第二次转型,传统学校制度在促进学校发展上的力量越来越薄弱,在新形势下也越来越步履维艰。这些传统的学校制度强调的是按部就班地推行领导的意图,是下级对上级的服从,缺少现代学校应有的民主意识、人文理念与创新精神,已经不能适应现代教育对学校管理的要求。零打碎敲式的单项制度的创新也难以顺应变革的需要,必须从整体上建构一个与时代相适应的学校制度体系,这是学校发展的根本保证。

制度本身蕴含丰富的教育意义,好的教育制度是重要的教育资源,它可以增强人的权利意识,自主意识,提高人的自我发展的责任心,从而提高发展人的层次,塑造健康和谐的人格。学校制度文化作为学校的内在机制,是维系学校正常秩序必不可少的保障机制,是学校文化建设的保障系统。

制度文化不仅要保证大家能做正确的事,并且还要会正确地做事。要做到这一点,关键在于管理的重心下移。做到每一个人、每一个岗位、每一个部门都有明确的权力和责任,都有清晰的工作目标和工作计划;每一项工作都有明确的工作程序和明确的制度约束,都有明确的考核和激励;个人与个人、岗位与岗位、部门与部门之间通过建立科学合理的机制和明确的制度,协同有序地运作。为此,学校对中层以上领导、教师、学生三方面的管理制度进行了重建,着力于管理的扁平化、全覆盖和有效性。

一是创新高效的管理机制,增强学校发展的活力。管理机制的建设,有两个方面很重要:第一,建立健全规章制度,它包括做事的质量、标准以及程序要求等;第二,建立健全监督反馈机制。这一点在现实中最容易被人们忽视。对此,我们深刻地认识到,很多管理问题的出现,都与监督反馈机制的缺位、不健全有关。没有监督反馈机制,再好的规章制度也会被架空、成摆设。经过全体教职工的实践与探索,学校先后补充和完善了十几项制度。仅在考核制度方面,学校就补充完善了三个个人考核制度(干部工作考核、教师常规工作考核、职员常规工作考核);三个集体工作绩效考核制度(学科教研组集体、年级备课级集体和行政处室集体);同时完善了各个管理层级的负责制。

二是整个团队的规范化管理。首先是抓干部队伍的执行力。实行学校中层干部三年一个周期竞聘上岗。学校要求每个中层领导具有规划意识、全局意识和第一责任人意识,把日常管理、监控、指导和分配的权力下放给他们,真正实现了管理重心下移。我认为:管理干部的主要任务是执行,最高境界是创造性执行。创造性执行一般表现在两个方面:(1)对学校确定的发展方案或校长的办学思想,能够提出较好的补充、建设性意见。(2)能够克服一切困难,想尽办法把方案或校长的思想落实在自己主管的工作中。其次是提升全体员工的综合素养,对各项工作严格管理。我认为:制度+执行,才能建立起有效的运行机制,才能建设和发展学校。

"入轨"的过程相当艰苦:一切从学习、培训开始。"严格执行"意味着诸多的麻烦、碰撞、压力,甚至是痛苦。但坚持下去,人们看到了学校实实在在的变化。

当人人习惯面对问题、分析问题并采取行动自己解决问题时,教职工的责任感、创造力、解决问题的能力空前提升。当每个人感觉到了进步与成长,当责权利明确,每个人首先在职责范围内处理好自己的工作、使每一级的矛盾不再上交之后,各个环节的工作效率就会大大提高,做校长的也就体会到了解放与自如。当"坚守制度,建立标准,精细环节、及时反馈、有效调整、坚持不懈"等体现了学校发展理念和干部团队智慧的管理运行机制在学校的发展中初步形成,方方面面的工作得以落实之后,人们的精力日益转移到教育教学的主战场上,研究课程改革、研磨学生特点后,学校的整体局面就会逐渐改观,教育教学质量越来越好,社会认可度越来越高。更加令人欣喜的是沈阳五中人的精神面貌发生了明显的改变：人心日益凝聚，一支"特别能战斗的教师队伍"逐步形成了。

三是营造高效管理的学校氛围。学校创新制度的管理让每位教师知道自己工作的方向和奋斗的目标。我对教师提出了："师德高品位，专业高水平，工作高质量"和"追求卓越"的治学理念，让教师们有了方向感；知道学校5年、10年以后大概是个什么样，达到什么标准，沿着什么轨道发展；同时也知道自己应该做什么，应该怎样追求工作上的高质量，教学上的高水平。

干部和教师共同认为：建立健全管理机制的结果，是营造了一个既严谨又宽松的办学氛围，使事事有所依循。

所谓严谨：是指学校对大大小小的事都有要求。比如开会，上百人的大会，要求教职工不要交头接耳，不要做与会议无关的事情，而且会议期间不能随意接、打手机。又如对监考，学校有一系列标准和规范：教师应该何时参加预备会、何时进考场；提前3分钟发卷时，有没有铃声，何时收卷；考试后学生的管理……一切都非常细致严格。

所谓宽松：是指当好规矩成为习惯后，就变成了大家的自律行为，最终使大家获得自由。因为无论面对什么事，你都预先知道应该做什么、怎么做、标准是什么、现在还处在什么阶段、努力的空间在哪里。这样，一切都变得简单、清晰，让人心里有底。

总之，在遵守规矩的前提下，人们并没有感到受限制，反而觉得很宽松。当人人都养成按规矩办事的习惯后，学校也就逐渐形成了"规定动作出精品，自选动作出特色"的风格。同时，在严谨和宽松的氛围中，人们还获得了一份公正和安全感。这正是我所追求的目标。超越自我需要强大的制度保证，自强不息更需要内在的文化支撑。

结　　语

教育，是一项追求完美的事业，它承载着我们认知世界与改造生活的全部梦想及各种可能,它是为孩子的一生奠基的事业。

近三十年来,我从教学一线到领导岗位,亲历了中学教育的种种变革与发展。对我从事的这项事业,我深感荣幸并始终心怀敬畏。在美国,教师被认为是国家最重要的人,作为一名教育工作者,我深知这其中蕴含的使命与责任。正因如此,我们始终秉承一所百年名校自强不息的文化精神,始终力争创办特色,追求卓越。

学校,是为每一个孩子和家长服务的机构,我们必须把教育视为一种德行,才能看到文明在每一个孩子身上发生。现在,我们必须面对的一个现实是,每一个来到学校的孩子都拥有不同的个性、资质、教育背景、家庭环境甚至人生追求。但是,我相信,教育的一项基本功能,就是把人类共通的优秀品质与文化属性赋予这些成长中的年轻人,让他们能够明智而负责任地为人处世,让他们能够把在课堂上获得的自尊和自信迁移到生活中。因为,无论学生在上学时属于什么层次,终有一天,他们都会进入职场与社会。在当今社会,很多学生都会面对年轻人所不能应付自如的压力与不利因素,而个性的完善,心灵的健康,意志的顽强,精神的独立以及思维能力的强大终会帮助他们战胜困难,立足于社会,从而实现自己的人生价值。

这就是我的教育理想与追求。然而,如何实现她,如何更深远地走入教育的丰富世界,如何挖掘与整合我们现有的教育资源,如何将潜藏在每个教师内心的教育激情唤醒,如何最大限度地激发学生对于世界的好奇,对于个体的自信,对于文化的敬畏,这些都是我们永不止息地要去研究与面对的问题。现在,让我倍感欣慰与自豪的是,在我的学校,拥有一支年轻又充满热情与活力的团队,他们能够珍惜各种学习交流的机会,能够不断地丰富自我的教育经验,并且非常重视自己的教职。他们大胆地尝试改革,富于创造性地实践自己的教育梦想。他们深受学生的欢迎与尊敬。正是这样,我们的学生能够更多元化地实现成长,能够在各个层次上创造属于自己的奇迹。这一切,使我深深地感到,学校的发展需要一个良性循环的机制,需要一个丰富的文化氛围,更需要一种自强不息的内在动力。

也因此，作为一所学校的领导者，我也更需要把眼光放出去，把步子迈出去，更深入地领略教育的终极追求，从而带动我的团队展开更丰富、更有效的教育教学实践。这所拥有百年历史的世纪学园，在拥有沉沉根基的文化积淀的同时，还要拥有熠熠生辉的未来眼光。它需要突破自身历史光环的层层笼罩，在新世纪焕发崭新的现代风采。在硬件上更完善，在软件上更强大，成为一所真正培养各级人才的国际化名校。

我想，我也更应该秉承我们学校自强不息的文化精神，不断地追求卓越，为学生创造丰富的发展机会。无论是智优生、体优生、文艺生还是学困生，都能获得智育、能力、才艺与人格的全面发展，并拓展人生视野，在我们的对外交流过程中把握各种升学机会，使每一个走出五中的学生都成为学校的一张名片，从而使五中成为教育的一个品牌，标志一种品质，推广一种品位，塑造一种品格。让这所世纪学府的百年辉煌得以延续，让百年教育的执着追求得以发扬光大。

以孩子今天愉快学习，
促学生明天终身发展

——教育，为学生创造多元价值

山东省青岛市第二中学　孙先亮

一、理念奠基:让学生在快乐的学习中获得终身发展的自信

二、终身发展:基于人和为了人的教育

三、智慧课堂:师生共享发展的幸福和快乐

四、自主发展:激发学生终身发展的内在动力

五、教育即环境:为学生终身发展创造系统环境

一、理念奠基：让学生在快乐的学习中获得终身发展的自信

今天的世界已经进入了知识经济的时代，经济全球化、社会信息化和文化多元化，创造了一个以人才素质决定国家综合国力水平的时代。在这场人才的较量中，世界各国比以往任何时候都高度关注教育。教育需要以主动与开放的心态与胸襟，积极为创新型国家建设战略做出自己的贡献，自觉承担起创新人才培养的社会责任。

青岛二中自 20 世纪末东迁至崂山区以来，承学校的办学条件之优势、汇新世纪世界教育发展之潮流，以"造就终身发展之生命主体"为核心追求，积极探索培养学生终身发展素质的模式，逐步形成了"终身发展"的教育思想。学校极为重视学生未来可持续发展的追求，同时又注重立足学生今天的发展设计，使学生明天的发展总是建立在今天的基础上，并且通过现实学生素质的培养，夯实学生发展的根基。

（一）牺牲"今天"的教育：无法让学生走向明天

毫无疑问，每一个教育工作者都看到了今天，也努力帮助孩子去把握今天。可是，如果今天教育者行走的方向错误了，那么每前进一步都是在更远地背离了素质教育的方向。2010 年 1 月我在法国考察教育时，遇到了一个在法国做汉语教师的校友，他谈起自己当时在学校的教育颇为感慨："当时老师布置的作业非常多，每天除了学习，自己睡觉都没有时间，压力特别大。自己当时感兴趣是文科，结果父母老师都不同意。当年自己是以学校理科第四名的成绩考入南京大学的，但是由于中学太累，加之进入大学后对于化学毫无兴趣，实验也做不了，成绩很不理想。幸好当时的曲钦岳校长非常开明，特批自己转入了法语系。"我听后陷入了沉思。今天的教育又有多少改变呢？

学校总是在告诉学生：明天会好的！由此，在"以人为本"的口号下，学生的作息时间表被一再修改，他们的休息时间被无限压缩。时间成为

创造分数的重要资源。于是我们看到了这样的场景:高考结束后,学生的课本被撕得粉碎,"天女散花"般从楼上抛向空中。

教师反复告诫学生:明天会好的! 教室门口摆着两双鞋子,一双是皮鞋一双是草鞋,想穿皮鞋就必须从现在开始拼搏;于是学生书包越来越沉重,作业永远做不完,大考小考一次接一次。成绩在教师眼里成为唯一区分学生优劣的标准。

家长苦苦哀求孩子:明天会好的! 吃得苦中苦方为人上人。父母用"爱心"摧残了孩子的"童心"与"孝心",又演绎了多少父母与子女的恩怨情仇!

当下的教育,正盘旋在应试教育的轨道上。这是一个让人倍感心痛而又无奈的事情。一方面,社会的现实让教育者不敢也不能脱离升学这个轨道。没有好成绩就考不上好的高中、无法迈进名牌大学,似乎你就不可能获得一份满意的工作和过一种有尊严的生活。由此,衍生出来的自然是孩子的青春、健康、情趣、爱好、情感、思维、道德等的严重缺失。另一方面,没有了健康、个性和发展的动力,学生能够具有发展的可持续性吗?他们能够在多大程度上真正负起国家和民族振兴与发展的责任? 教育者都努力试图给孩子们一个美好的明天,但是今天却是如此之残酷。今天与明天,在当下的教育过程中,成为一个永远无法对接的时段。

印度哲学家克里希那穆提说:"当我们为了某个理想,为了未来而努力,我们是按照对此未来的概念而塑造人;我们对于人一点也不关心,我们关心的只是'人应该如何'的这种想法。在'现在'和'未来'之间,存在着一条鸿沟,其间有许多影响,在我们每一个人身上发生作用。而为了'未来'牺牲了现在,我们便是追求着一项错误的手段,以为借此可以达到一个可能正确的目标。"①

所以只有明天没有今天,就一定没有明天。即使我们把明天描绘得如诗如画,明天也只能是空中楼阁,是毫无意义的!

---

① (印度)克里希那穆提著. 张南星译. 一生的学习[M]. 北京:群言出版社,2004.

（二）发展在当下：今天是明天的基础

"我以为世间最可宝贵的就是'今'，最容易丧失的也是'今'。因为他最容易丧失，所以更觉得他可以宝贵。宜善用'今'，以努力为'将来'之创造"。（李大钊在《今》）

今天是明天的基础，明天是今天的延续。关注学生的今天，本质上就是关注学生在今天所奠定的素质基础及所激发的发展潜能，就是为了学生终身的可持续发展做好实质的和充分的准备。

学校教育应当促进人的全面发展。教育不仅是给学生以丰富的知识，更应当给学生以自主学习知识的方法、发现和解决问题的能力以及创造新知识的素质；教育不仅要让学生获得显性知识，还应当让学生获得更多隐性知识；教育应当创造条件让学生在把握知识之外，去关注国家和民族的前途与命运，关注世界的风云变幻；教育还必须让学生获得生活能力和实现更好发展的能力和素质。

学校教育必须努力促进学生的个性发展。学生的个性是学生身上最为独特和最具魅力的品质，也是关系学生一生的可持续发展最为重要的潜质。学校教育应当创造条件，为孩子提供展示自己个性品质的舞台。学校的课堂教学、课程设计、教师的优势智慧和运行机制，都应当服务于学生的个性发展。让学生在快乐的学校生活中，获得个体发展的自信，实现自身素质的提升。

学校应当促进学生主动发展。"我们要肯定人性的特色，因为不管选择了哪一条路，都会发现人类的确有他特别的尊严所在——他必须自己决定该往哪里走。"（《哲学与人生》P74，东方出版社，傅佩荣）学生发展最为重要的前提是做自己命运的主人，能够很好地把握自己的现在与未来。教育者应当更多地懂得和学会如何让自己从前台退到幕后，让学生导演自己的生活和发展。在这样的过程中，促进学生自我意识的觉醒，提升学生的自我认知能力以及自我规划和自主发展的能力。

（三）让孩子拥有梦想，让教育充满理想

好的教育者应当在关注学生的明天中关注今天，应当让学生拥有梦想。只有拥有梦想，才能享受成功的幸福。

对于青少年来说，生命的觉醒最重要的标志就是对生命价值与意义的思考与选择。每一个人都可以从对自身及周围环境的分析与判断中，初步选择适合自我发展潜能的基本目标。这一目标可以像航标灯一样，为学生迷茫与混沌的认知世界带来光亮。在近几年的青岛二中"推荐直升"测试中，我都有意识地来了解一下学生的理想选择，虽然许多学生不一定能够说清楚选择的原因，但每个人都能够有比较确切的表达。

梦想是一个人对于未来的设计，是一个人人生价值的自我提升，是一个人对于自我潜能的唤醒，是自我超越现实的精神境界，是成功的动力源和发动机。激发孩子的梦想，就是给孩子创造了终身发展的机会。学生成长与发展是需要梦想的，没有梦想就不可能有成功的未来，而正确的教育与引导正是孩子梦想的最好催化剂。在学校教育中，能够激发孩子的梦想并为孩子的梦想创造必要的发展条件往往对成功起着至关重要的作用。

教育是培养人，熏陶人，激励人，启迪人，促进人主动、健康、和谐发展的工作。什么样的教育是理想的教育？从当前来看，就是要让学生全面、主动地发展，为社会的发展培养高素质的人才。教育理想必须源于教育现实，又必须高于教育现实、超越教育现实。而理想成为现实的必要前提是尊重教育规律，特别是学生发展的规律。教育质量的高低和品质的优劣，取决于教育者的思想、理念。有什么样的思想指导，有什么样的理念引领就会有什么样的教育行为。因此，我们必须树立"发展为了明天，基于今天"的教育理念。

二、终身发展：基于人和为了人的教育

2005 年 5 月，青岛二中的学生应邀参加了北大举办的中学生领袖训练营的活动，回校后学生就向学校建议成立青岛二中模拟联合国协会。

他们很快就提出了一个非常完善的方案，并最终成立这一社团。"模联社"成立后，学生在第二年的七月举办了青岛二中首届模拟联合国大会，时任联合国秘书长安南发来了贺信。然后，学生又举办了青岛市的模联活动，继而又成功举办了山东省的模联活动。

教育的根本是为了学生，而教育的出发点往往很大程度上决定了教育的方向、内容和方法。我始终认为，教育的对象决定了我们必须对人性有一个基本的把握，才能对教育的规律有正确的认识；必须基于学生的潜能和需要，我们才能找到教育的正确方向和内容。

（一）对人性的基本把握

学校教育的策略和教育者的行为很大程度上都是基于对人性的基本把握。对人性有什么样的认识就会有什么样的教育目标、教育内容和教育方式，也因此会对教育对象产生不同的教育影响。虽然学校教育模式的差异是多种因素相互影响和作用的结果，但其重要的因素就是对人性把握的不同。

西方管理心理学中，有对于人性假设的研究，他们认为人性假设在很大程度上决定了管理的价值取向。西方组织管理学家雪恩将人性分为四类：第一，"经济人"的假设；第二，"社会人"的假设；第三，"自动人"的假设；第四，"复杂人"的假设。在每一种人性假设的观点基础上，形成了不同的管理理论，由此也导致了管理心理学的革命性变革。如"社会人"假设中，"社会人"是指重视社会需要和自我尊重的需要，而轻视物质需要与经济利益的人，由此管理理论中特别强调企业管理要以人为中心，关注人、满足人的需要，重视良好人际关系的建立，等等。

《三字经》开篇就说："人之初，性本善；性相近，习相远"，中国最早的教育家孔子的有教无类、因材施教的教育思想都是基于"性相近也，习相远也"的人性假设。可以肯定地说，今天教育的内容、方法、制度、管理、文化等的确立，无不体现着对人性的认识。

西方管理学家麦格雷戈说"真正的问题在于管理者的宇宙观和价值

观的改变,这个问题解决了,其他如何推行的问题便成为细枝末节了",
"每项管理的决策与措施,都是依据有关人性与其行为的假设"。教育又
何尝不是如此!

不同的人对于教育及其对象认识不同,就会形成不同的教育价值观。
1968 年,两位美国心理学家罗森塔尔和福德在一所小学所做的、后来被
誉为"皮格马利翁效应"或"期待效应"或"罗森塔尔效应"的实验,证实了
不同的期望产生的效果是极不相同的。教育的价值不仅是通过创新给学
生带来什么知识,而更多的是创造更加适合每一个学生充分而又富有个
性发展的条件。相信当教育为每一个孩子提供了可以展翅高飞的广阔天
空时,孩子们会飞翔得比教育者期望的更高。青岛二中的成功正是为学
生创造的自主发展环境的成功!

(二) 教育应基于学生的潜能和发展的需要

开发学生的潜能、满足学生的需要是教育的责任,也是教育的基本方
向。青岛二中的学子从模联开始,继而举办了模拟申奥活动、模拟申博活
动、模拟人代会活动及模拟商业投资论坛等等。模拟活动体现着学生潜
能的开发,而且成为青岛二中学生发展自己的一种学习方式。

那么学生的潜能是什么?美国哈佛大学心理学教授霍华德·加德纳
经过研究提出了多元智能理论,他指出在人类身上有八种智能:语言智
能、数理智能、身体运动智能、音乐智能、空间想象智能、人际交往智能、自
我认知智能、自然认识智能。这八种智能在每一个人身上都存在,但每一
个人身上总有一种最突出的智能表现。这就表明,对于学生自身的潜能
认识应当依据"多元智能理论"所提出的观点,深刻思考学生的全面发展
与个性发展。当教育为学生提供宽松的环境和发展空间的时候,学生就
会找到自己发展的方向,实现更高水平的发展。

学生的潜能是以学生需要的方式体现出来的。马斯洛的需要层次论
一直在影响着今天对于人的理解和管理。学生发展也是一个不断从低层
次向高层次提升的过程,而任何一个高层次需要的发展必定是基于低层

次需要得到满足的结果。曾经的应试教育,高强度的学习压力,体育课的压缩,让学生的身体承受极大的压力,学生的身体指标紊乱健康无法保证,因而锻炼身体是他们的基本要求;因为频繁的考试和排名,让学生感受巨大的心理压力,学生缺少安全感,因而就不可能生成更高层次的需求。由此,我们可以设想,学校只有不断创设让学生实现需要的良好环境和条件,才能激发学生不断产生更高层次的需要,实现学生的自我发展,达到学生发展的高境界。青岛二中在教育的实践中,按照素质教育的要求,努力为学生创造宽松的环境,引导学生不断实现发展的自我超越,使学生的发展实现最优化和最大化。

传统的教育最大的问题就是忽视学生的存在,既不了解学生的潜能更不清楚学生的存在,只是按照教育者自身的理解去规范学生、改造学生甚至强制学生。其教育的效果就是只是重视学生的知识学习,用教育的片面理解代替对于学生的了解,是眼中没有学生的教育。

(三) 终身发展的教育理念

我认为"终身发展"的教育就是学校在让学生拥有理想的基础上,按照教育规律的要求,创造适宜学生发展的环境和条件,为学生未来的可持续发展奠定坚实素质基础的教育。终身发展的教育是我这些年致力于思考和实践的教育追求。它不是简单的理念呈现,而是对学生发展的责任和教育良知的要求。

当21世纪到来的时候,重新思考二中发展的方向就成为了我的责任。中国加入世贸总协定,使我从世界经济全球化的角度思考学校教育,思考人的培养。我提出了"造就终身发展之生命主体"的育人目标,以及"深化素质教育、优化教育资源、凸显办学特色、创建国际名校"的办学目标,初步确立了为学生终身发展而教育的理念。为了更好地实现这样的培养要求和办学宗旨,我又提出办学的指导方针是"以思想指导方向、以制度规范行为、以机制激发活力、以真诚凝聚人心、以素质赢得素质",提出四种模式:创新教育模式、成功园丁模式、自主发展模式、开放管理模式,以此支撑学校培养目标和办学目标的实现。由此,学校开始了以素质教育的追求实现学生的终身发展的探索之路。

但是,在应试教育愈演愈烈的中国教育大背景下,进行这样的探索意味着什么?虽然,学生在这样的教育追求下,有了自己自由发展的空间,但一个小环境改变大气候需要的不只是勇气。在2004年夏天,青岛二中终于被推到了真正的风口浪尖上。即使在校内,也有了自我否定的声音。危机考验的不仅是我们的智慧,更是教育者的良知与责任。在这样的时刻,退却还是前进?每一个二中人都在思考。在这样的形势面前,我心中想的最多的是我们的孩子们。因此,经过深入思考,我坚定地提出:坚持深化素质教育不动摇;坚持提高课堂教学效益不动摇;坚持打造办学特色不动摇;坚持创建国际名校不动摇。此时,青岛二中的文化底蕴和信念坚定的老师给了我支持。这不仅坚定了发展的方向,也坚定了二中人的信心。

此时,高中新课程改革的实施给了二中一个难得的机遇,在这一过程中,学校提出"人格健全、素质全面、终身发展"的育人规格,明确了学校的根本任务是在促进学生全面发展、个性发展、主动发展的基础上,实现学生的终身发展。学校积极推行课堂教学改革,实施扁平化管理探索,加强课程体系建设,并提出了建设"生活化、个性化、智慧化"校园。针对学校扩张的风潮,我提出"教育精品化和教育国际化"战略,重视内涵发展,提高办学质量。依据素质教育的目标要求,学校研究提出学生发展的10项素质目标,这为学生的发展提供了目标和方向,使学生终身发展的理念不断内化为学生的素质。学校在继承学校文化传统和开拓创新的基础上,提炼形成了二中山海文化。"山海精神"、"仁智品格"成为学校的价值追求,形成了"自主开放"的学校特色。

三、智慧课堂:师生共享发展的幸福和快乐

我始终相信最好的课堂一定是科学原则基础上的灵活多变的课堂,也一定是不断创新的课堂和富有智慧的课堂。因而,要据此建构课堂教

学的原则,并让这些原则渗透在课堂教学中,这样的课堂就一定是基于学生的课堂、为学生创造价值的课堂、为了学生发展的课堂,也一定是能够让教师获得高层次专业发展和幸福感的课堂。

(一) 课堂教学地位的重建

对课堂教学进行科学定位,其实就是对课堂教学所承担的责任、功能等方面进行的重新思考。

1. 课堂教学是素质教育的基础

课堂教学是素质教育的基础,其意义在于:一是课堂教学的高质量与高效益可以为学生创造更多的时间和空间,只有课堂质量和效益提高了,学生才可以有更多的时间和机会去做自己喜欢做的事情;二是高质量的课堂可以从根本上增强学生的学习兴趣,真正激发学生的想象力和创造性;三是优质的课堂可以培养学生的思维能力,提高学生发现问题、提出问题、分析问题和解决问题的能力。因此,课堂教学是构筑学生健康成长和发展大厦的基础。

2. 课堂教学是创造生命活力的关键

生命意识的自我觉醒和生命活力的激发会对学生未来的发展会产生深远影响。任何教育和社会环境下人的发展,都一定是个体自我发展意识和环境客体协调结合的结果。教师对学生的潜移默化和耳濡目染的影响,以及从知识中所挖掘到的生命价值的思想和观念,无不深深熏陶和感染着学生,因而对学生的人生态度、世界观和价值观的形成都起着关键的作用。

3. 课堂教学是师生的发展共同体

这不仅是指学生从教师那里获得知识、能力和人生的智慧,更是指教师从学生那里所得到的真诚、兴趣和潜能等方面的启迪。在这个过程中,灵魂与灵魂的交流、智慧与智慧的碰撞都在丰富着生命的意义、创造着生命发展的能量。在"活"的课堂中,教与学才能促"活"的充满激情、灵动智慧、情感交融的师生的发展共同体的形成。

（二）在教学原则的重建中确立方向

着力教学原则的创新，重建教学原则，建立新的适应学生多元价值发展要求的课堂，是青岛二中积极探索并且取得良好效果的工作。

1. **课堂教学的核心目标：以知识为载体，以思维能力培养为核心**

课堂教学的目标决定了教学的方向。思维品质和能力从根本上决定了学生一生成就的高低、发展层次和水平。良好的思维素质不仅是善于接受新的知识而且是善于在实践中发现、提出和解决问题，许多成功者的事例都充分证明了这一点。思维能力的培养能够让课堂更好地服务于学生的终身发展，教学中只有把思维能力的培养置于课堂教学的设计中，才能让课堂的活力充分激发起来，才能让沉闷的课堂激情飞扬，在师生的互动过程中不断生成新知、创造新知。

2. **教学方针：低起点、高观点、高目标**

青岛二中追求发展学生思维能力的课堂教学，把服务于学生作为自己的最高准则。学校在组织老师学习孙维刚的《我的三轮教改实验》中受到启发，经过讨论和实践形成"低起点、高观点、高目标"的教学方针。"低起点"基础切入、面向全体，为学生思维的培养创造一个好的平台。"高观点"就是用系统的和整体的观点和方法，为学生全面准确地理解和掌握知识并形成正确地认识问题的能力创造条件。让学生在学习中能够融会贯通、举一反三。"高目标"就是知识系统的高质量学习、思维能力的培养和生命质量的提升为目标，通过教学所培养起来的能力，为每个学生奠定坚实的发展基础。

3. **教学方法：从演绎教学走向以归纳教学为主导、演绎教学为补充**

归纳法教学是在教师设置的教学情景下，让学生自己去总结提炼本质与规律，实现学生从具体到抽象、从现象到本质、从感性到理性，通过自主的探究生成知识的过程。它将学生的猜想、主动思考、自主探究作为过程的重要环节，使教学充满学生的灵性与智慧，让课堂的激情充分迸发出来。方法服从于目标，以学生思维能力培养为目标的教学，必然实现方法的变革。

4. 课堂的文化价值：还知识以情感、还课堂以灵性

"人是目的"，课堂中关注人的存在、人的价值、人的发展，是课堂教学的教育本质回归。还知识以人性的价值，就是为知识正本清源，就是在让学生更好把握知识的同时，更加关注知识产生的情感与价值观内涵，让教学充满人性的光芒。所以真正的教学应当被赋予更多的提升学生生命价值的内涵。正是基于这样的认识，青岛二中教师在课堂中注重挖掘学科中的人文价值，如体现科学家探索精神与品质、关注学生生命价值的需要等。课堂教学从单一的知识传授走向为学生创造价值的追求，这不仅是课堂教学效益的真正体现，也是课堂教学高境界的体现。

（三）为课堂教学的高效益创造环境

1. 素质教育的基础环境

青岛二中这些年的实践充分证明，学生的素质培养不仅没有降低学生的学习成绩，反而让学生的学习能力更强，学习效益更好。因为，第一，素质教育的实施可以让学生个性特质获得发展，从而有力地支持学生学习兴趣的持续激发；第二，素质教育为学生的全面发展奠定基础，促进学生身心和谐发展，这为学生高效地学习创造良好的心理条件；第三，素质教育其实也是一个学生不断接受新知识以及更多新体验的过程，这些过程本身就是一种获得直接经验和间接经验的过程；第四，学生获得体验、提高能力和素质的过程，是学生面对新的挑战不断进行深刻思考、寻求更好解决方案的过程，促进学生思维能力的提升、创新能力的增强。而思维能力正是学生学习知识解决问题的重要的品质，因而当其迁移、转化、渗透到学习过程中时，就会大大改善学生的学习素质。

2. 加强实践性和社会性课程建设，增强学生脑力

在很多学校，因为实践性和社会性课程占用了学生大量的学习时间和在校时间，因而基本被排斥在课程设计之外。现代脑科学的研究已经证明：实践性、技能性、操作性课程对于改善和提升人的脑力具有重要的作用。大脑由不同的区域构成，不同区域间是相互联系和作用的；大脑遵

循"用进废退"的规律;人的大脑中轴突和树突的增加会让人的脑力得到提升,而每一次的外界刺激都可以产生的新的树突。这些观点都表明,让学生的大脑获得更多的外界刺激就能够提高学生的脑力。

在学校课程设计中,青岛二中重视创造机会让学生接受外界的刺激,以激发学生的大脑活力,让学生在挑战中开启大脑、让学生在动手中激发大脑,为学生脑力的提升和学生思维品质的发展创造条件。

3. 改革课堂教学的评价原则

一是建立高质量与高效益的统一原则。高质量的教学要求老师要在提高课堂教学的效益上下功夫。学生的学习时间是一种有限的资源,教师必须合理配置和优化这一资源,以保证其发挥最大效能。学校严格控制必修课程的课时,保证学生发展兴趣的选修课时;严格控制学生的作业量和学生考试频次等等,用时间"倒逼"的办法,促使教师教学创新。

二是要把学生提出更多问题作为教学的追求。课堂教学中,学生提出更多的问题正是学生对于学习的知识深刻思考的表现。那些也许看似可笑的问题中,包含的是学生的智慧和灵感。让学生能够并且敢于提出问题,需要在课堂教学中创造良好的环境。教师应当以与学生平等的身份与学生讨论问题,应当给学生提出问题的机会。这样的课堂才能真正让学生思维的主动性调动起来,参与课堂教学的积极性被激发起来。课堂教学培养学生的思维能力,提高效益的目标才能得以实现。

(四) 开展课堂教学的行动研究

基于学校教学原则等的重建,自 2004 年以来,学校开始进行课堂教学的行动研究,使课堂教学活力充分体现出来,不仅培养了学生的自主学习能力和兴趣,也为学生素质教育创造了有效的时间和空间。

1. 学校开展了多种课堂教学的研究,每一种课堂都体现了学校对课堂教学的问题解决和价值引领

聚焦课堂:通过专家引领让老师们领略教育专家的风采和课堂教学的水平;精彩课堂:展示老师对课堂教学的独特思考与研究;达标课堂:基

于共同标准的跟进式指导,在共性中夯实基础;研究课堂:基于学科标准的课堂质量控制,在参与中提升;特色课堂:个性张扬中展示风格,在凝炼中超越;星光课堂:观察中研究,在细节中提高效益;创意课堂:实践中创新,在创新中发展。

多层次多维度的课堂教学研究,不仅在实践中提高了教学效益,而且形成了二中独特的课堂研究文化,这些文化主要体现在:从关注教到关注学,从教学转向学教;从共性走向个性,追求教师教学的独特风格,引导教师形成自己的教学特色;从宏观设计走向微观研究,既注重教师教学的整体设计,又逐步转向在细节上有效落实;从关注结果到关注过程,注重在跟进式的过程中,增强教师的自我发展意识,促进教师课堂教学素养和专业能力;从评价教学转向研究教学,教师不是被动地接受评价结果,而是主动地与评价者共同研究教学,在观点碰撞中提升理念和教学能力。

2. 开展跨国教学研究和学科交叉教学研究

为了提升课堂教学的质量、推动学生创新能力培养,青岛二中利用"每月一讲"的平台,与来自美国的教育同行开展数学教学研究,共同探讨学科教学的方式方法。同时,开展校内的学科交叉研究。不同教学价值观的交流与碰撞,不仅推动了课堂教学创新,也开阔了教师的视野,提升了教学境界。

3. 课堂教学的高质量和高效益关键取决于教师的教学价值追求和教学能力

课堂教学的研究为教师的专业发展创设实践平台,大大促进教师的专业发展。教师的专业发展体现为:

课堂角色的转变:从课堂的主角转变为导演,教师的责任是引导和启发,是激励和调动、是服务与帮助;从课堂教学的实施者转变为教学质量的自我控制者与研究者。

教育理念的转变:从教学的单一价值转向多元价值,为学生创造更多价值成为教师的精神追求,因而教学呈现了更多的精彩。

创新意识的转变:以培养学生的思维能力为核心,以提升学生的生命质量为根本,教师课堂教学重视学生的质疑精神与探究能力的培养,在课堂中创新,用课堂的智慧创造灵动的课堂。

效益观念的转变:高质量的教学应当是以高效益为前提的。教师不仅要关注效率,即正确地做事,更要关注效果和效益,即做正确的事,用师生最少的投入获得教学最大收获收益。

四、自主发展:激发学生终身发展的内在动力

2000 年秋天的运动会召开之前,我提出让学生来承办一次运动会。因为是第一次,就委托学生会来承办。从开幕式到比赛过程及各类评比,都是由学生自己来承担的,教师们第一次坐到了看台上成为了观众。运动会结束了,可是这次学生主办的运动会却惹了太多的麻烦,径赛计时、成绩统计等等都出了差错。老师们也议论纷纷。那也许是二中历史上最为糟糕的运动会!但我却始终认为是二中历史上最有价值的一次运动会!从那之后,不仅是运动会,只要涉及学生的各种重大活动统统由学生竞争来承办成为了二中的一道风景!由此所开启的是二中学生全领域的自主发展时代!

学生自主发展是基于对生命的尊重和敬畏。生命个体具有自身的潜能与需要,生命也有自我选择与实现的内在动力。教育者了解并理解学生自身的生命潜能与需要,就是要确立尊重生命价值的理念。学校要努力为生命的自由流淌与个性的充分张扬创造最优化的条件。古希腊哲学家苏格拉底说"认识你自己",因此更为重要的意义是让每一个学生在生命成长的每一个阶段都有认识自身潜能的机会,也就会有发现自身优势及发展增长点的条件。学生因此所建立起来的信念对于其发展奠定了重要的精神基础。

(一) 自主与开放,撬动学生终身发展的支点
学生自身有巨大的潜能,教育的责任就是开发学生的潜能。学校设

计了自我教育、自主管理、自我锻造、自创社团、自主研究的自主发展模式,给学生提供了立体多样的体验舞台,促进了学生素质发展。

1. 自我教育、自主管理,是主体意识的自我觉醒

教育的最高境界是自我教育。学校管理的最高层次是通过自我管理,实现"零管理"。青岛二中特别重视把学生作为管理主体来看待,相信学生能够自我教育和管理好自己,也相信能够管理好团队。学生在管理中,自己的管理能力和应当具备的基本素养也得到提升。

在二中浓厚的民主氛围中诞生了一个又一个新型学生管理组织。学校设立校长助理,架起学校与学生之间的桥梁。学生最早成立的民主评议团和学生自律委员会,首开学生参与学校管理之先河。学生每一次民主评议团会议,小到学生食堂的饭菜质量和价格,大到学校的课程设计,学校从各部门干部到校长都要出席会议,来认真回答学生的提问。在这个基础上,学生又成立了新型的学生管理组织——学生自治会,学生校长助理兼任学生自治会的主席。学生自治会内设学生自律委员会、生活部、礼仪团等,使学生由只是提出问题到全面承担起学生常规管理,由被管理者走到了前台成为管理者。随着学生参与学校管理的意识不断增强,自治会逐渐发展到了城市化管理委员会。学生将学校按照城市的管理模式运作,整个城市化管理委员会有比较完整的管理组织架构,既有市长,又有各部的部长;为了监督城市化管理委员会的运转,还设立了学生议事会。学生参与管理的范围更广,涉及的管理内容层次更高。

2. 自我锻造,让学生体验社会运行机制

教育应当而且必须通过各种手段和方式来满足人的发展的要求和实现人的发展的最优化。学校虽然是独立的,但绝不意味着能够脱离社会。青岛二中将社会的运行机制引入校园,提供一种生活化的校园环境给学生创造更多的机会,让学生在自我锻造中不断提升素质。在青岛二中,像运动会、艺术节这样的大型活动早已超出了其活动本身的范畴,它已经成为一个学生施展才华、经受磨练的大舞台。竞标、拉赞助这些看似离学生很远的事情二中的学生都有机会去尝试、去体验。经过这样多次的锻炼

学生变得更加成熟,更重要的是学生的思维能力也在组织活动中得到了培养。正是在这样的氛围中,青岛二中的学生保持了对于校园生活的浓厚兴趣,学生的社会责任感不断增强,学生的领袖气质、国际视野以及独特的智能品质获得了更加充分的发展。

今天的教育必须敢于让学生去尝试、体验,允许学生去失败,只有失败才能让学生更加感受到成功的快乐,只有这样教育才能达到全新境界。

3. 自创社团,把学生个性发展的主动权和机会交给学生

学校要把学生个性发展的主动权和机会交给学生。许多成功人士的卓越成就表明,一个人的成功取决于其所具有的独特智慧。

"木桶理论"认为,水的容量取决于组成木桶的最短木块,但在个体发展中一个人的成就却取决于最长的"木块"。学校应当有规范和约束,但更应当搭建平台、提供服务,即要服务于学生的个性张扬和发展。

在发现和培养学生潜能、为学生的个性发展提供支持方面,社团具有无与伦比的价值。二中学生自主创设了模拟联合国社、时政评论社、动漫社、电视台、创意社等五十多个社团,社团管理从章程到组织机构、从活动方式到活动内容,都是由学生自主研究确定的。社团是学生发展的重要形式,学校规定每一名学生在高中三年至少参加一个社团的活动。各种不同形式的社团既培养了学生的兴趣,更提升了学生的领袖气质。

4. 自主研究,以科学家工作的方式学习

研究不仅能获得新的知识更能获得一种解决问题的意识和方法。2000年以来,青岛二中积极探索和推进研究性学习,学生的学习热情以及创新思维被激发起来。学生利用节假日等到大学、科研院所实验室,到企业、政府机构,到山林海滩,开展调查研究和实验,一个个精彩的课题,一场场报告会,一本本研究性学习论文集,所展现的不仅是智慧更是责任,不仅是参与更是生命的升华。2003年在高考来临之际,顾成、房帅等五位学生向学校提交了"青岛二中中水回收利用"的研究成果,经过专家论证,此成果能够给学校带来可观的经济效益。2010年夏天,青岛二中学生所做的"中山路商圈改造方案"引起市长的高度重视,有关人员到校

听取学生的汇报后,给予高度的评价。学生在研究过程中所表现出来的良好的责任感和研究能力令教育者感动和欣慰。

(二) 丰富生动的课程为生命护航

课程是素质培养的载体,是学生生命成长的动力。学校以学生综合素质的全面提升为价值取向,提出培养学生"人文素养、科学素养、身心健康素养、人际交往能力、自我认知和生存能力"五项基础素质和"独特的智能品质、卓越的领袖气质、执着的创新精神、自主的研究能力、开阔的国际视野"五项特色素质。这一目标既体现了学校素质培养的共性,也体现了个性;既体现了学生素质的基本要求,也明确了学生素质的高层次追求,从而为学生的素质发展明确了方向。

为使校本课程成为学生素质发展的支撑,学校确立以素质为导向的大课程观,突出课程的实践性、自主性、综合性和开放性,优化和整合学校资源、社会资源、教师资源和学生资源,形成了学术类课程、活动类课程与潜隐课程。

1. 开设学术类课程,满足学生多样化的选择

学术类课程主要是指采用班级授课制为主要形式的学校课程,它是国家课程的延伸与拓展,突出对学生思维能力的培养,满足学生多样化的选择需要,完善学生的知识结构。

学校课程的设计紧密围绕学生十项素质的培养目标,结合学生特点,由教师向"学校课程管理委员会"提交个人课程计划,委员会对每学年的课程计划进行审核。近几年来,学校每年开设近 100 门学校课程,并形成了富有特色的学校课程教材和讲义。学科类学校课程按学科领域分为:科学激趣类、文学艺术类、人文素养类、语言工具类、技术类和学科拓展类等六大类。陶艺制作、体育舞蹈、茶艺、摄影、红楼梦赏析、兵器王国、天文观测、气象观测等课程内容丰富多彩。韩语、法语、德语等小语种课程的开设旨在提高学生的国际交往能力、扩展国际视野、体验多元文化。

为了进一步丰富学校课程,学校建立了"社会资源类课程资源库",借

助社会资源拓展课程领域。学校邀请学生家长及各个领域的成功人士参与学校课程建设。每班确定了3—4位家长,分别为本班学生开设讲座并在年级巡讲。开课家长来自社会各行各业,课程内容丰富,有《神舟飞船的研制与发射》、《地震防预与应急》等自然科学类课程;有《金融知识讲座》、《联合国维和部队见闻》等社会科学类课程;也有《提高法律素养、增强自我保护》、《健康教育》等与青少年生活密切相关的课程。丰富多彩的社会资源类课程拓展了学生的视野,开阔了学生的思维。

2. 开设活动类课程,为学生素质提升搭建平台

学校共设计了社会服务型课程,自主管理型课程,自我锻造型课程,社团参与型课程,科技创意型课程,素质拓展型课程等六大活动类课程。此类课程最大可能地为学生创造了具有挑战性的课题,学生在体验与获得外界刺激的过程中,实现多种智力的发展,实现学生不同智力之间的相互影响与渗透,使学生的总体思维能力和智力水平得到提升。在课程的实践中,学生的决策能力、组织协调能力和领袖气质得以培养,让学生都能根据自己的兴趣和特长,找到自己的舞台,找准人生未来的发展方向。

例如,学校拓展"学生民主评议团"的教育功能,成立"学生议事会",学生"议员"们每年参与学校工作报告的审议,对学校年度工作提出审议意见,学生对中层以上干部每月一次"质询",这样的"月考",使学校各部门的工作不敢有丝毫的懈怠。为学生的精英式培养搭建一个又一个新的舞台。

3. 设计潜隐课程,以校园文化熏陶学生人格

学校的自然景致、人文精神能够传递出学校文化的独特内涵和精神风貌,烘托出学校特殊的文化氛围。学生在学习生活中感受优秀文化,领悟人生哲理。

学校积极营造校园"书香"文化,举办"读书节",在教学楼内设立了五个书吧,每个书吧内精心配置了100多种刊物,由学生自主管理。学生在课余时间可随时到书吧进行阅读,及时了解和掌握科技、社会、生活信息;每年高三学生的毕业典礼,学生和老师身着毕业礼服,校长亲自为每一个

毕业生颁发毕业证书,在庄严的仪式中完成一次生命的升华;举办"世界文化月",让每一个学生在校园之内感受和理解世界文化;以班歌、班训和班级公约建设为重点,努力营造活泼向上、陶情益智、富有特色、催人奋进的班级文化。

五、教育即环境:为学生终身发展创造系统环境

2010年6月初的一天,两位学生走进了我的办公室,她们向我递交了一份"关于开设国际象棋选修课的申请"。报告从课程目标、课程内容到课时安排、授课人员,都有细致的规划。我看了之后当即在上面做了批示:这是一份非常好的设想,请项校长并课程委员会认真研究。在秋天开学之后,在学校的校本课程选课名单里赫然列着"国际象棋"。

我始终在想教育是什么? 学生自身的要素是其发展的最好资源,教育就是为学生自身资源的最优化配置创造条件。依据"自组织理论"的观点,我认为学生自身是一个自组织的系统,有其自身演化的过程和内在的结构,教育者应当按照学生自身成长和发展的"脉络"实施教育。教育就是一种环境,努力为学生创造良好的教育环境,让学生在其中充分彰显其生命的精彩,提升生命的价值。青岛二中在教育实践中,就是把为学生创造实现其全面发展和个性发展的条件作为自己的最大责任,不是强制和约束,而是引导与激励。在这样的环境中,学生的精神和思想是自由的,学生的身心是和谐和愉悦的,学生的心灵和个性是放飞的,由此,学生的信心、兴趣、毅力、能力、素质获得真正的修为,达到生命在这一阶段的极高境界。

(一)系统发展的设计,和谐发展中提升素质

印度哲学家克里希那穆提说过"教育的最大任务在于培养一个完整的人,能将生活加以整体地处理"。学校教育体现的是对于学生生命体的价值提升,这种提升不是单一要素的功利性强化,而是生命体自身整体的

和谐发展。

1. 建设生活化校园,让生活引发学生的激情

"生活即教育",学校教育在生活中才能实现学生发展的自我超越。将教育融入生活,让校园充满生活气息,是教育环境的内在需要。教育是为明天,要为学生未来高品质生活奠定基础,教育更要立足今天,基于现实生活,让学生保持对校园生活的激情和兴趣,保持学习和素质发展的可持续性。青岛二中致力于生活化校园的建设,创造引发学生热爱学校、保持对生活和知识学习浓厚兴趣的情感氛围,让学生通过教育获得知识和思维能力,更要让学生在生活中学会生活、学会学习、学会发展、学会创新。

"竞标"是学生体验社会生活的一个很好的途径,学校里包括运动会在内的各项大型活动都是分解后由学生自行举办,但举办权要通过竞标来实现。学生组织活动的费用,是他们到社会上拉赞助得来的,他们带着自己起草的"赞助意向书"走进社区,走进企业,学会了利用社会资源,丰富了情感体验。

研究性学习课题都源于生活,如"潮汐发电机研制"、"青岛市建筑风格研究"等课题紧密联系社会现实与身边生活,学生在一个个生活的情境中获得生活化的情感体验。

让学生把目光投向社会、放眼世界,这可以让学生在人生观、世界观和价值观养成的重要时期及早感知世界,明确人生发展方向和素质发展目标。模拟申奥、模拟世界经济峰会、模拟人代会等等,学生扮演不同的角色,他们的思辨技能得以提升的同时,也在对国际问题的关注中增强自己的社会责任感和主人翁意识。学校还注重把学生目光直接引向社会微观生活,引向民生基层。学校在岛城挂牌建立了50余个社区实践基地,学生走进社区担任"社区助理"角色,既帮助社区进行文化建设,更深入社区开展国计民生调查,在目光深入社区的同时,情感体验得到升华,社会视角随之拓宽。

2. 建设个性化校园,让个性铸造学生的未来

凸显学生的个性发展,就是让学生在全面发展的基础上使其特质得到最大程度的发挥,这是学生可持续发展的根本所在。建设个性化校园,使校园成为学生展现自身独特素质和魅力,促进个性最大化发展与可持续发展的舞台。

胡适先生说过:人的千分之九百九十九是社会性的,而能够促使社会进化的是其中的千分之一。为了让每一个学生能够有个性发展的机会,学校设立了"周末大舞台",让学生在参与中找到适合自己的舞台,强化了其基于特长的自主发展。基于对未来的人工智能系统发展方向的考虑,以学生朱大勇、王伟健两位同学为核心的设计制造团队在参考了目前国际上比较先进的机器人后,富有创造性地提出了自己的设计:全地形智能载具 S0,希望能让这台每一个细节都承载着全新设计概念的载具能够影响未来数年的技术潮流。学校专门为他们提供了工作室,全国创意大赛的金牌也许是对于他们劳动成果的初步回报。

为学生优势智能的发展提供系统支持。教育的目的不是要让每个孩子成为完人,而是要让孩子的独特智能得以发展。学校出台了《发现并支持学生优势智能发展方案》,通过调查学生的优势智能、导师观察、教师集体交流等方法了解学生智能倾向。在此基础上,建立对学生优势智能发展的支持系统,包括:建立学生多元智能个人电子档案、确定培养计划、实行多样化的教学策略和方法支持、课程支撑、特长支持、人生规划支持等。为满足学生更高层次的需求,学校重视利用各种社会资源,相继与中国海洋大学、青岛大学、青岛科技大学签订了《教学合作意向书》。聘请高校的专家、学者指导学生开展人生规划,发展自身的智能优势。

3. 建设智慧化校园,让智慧成就学生的梦想

青岛二中建设智慧化校园,就是要重视通过为学生创设实践的机会,丰富学生的隐性知识,完善学生的知识结构,提升学生的创新精神、实践能力和思维能力。

重视实践性课程的设计,支撑学生智慧的发展。为学生创造更多的实践机会,让学生不断面对未知问题的挑战,是发展学生智慧极为重要的途径。

学校积极开设好技术类课程,让学生学农、手工制作、服装裁剪、机件加工等活动中,培养动手能力。学校开设了许多校本选修课程,如陶艺、茶艺、中国结编织、布艺等,孩子们时常陶醉在其中,在手工技术的学习过程中,获得更多的知识和能力。

学校重视实践性课程的开设。学校开设的校本课程中,《机器人制作》、《天文观测》和《气象观测》等课程让学生通过动手实践获得科学素质的提升。通过开展课题研究、社会调查、“结识身边的成功人士”等,不断丰富学生的社会阅历和情感体验。学生们在校园创意活动中,制作机械多米诺模型、组装太阳能小车、设计校园中水处理方案等,其想象力和创造力都获得了锻炼。这些都为学生创造了充分参与、挑战自我、锻炼能力的机会。

(二) 教师专业发展为学生发展领航

促进教师的专业发展,不仅因为教师是学校教育思想理念的传导者和实施者,而且这也关系到教师工作的幸福度和价值实现度。青岛二中在教育教学实践中,努力创造良好环境和条件引导教师专业提升的同时,不断激发教师发展的内在动力,挖掘教师成长与发展的潜能,使广大教师逐步走上了专业化自主发展的道路。广大教师由被动转向主动、把压力变为动力、从意识自觉走向发展自主,在实现自身价值的同时,不断成就着学生和学校。

1. 从“外在”到“内化”:铺设教师专业发展的绿色通道

对于教师的专业发展而言,由于教师专业的个性化倾向在很大程度上决定了教师的成就,因而教师的专业提升支持主要是创造一种适宜教师成长和发展的环境。这种由制度、机制、实践等所形成的平台,就是确定了一所学校教师发展的规定性,让每一个老师在这种环境中不仅找到自己的发展方向，更感受到了巨大的动力。

（1）创造公平的发展环境。公平对于每一个期待更好发展的人来说是必备的重要条件，因为这可以让每一个教师能够各得其所、各展其长、各尽其才。2000 年夏天，在进行了前期论证和方案研究的基础上，青岛二中办学历史上第一次大规模的人事制度改革终于出台。学校冒着风险所迈出的这一步，打破了原有的平衡和利益格局，虽然让习惯于原有轨道和方式运行的广大教职工有些不适应，但重新确立的评价制度和机制，让更多的人焕发了工作的热情。

（2）加强制度机制建设，规范引领教师行为。学校制定了《教师教育教学责任事故认定及处理办法》等，使每一位教师都明确自己职责行为不能突破的底线。当然规范不是目的，重要的是要引导广大教师不断提高自身的专业素养，提升服务学校和学生发展的能力。学校相继制定了"沃土工程"计划、"青岛二中名牌教师评选办法"等，用这样的机制引导教师的专业发展，增强教师专业发展的自觉性。为了鼓励教师的个性发展和优势智慧在学校发展中的作用，学校推行"各类专家评选办法"，使更多的教师都能够获得成功的体验。理念形成制度和机制，而制度和机制则规范行为和引领方向。

（3）创造实践平台，为不同层次的教师搭建锻炼成长的舞台。学校推出"青岛二中课堂教学改造行动方案"，聘请教育发展研究会的专家和大学的教授，成立专家委员会到课堂进行评课和指导活动。通过聚焦课堂、精彩课堂、达标课堂、研究课堂、特色课堂等课堂教学的研究与交流平台，实现了教师专业发展从个性到共性，从共性到特色；从关注宏观到关注微观；从关注评价到关注发展；从关注结果到关注过程的全面提升。教师的角色实现了从被评价者到研究者的转变，教育的行动研究成为教师发展的基本途径。

2. 从自觉到自主：唤醒教师发展的自觉意识和潜能

如果教师的专业发展仅仅是外部的要求、规范和约束，就只能使其被动地接受，消极地应对。只有通过学校建立的共同愿景和超前理念的引导,让教师把专业发展升华为自我感受职业幸福和实现个体充分发展的需要,教师的专业发展才能真正进入生命的精神境界。青岛二中在教师专业发展的过程中,将规范引领逐步转化为自觉自主,使教师发展进入自主发展的轨道。

(1)实施高端培训,打开教师专业发展的视野。2006年春天,学校派出40多位教师到华东师大接受培训。此次培训由于是基于教师的专业需要,双方共同商定课程,课程的针对性强,加上华东师大专家先进的教育理念,使培训收到了意想不到的效果。回校后又组织了交流,真正提升了教师的教育境界,开阔了视野,强化了教师专业的自觉意识。

(2)高层阅读,提升教师发展的境界。教育是灵魂打动灵魂的事业。《易经》讲:"形而上者谓之道,形而下者谓之器。"教师的专业发展也是一个需要精神引领的过程,一个想成为教育家的教师一定是有更高哲学和思想修为的教师。学校请教育文化方面的专家陶继新教师为老师举办讲座。为了让教师感受哲学大师的深邃的思想,学校为每一位都是购买了印度哲学家克里希那穆提的《一生的学习》,以及包括西方众多著名思想家著作的"醒客悦读(Thinker reading)"系列丛书,让每一位教师时时沉浸在大师的思想光芒之中。

(3)开展教学研究,促进教师自主研究意识的提高。学校开展了每月一讲活动,由各个学科组提出课题,每一次都有不同的主题。研讨往往是头脑风暴式的观点碰撞,这样的研究给教师提供了一个宽松的研究平台,使每一位教师从中受益。学校开展了学科交叉的研究,这不仅让学生逐步形成没有学科界限的学习和思考意识,也让老师感受到学科交叉的魅力。同时也为教师的专业发展打开了一扇窗户。

(4)教师专业化自主发展,实现自我发展的内在需求。为创造条件实现教师自我的发展,学校制定了《教师专业化自主发展方案》,把教师专业发展的权利真正还给教师。学校每年都要请专家对教师的规划进行审查,加强专业发展指导。学校根据教师提出的发展目标,以及教师实现专业发展的条件要求,进行必要的资源保障和支持。

3. 从高原到高峰：创造教师可持续发展的生态环境

教师的专业成长过程中，如何保持教师的职业激情，实现教师更高水平的持续发展？青岛二中在探索教师专业发展的过程中未雨绸缪，及早进行教师专业发展的制度创新，促使教师从"高原"走向"高峰"。

（1）制定"凤凰计划"，实现分层评价与分类培训。学校每年对教师进行全面的全方位的评价，并分别进行不同层次的培训。如，学校对于特级教师层次的骨干教师，派出到美国等教育发达国家进行短期的专业培训和学术交流；对于其他中青年骨干教师则被选派到华师大、北师大及南京师大等，主要进行现代教育思想和理念的培训；其他青年教师则通过校内培训及到国内著名中学开展学习与交流，以增强青年教师的教育感性认识。

（2）变革评价办法，使评价引导教师的价值提升。教师专业发展既是个人价值实现的内在需要，更是为学生创造更多价值的必然要求。每一位教师不仅要能够有高质量和高效益相统一的教学，还应当在学生的人生规划、知识结构完善、个性发展等方面提供精神动力和智力支持。青岛二中按照学生发展的要求，重新制定了教师的评价办法，由单一的分数指标评价，转变为贡献评价。教师只有努力学习，提升自身的教育素养和优势智慧，才能真正成为一个优秀的教师。

（3）实施双优工程，激发教师的创业激情。青岛二中面对着优秀教师数量逐步增加以及加快教师梯队建设的实际需要，制定了"双优"工程。学校在遴选出导师和优秀青年教师后，采取双向自愿选择的原则，确定工程人选。在三年的培养期内，导师和青年教师要分别完成规定的六项任务。"双优"工程，让优秀骨干教师获得了一种更高层次的尊重，以及自我实现的机会，从而激发了优秀骨干教师的进取精神、责任感和荣誉感，也为优秀青年教师的发展创造良好的机会。为优秀骨干教师突破高原走向高峰搭建了平台。

（4）开展教师发展力培养，助推教师事业成功。青岛二中在开展教师教学增值评价，研究学生发展的同时，也关注教师在心理、品德、课堂表现力、爱好特长、学识素养(非专业知识)、文化修养等方面的表现。对一个教师而言,好的专业素养固然重要,但其通过自己的非专业素养所体现出的教育能力,会强化提升教育的影响和效果,历史上如陈寅恪、季羡林、刘文典等大师体现的教学风格就是如此。为了更好地提升教师的发展力和教育的影响力,加强对教师的非专业的培养显得更加重要。这既开阔了视野,也提升了境界,拓展了教师发展领域,因此,这对于教师的更高层次的发展必将产生更积极的影响。

(三) 构建文化与精神的家园

作为一所有着八十五年历史的学校,青岛二中的根脉里始终流淌着历史积淀下来的优秀文化传统,这就是"山海文化",就是"山海精神,仁智品格"。在新的时代,"山海文化"与现代教育相结合,体现了二中人的时代精神与风貌,形成了"自主、开放、创新、卓越"的新的文化元素。这些文化品质又为学生的终身发展创造了优良的环境。

自主:主体价值的回归。学生、教师和学校是在不同范畴意义上的主体,主体价值的充分体现不仅是教育自身发展的需要,也是主体自身发展的需要。青岛二中在教育实践中把尊重人、发挥人的作用和发展人作为自己的追求,为主体价值的最大发挥创造充分的条件。学校提出了学生发展自主,老师发展自主,学校办学自主。首先,在尊重学生的人格和尊严的前提下,突出学生,发挥学生的主观能动性,让学生在自主规划中定位自己的人生,体现自身的价值、实现自身的最大发展。其次,积极推进教师的专业化自主发展,把学校发展要求内化为教师的自觉行动,为老师专业素养的提升和人生目标的实现提供最优化的资源支持。再次,学校办学按照党的教育方针和教育规律,重视自身能动性的发挥,积极谋划学校的发展战略,抓住新课程改革的机遇,有效整合各种资源,使学校在素质教育探索中提升了教育品质,促进了学校的发展。

开放:实现自我更新与超越。开放不仅是一种心态,更是一种胸怀和境界,是一种变革的行为方式。青岛二中的开放文化就是课堂教学的开放性、教育的开放性和管理的开放性。在课堂教学中,开放就是建立起师生共同交流的平台,让学生充分参与到课堂的教学活动中来,在质疑与探究中实现教学资源的共享与教学的合作。课堂教学的开放最大限度地调动了学生,这正是青岛二中教学高质量的保障,也是学生学习兴趣和能力培养发展的前提。在教育中的开放,就是让学生成为被教育者,更是教育者,把学校教育的价值观转化成为学生自我内在需求,在学生的参与体验中获得自我的重生和灵魂的塑造。在二中的校园道德实践,在学校的社团活动,在学生的志愿者活动,在关爱教育等等活动中,都让学生的灵魂获得自我的救赎和升华。在管理中的开放,即按照主体多元的观念,让学生担当管理的主角,为学生创造充分参与学校管理的机会。学生自发成立了民主评议团,对于学校的工作大到学校发展的规划与决策、课程设置,小到跑操和饭菜质量,在一个个好的建议与意见中,体现自身的价值。学生还在此基础上创立学生自治会,民主议事会以及城市化管理委员会,学生参与学校管理的内容到方式,实现了自我的超越与变革。

创新:学校发展的动力与灵魂。青岛二中发展的历史就是不断创新与超越的历史。在进入 21 世纪的学校发展中,青岛二中积极进行学校发展战略创新,从"深化素质教育、优化教育资源、凸显办学特色、创建国际名校",到"教育精品化、教育国际化",再到三步战略"以教育质量为基础的素质教育的阶段,以素质教育为基础的创新人才培养,以创新人才培养为追求的教育国际化",体现了学校"领先一步、追求卓越"的理念。学校推进管理创新,积极实施扁平化管理,通过项目管理、民主评议团、教代会等方式,降低管理重心,提高管理效能。开展课堂教学创新,构建符合二中实际和素质教育要求的课堂教学原则,促进课堂质量与效益的根本性变革;探索学生培养模式的创新,通过创新教育和学生自主发展模式的研究,努力为学生创造自主发展的机会和平台,促进学生实现高层次的发展。创新的意识和精神成为了学校的文化,这种文化也影响着全校师生,教师的教育教学追求创新,学生的社团、承办大型活动、公益活动、研究性学习等都体现了创造的灵感,创新的品质。

卓越：永远做最好的自己。青岛二中从1953年成为山东省首批重点中学，也将卓越的意识和文化深深地镌刻在二中的灵魂和一代代二中人的灵魂里。这种文化将青岛二中"做最好的自己，永远是最好"的教育品质诠释出来，这是一种追求也是一种体现。二中人始终站在更高的视野，敏锐地抓住机遇，进而脱颖而出。1978年恢复高考，青岛二中以自己优异的成绩很快就在岛城学校中超凡脱俗，赢得先机。2004年高中课程改革中，二中人再次抓住这难得的机遇，积极谋划、充分准备，研究策略、强力推进，逐层深入、确保质量，使青岛二中的课程改革不仅为学校发展奠定基础，而且也成为了中国课程改革的引领者，且学生也具有了卓越的素质。卓越的文化，使二中拥有超强的危机意识和发展意识，必将引领学校更好地发展，也一定会为师生卓越的人生提供精神动力。

在思考学校发展的战略中，我认为青岛二中发展将经过三个阶段：第一阶段是以教学质量提升为基础的素质教育阶段；第二阶段是以素质教育为基础的创新人才培养阶段；第三阶段是以创新人才培养为追求的教育国际化阶段。这三个阶段体现了青岛二中的发展追求，这也必将把青岛二中引向更高层次的发展。

校长的追求

——让教师成为最幸福的人

山东省济南市第五中学　陈仕学

一、观念澄清,幸福应是教师生活常态

二、价值引领,让教师感受职业幸福

三、感受尊严,让教师在工作中体会幸福

四、持续提升,让教师在成就中确证幸福

五、健康心理,让教师在常态中享受幸福

担任济南五中校长 10 年,素质教育在我校逐步地得到落实,孩子不再痛苦地学,老师不再痛苦地教,师生共同在自主自立、充实快乐中成长。为了这份幸福,我们曾经经历了抉择的煎熬,寻路的艰难与蜕变的痛苦。当终于破茧成蝶时,我们才感到幸福其实是如此的简单——诚实,思考,勇毅,创造,幸福就在身边。

在与他人交流办学经验时,我经常被问到,是什么促进了学校的稳步发展,我觉得,政府的政策支持、条件保障等各个方面都很重要,但最重要的就是要有一支优秀的教师队伍。校长所要做的,就是给他们创造获取幸福的条件,使他们富有成就感和荣誉感,从而,不断提升教师的职业幸福感。

为此,我把自己的追求确定为:让幸福成为教师生活的常态,并通过价值引领,让教师感受职业幸福;感受尊严,让教师在工作中体会幸福;持续提升,让教师在成就中确证幸福;健康心理,让教师在常态中享受幸福。

一、观念澄清,幸福应是教师生活常态

(一) 教师职业具有潜在的幸福价值

幸福是每个人毕生的追求,人类是在对幸福的追求中进步的。然而,什么是幸福? 相同的生活境遇,在一个人眼中会倍感幸福,充满感恩,在另一个人眼中或许会深感痛苦,充满沮丧。"每个人都追求"的幸福到底是什么? 有人认为,幸福就是快乐,而且主要被理解为感性欲求的满足。古希腊的苏格拉底认为"德性就是幸福",而柏拉图说"德性和智慧是人生的真幸福",亚里士多德则以为"幸福就是符合德性的现实活动"。

对哲人的名言,我充满了敬畏,更没有能力进行深入的辨析,只能作为一个教育工作者谈一些理性的认识。

1. 幸福以自我对生活的满意为内容

华东师大教授杨国荣在其论著《伦理与存在——道德哲学研究》中强调:"在主体存在的精神维度上,幸福往往与体验或感受相联系。当某人说他感到很幸福时,这种幸福总是渗入了言说者对生活的感受或对存在的体验;这一意义上的幸福,相应地首先表现为一种幸福感。作为主体的具体感受,幸福以自我对生活的满意为内容。所谓幸福或幸福感,则意味着对整个生活状况的满意。"心理学的研究也同样证明了这一点:幸福就是人的根本的总体的需要得到满足所产生的愉悦状态。如此看来,幸福其实是内心的一种体验。环境虽然可以影响心境,但境由心造,心境也可以反过来影响环境。"结庐在人境,而无车马喧。问君何能尔,心远地自偏。采菊东篱下,悠然见南山。"(陶渊明《饮酒》)陶潜的幸福显然不是来自物质,而是心灵上的快感、宁静和自由。这对作为教师的职业幸福感而言显得尤为贴切。

2. 幸福与物质有关,但并没有必然的联系

值得我们注意的还有经济学对幸福的研究。最近百年,经济发展异常迅速,亦成为影响人们幸福水平的重要因素。研究表明,人的满意度根据物质水平的变化而改变。在一个国家里,给定某一个时刻,收入与幸福之间的关系明显,"最高阶层群体比最低阶层的群体更幸福"。但在国家之间,收入与幸福之间的关系并不明显,穷国人的幸福似乎不比富国人少。而且有意思的是,人均实际收入上升60%以上,按照很幸福、相当幸福、不是很幸福排列的人口比例几乎没有变化。所以总体而言,收入与幸福可能并没有正相关性,并没有必然的联系。

3. 给别人带来幸福,才是最幸福的人

革命导师马克思从人的本质以及追求人类自由、解放的高度,对于幸福给予了更崇高的概括。青年马克思曾经在《青年选择职业时的思考》一文中指出:"那些为共同目标劳动因而使自己变得更加高尚的人,历史承认他是伟人;那些为最大多数人带来幸福的人,经验赞扬他们为最幸福的人。"这样的幸福既是一种具有自成目的性、无限意义性、创造性和给予性的生活效果,又是人的生存和发展所指向的终极目标,即是每个人和一切人的自由发展。这样的幸福当是全人类的大幸福。

孟子曰:"君子有三乐","父母俱存,兄弟无故,一乐也;仰不愧于天,

俯不怍于人,二乐也;得天下英才而教育之,三乐也。"孟子的这"三乐"一直影响着中国知识分子对幸福的追求。"得天下英才而教育之",无疑是教师特有的精神享受。学生的道德成长、学业进步,进而对社会做出的贡献,都是教师生命意义的确证。师生之间在课业授受和道德人生上的精神交流、情感融通所带来的幸福都是别的职业所难以得到的。教师一旦充分地认识这一特征就会发现包围自己的人生诗意。"为了中华民族的伟大复兴,为了每一个孩子的发展"的教育理念,应当成为英才教师的伟大抱负、光荣使命和精神支柱。有了这样的精神平台,教师的思想境界就能得以净化。教师就能不为"琐事"所烦,不为"名利"所困,不为"虚荣"所惑,不为"辛苦"而心苦。

(二) 教师职业幸福感现状

然而,遗憾的是,教师职业的潜在幸福价值在实践中并没有充分地转化为现实。有关调查表明:在现实生活中,有相当一部分教师没有感受到多少的快乐和幸福,教师职业的劳心劳力、社会地位、劳动报酬确实很难让人轻言幸福。

2009 年 9 月 10 日,第 25 个教师节,某报联合新浪教育频道推出了"教师幸福感"特别调查,9543 名教师参加"教师问卷"调查,1292 名社会人士参与"公众问卷"调查。9543 名教师中,44.0%的老师给自己的职业幸福感打了 3 分的及格分;23.6%的老师打 2 分;19.2%的老师打 1 分。与其他职业相比,71.1%的老师认为,教师这个职业很累且没有成就感,24.0%的老师认为很累但有成就感或价值感。仅有 4.9%的老师认为教师是个比较轻松的职业。超过半数的老师表示,与其他职业相比,教师这个职业的最大优势是每年有两个长假期,这一比例达到 57.5%。不考虑地域和学校类型的不同因素,97.1%的老师认为,现在教师的待遇一般甚至很低。

参与"公众问卷"的调查的 1292 名社会人士中,65.2%的被调查者认为中学老师最辛苦;其次是小学老师,选择比例为 24.1%。与其他职业相比,51.7％的人认为,教师这个职业很累且没有成就感;31.2％的人认为,教师工作虽然很累但有成就感或价值感;仅17.1％的人认为,教师是个比较轻松的职业。约57.8％的被调查者表示,毕业了就不再与老师联系;17.8％的人表示毕业后5年以内会与老师联系;毕业后一年内会与老师联系的人约占13.7％。此外,约有10.7％的人表示,毕业10年以上仍会与老师联系。综上所述,71.1％的老师和51.7％的公众认为,教师是一个很累并且没有成就感的职业,仅13.2％的教师的职业幸福感较高。

教师们披星戴月上班,辛辛苦苦备课,精心设计每一个教学细节,细心批改每一本作业。上有考试成绩的压力,职称评聘的烦恼;下有淘气学生的伤害,转变学困生的无奈;还有自我效能感的缺失,顾不得自己家庭与孩子的遗憾……教师的职业就是如此辛苦,教师的工作就是如此沉重。在辛苦而沉重的压力下,"幸福"二字似乎离教师很远。

人们用"得天下英才而教育之"和"太阳底下最光辉的职业"来形容教师的光荣、自豪与幸福,但是部分老师在自己的工作中并没有感受到多少快乐与幸福,而是有许多负性情绪体验。因此,探究及分析影响幸福感的原因,寻求提高教师幸福感的策略及方法是有必要的。

(三)影响教师职业幸福感因素分析

只有准确地了解影响教师职业幸福的因素,人们才有可能全面地提升教师的职业幸福感。在与教师的交往中,我深切的感受是:影响教师幸福感的因素来自于以下几个方面:

1. 来自社会的职业压力

(1)新时期核心价值观的变化。在改革开放初期,20世纪80年代的教师被新时代激励,迸发出巨大的工作热情,少有职业倦怠现象发生。90年代后社会处于转型期,新的核心价值体系尚未形成,无法让广大教师建立并追求自己的价值目标,出现自我放任现象,且有愈演愈烈之势。

(2)社会对教师职业的过高期待。社会就业竞争激烈的残酷现实又进一步强化了家长望子成龙的愿望,他们一方面认为:"教不严,师之惰",

认为孩子的教育是教师的任务,把学生的问题过多推给学校,另一方面,家长对孩子又是溺爱有加,常来干预、干扰教学,纵容孩子的错误。致使教师长期处于身心疲惫状态,职业幸福感自然会下降。

(3)社会大环境的冲击。当今社会发展日新月异,维系教师职业的道德准则不断受到冲击。条件好的学校与条件差的学校教师实际待遇大不一样;尊师重教的社会氛围越来越淡,百年树人的教育正遭受功利化的评价;社会大环境不良风气的习染,使不少教师难免会对自身的社会地位及教育理想产生怀疑;未成年人思想道德建设,举步维艰。学生家长的干扰、社会舆论的不恰当导向,使教师在教育学生时不知所以,如履薄冰,对所从事的事业的未来愈加渺茫,职业的幸福感逐渐减少,教师离幸福渐行渐远。

(4)不成正比的工作报酬。国家规定了教师的工资收入标准,但事实上,教师的工资待遇还是处于偏低的地位,实际收入与付出不成比例。很多教师每天工作时间超过8小时,而所获的报酬相对其劳动强度则偏低,与同龄的公务员相比,教师与他们的经济收入相差比较悬殊。虽然学生成绩的提高、学生各方面的发展给老师很大的成就感和幸福感,但教师也有家庭,也要承担相应的社会责任和家庭责任,这种收入的悬殊,导致教师心理失衡,产生失落情绪。我曾经参加过关于教师职业幸福感的研讨会,有近半数的人在"你觉得教师不喜欢学校、不喜欢教书的原因"中选择了"工资太少"。他们认为教师"付出与收入不成比例"、"待遇低于公务员"、"生活比较清苦、寒酸"。现代价值观念已经渗透到教师队伍当中,这也是影响幸福感提升的主要原因之一。

2. 来自职业本身的压力

包括教师亲属在内的很多人,理解不了教师为什么忙与累。认为教师上课、改作业,有双休、有寒暑假,工作环境稳定,生活极有规律,很舒服。其实不然,教师职业也面临激烈的生存竞争。为了适应课改的新理念以及学生发展的新特性,教师要不断学习充电,接受各类培训、考试、科研论文、教学比武以及各级各类检查评比、考核评估,等等。教育教学本身是极具创造性的脑力劳动,不仅教学内容和方法是动态的,所面对的学生也是有个性且富于变化的,要付出很大精力管理教育学生。

教师身心健康状况的好坏,必将影响教师幸福感。有一项网上调查报告结果显示,65.1%的中学教师患有一种或一种以上"职业病"。其中,腰背痛、咽炎、颈椎病、痔疮和胃炎或胃溃疡是排在前5位的疾病。国家中小学心理健康教育课题组也曾经公布了一项调查报告:SCL——90心理健康量表对辽宁省14个地市、168所城乡中小学的2292名教师的抽样检测结果表明,有51.23%的教师存在心理问题。其中32.18%的教师属于"轻度心理障碍",16.56%的教师属于"中度心理障碍",2.4%的教师已构成"心理疾病"。2007年教师节前,河南省郑州市教育局对426名中学教师进行的一次心理健康状况调查,54%的教师存在心理问题。其中,近70%的教师感到心累、精神疲惫,48%的教师有焦躁、失眠等症状,36%的教师感到有时难以控制自己的情绪。职业病已经严重困扰教师职业幸福感的提升。

3. 来自学校方面的压力

(1)人性化教师评价制度的缺失。教师并不是生活在真空中,有的教师跟自己的同学、朋友甚至学生相比,会觉得不尽如人意。"十年树木,百年树人",教育效果的滞后性,也导致社会无法对当下的教育成效给予及时的肯定与评价。评职称、选名师、教坛新秀等正面的反馈和激励机制不可能十分完善,这些又都有指标限制,有些工作无法完全量化,缺少发展性的科学评价系统。对教师工作评价的错位已成为影响教师职业幸福感的主要原因。长期以来,我们过分地强调了量化、细化,动辄把教师的教育教学工作分解成十几个、二十几个项目进行量化赋分,并按照得分进行奖惩。更有甚者,有些学校把"末位淘汰"这种企业管理中的办法盲目移植到教育上,结果让老师们成天为分数而忙,为分数而累,倒把教育的本质忘到脑后了。要使广大教师充满幸福感,具有安全感,能舒心愉快地投入到工作中去,就要遵循教育规律,设计出较为全面、科学的评价标准,多方面公正、客观地评价教师。领导的评价出现偏差不仅会伤害教师的感情,影响教师的工作积极性,更会败坏学校的风气,贻害深远。同时,要淡化评价的淘汰功能,因为对广大教师而言,最需要的是真心的关怀和信任,而不是冷冰冰的制度。

(2) 紧张的人际关系。教师所处的环境相对封闭,学校实行"坐班制",教师的工作环境除了教室就是办公室和家庭,与外界接触的机会少,教师的工作和生活相对单调,与社会沟通的渠道日渐狭窄。另外,教师群体是一个受教育水平相对比较均等的群体,容易产生人际关系紧张,其中包括与领导、同事、学生建立的人际关系,也包括社会人际关系,有的在教育学生的方式方法上与家长、同事有所不同而使得关系紧张,也有一部分教师因在教学上的激烈竞争或者评先评优等过程中过分关注自己而造成与领导、同事关系紧张等等。

4. 教育体制与管理

高度统一的课程设置模式、不敢越雷池一步的应试环境,导致教师长期从事单一、无新意的重复性劳动,职业倦怠也随之而来……在这样高度统一的环境下,教师缺乏专业自主权——包括教什么和怎么教,还包括参与教育探索和发表教育研究成果,参与学校的制度建设,对学生的奖励与惩罚,对学生学业成绩的评定等等这样的一些权利——以致难以调动教师的教学积极性,加之应试教育对教师创造力的扼杀和对教师自由的剥夺,使教学成为重复劳役,学生成为分数的奴隶,教与学全都变得了无生趣,哪有幸福可言?应试教育,没人敢越雷池一步,给校长也带来了巨大压力!

5. 教师自身的心理因素

教师法、义务教育法,各级管理部门提出的师德的高要求,比如,济南市就提出了师德教风60条,对教师的责任、义务进行了严格界定,而教师的权力却始终落在纸面上,使部分教师,尤其是年轻女性的精神过分紧张、压抑。教师处处被要求以身作则、为人师表,要求具有高度的自觉性和积极性,需要压抑和控制自己的一些欲望和需求,以严肃认真、一丝不苟、吃苦耐劳、诚实俭朴的态度,时刻检点自己,从而形成职业角色和自然角色的冲突,如果校长不能及时调节这种冲突,很容易使教师心理长期受到压抑,精神经常处于紧张状态,处事拘谨,甚至强制控制正常的需要和行为。职业幸福的背后,有着太多的无奈。还有,教师缺乏积极的进取心态,观念更新慢,没有个人生涯规划,无明确奋斗目标,于是教师的工作成就感及自我效能日渐下降,导致工作动力下降,热情不高,在教师专业发展的几个特殊阶段肯定会出现职业倦怠。

更糟糕的是在个别地方个别学校的校长俨然是"土皇帝",没有把教师当成有生命、有尊严的人看待,常常不顾教师的心理感受和尊严,随意训斥教师,甚至整天拿"下岗"的大棒威胁教师。

理应最幸福的人,事实上成了最不幸的人!这难道还不值得每位校长深思?

(四)让教师成为最幸福的人

作为校长,让教师在职业生涯中体会幸福和快乐,为教师幸福感注入源源不断的动力源泉是十分重要的。这不仅是"以人为本"社会的必然呼唤,没有教师的幸福就谈不上全社会的幸福,而且也是国家教育事业发展的必然要求。

1. **只有幸福的教师才能保证学生的幸福**

教师一旦失去了教育幸福,又何以教出幸福的学生,何来幸福的教育,教育的幸福?不容否认的是,很多教师尤其是中小学教师面临比较大的工作压力,以至于一部分教师产生了职业倦怠感,因而也就难以体会教师职业的幸福。要培养有幸福感的学生,首先要有为教师职业感到幸福的老师。一个体会不到工作快乐、整日愁眉苦脸的老师,怎么能够培养"阳光灿烂"的学生?

2. **只有幸福的教师才能带来教育的创造**

如果教师能在平常、平凡的工作中不断发现学生新奇、新意的举动,体会教学相长、情感交融的乐趣,感受到自己的教育智慧在弟子身上得以验证的满足感、成就感的时候,老师们就会感到工作带来的幸福,工作会更投入,越投入便会越深入,越会有更多的发现与感悟,便会从新的发现中找到更多的乐趣,从而会在乐趣、幸福中解决掉相当多的问题。事实上,很多老师干工作就是追求幸福。只有感到幸福,工作才有韧劲,才有热情,创造潜能才能被激发,教育才能有巨大的收获。

3. 只有幸福的教师才能保证校园的和谐

一个牢骚满腹的校园不可能是和谐的校园。教师强烈的幸福感就像一缕缕阳光,洒入校园的阳光,温暖着学生,温暖着同行,确保着校园的和谐。

正是在这些认识的基础上,多年来,我一直把"让幸福成为教师生活的常态"确定为自己的追求,并在实际工作中努力加以贯彻。

二、价值引领,让教师感受职业幸福

杨国荣说:"作为幸福感的表现形式,满意不仅蕴含着对生活状况的认知,而且在更深层的意义上涉及对相关生活状况的评价;唯有当主体对所处生活状况作出了肯定的判断,幸福感的形成才成为可能。就其实际内容而言,对生活状况的这种评价过程,总是受到价值观念和价值原则的内在制约:价值观念和原则在相当程度上构成了评价的准则。"这就是说,人们对幸福的认知与他对"何谓幸福"的认识有关。改变他的幸福观就能有效地改变他的幸福感。

(一) 警惕幸福病态的影响

日本社会学家千右保曾经在一些国家作对比调查,问题为:如果有足够的钱供你一生享乐而无须工作,那么你是去享乐还是去工作? 1987年,千右保说"根据大约二十年以前的调查,基本上没有人回答靠玩过日子。美国的比率为2%—3%,日本竟不到1%。然而近年来,'玩派'骤然增多"。"根据1983年世界青年意识调查对11个国家提问的结果,'玩派'比率最高的是瑞士,占39.8%;日本为19.8%,美国为21.8%。""到了

1987 年,日本的玩派占到 26.9％,四年时间增加了 7.1 个百分点。"至于中国,千右保写道:"令人难以掩饰惊讶的是中国的数字。玩派着着实实接近半数,占 49.8％,创世界最高记录。"

"玩派"的全球性的存在和增长意味着这样一个严峻的事实,尽管人类追求幸福,但深知幸福奥秘者寥寥。同时一个巨大的危机在于:幸福与快乐的混同可能最终麻痹人类的价值感受性,从而最终埋葬一个与其他动物无本质区别的物种。因此,享乐主义的最大危险在于,它像毒品一样败坏人的幸福感受能力。叔本华曾认为,财富对幸福的影响巨大,如果人一味追求财富,心灵上会是一片空白。的确,在我们身边,举凡物欲追求越旺盛、越强烈的教师,牢骚就越多,幸福感就越低,幸福的几率也就越小。罗素曾经在《走向幸福》一书中指出:"种种不幸的根源,部分在于社会制度,部分在于个人心理。"个人的不幸"很大程度上由对世界的错误看法、错误伦理观、错误的生活习惯所引起,结果导致了对那些可能获得的事物的天然热情和追求欲望的丧失"。对"俗福"(纯粹感官上的快乐)的沉溺有可能降低或败坏人们对真正的幸福——"雅福"(精神性质的愉悦)的领悟力和感受力。

而今,我们正处在社会转型期,个人的基本需要的合理性得到大张旗鼓的张扬,享乐主义受到追捧。当"幸福"被修改为"性福"时,人也正在与真正的幸福渐行渐远。因此,回归传统美德,重建核心价值体系,找回生活的意义性质,实质上就是重新找回人类自身追求和感受幸福的能力,这已成为当今最紧迫的事业,当然也是教育事业的最根本的主题。这样的担忧与期盼,也迫使我们正视当今教师幸福感的现状。

(二) 提升教师的精神追求

没有健康的价值需求与追求的人必定是远离幸福的人。正如亚里士多德所言:"幸福即是合乎德性的现实活动。"毫无疑问,道德教育和全部教育活动对帮助人获得真正的人生幸福具有重要的意义。既然是这样,那么谁对人生意义与本质的把握越透彻、追求越执着,谁获得幸福的可能性及质量就越高。比如,生活清寒,却学识渊博、精神富有的古希腊哲学家(他们同时也是教师),舍弃锦衣玉食,独伴青灯古佛的弘一法师,一身布衣却学贯中西的学术泰斗季羡林,还有那许许多多于贫寒中对教育矢志不移的乡村教师……不管世人如何评价,他们自己在精神上一定是愉悦的。这也同时说明了,人的幸福能力是可以通过修养、教育,特别是道德修养与教育去获得的。这也就给了校长一份崇高的责任:用高尚的品格,正确的价值观去引领教师,以此提高教师的德性水平和人生境界,进而提升教师获取幸福的能力。具体而言,我们的做法是:

1. 协助目标制定。中层干部须学会在工作中为本部门或者教师找到并制定合理的目标计划,指定任务,其关键在于内容而不是形式。在这一过程中,我们特别注意到:计划目标尽量少;目标具有挑战性;同时还要兼顾现实性。

2. 支持任务完成。任务完成必须有好的组织结构和流程,我始终关注:第一,怎样才能够让这个部门更好地完成计划要求;第二,怎么才能充分发挥教工的积极性,更好地完成工作;第三,工作的不同阶段,更换不同的管理部门,以便更好地支持任务完成。

作为校长,尽快判断学校组织部门工作的好与坏非常重要。学校工作中一定要避免以下问题:第一,过多的层级,如果一件事情需要层层审批,做事的效率就会大打折扣;第二,学校部门之间常常因为一点小事而召开会议去协调,为了沟通而沟通;第三,同一职位上的人员过多;第四,不合理设置岗位。如果上述问题出现,就要考虑改变部门设置和岗位职责了,否则,老师的工作积极性将大大受挫。

3. 强化每一步进展。在促进教师发展中,学校需要对教师的进展进行监控,但监控的目的主要是为了发现优点,鼓舞士气,强化激励,是为了让每位教师按照自己的目标发展,而不是事后校正。

(三) 搭建多种平台提升教师期望

为让教师能享受成功的喜悦,以提高职业幸福指数,学校千方百计地多层次、多角度地为每一位教师搭建自我展示平台。大力实施名师工程和青蓝工程建设,组建学科创新团队和名师工作室,鼓励教师积极参加市级以上优质课评比、名师申报、论文评选和学术主题报告,力求通过丰富多彩的自我展示活动,为每个教职工提供一个施展才华、体验成功的平台,使广大教师充分感受到自我价值实现的乐趣。

一个能留住教师的学校,应该是在提高教育质量的同时,让教师也能得到提高,取得事业上的成功,有成就感。这样的学校既能出优秀学生,又能出名师,这才是双赢的策略。

三、感受尊严,让教师在工作中体会幸福

教师的幸福感往往是在日常工作中产生的,其中最主要的是教师对自己地位的认知,以及在人际关系中的感受。感受尊严,让教师在工作中体会教师职业的幸福。

(一) 提升教师对自身地位的认知,增加对教师职业幸福的确证

切实提升教师在学校的地位,使教师始终感到自己是学校的主人,这对提升教师的幸福感至关重要。学校制度设置是否人性化,是不是充满了温暖和关爱,会影响到每一个教师对于学校生活的感受即对于幸福的感受。然而,教师需要的不仅仅是关爱,他们更需要在学校有自己的话语权,他们的意见与建议是受到学校尊重的。干群之间的关系是平等的,校园氛围是民主的。让教师参与学校的各项决策,经常性地听取他们的意见。在事关学校发展的定位、制度建设等方面,教师要有发言权,要有表决权。学校要建立多种渠道让教师的意见得到反映。要让教师不断地增强作为学校的主人翁的感觉,而教师也会在这种认同和自我认同中感受到幸福。这也就是我们所说的以人为本。

影响教师职业幸福感的还有学校声誉。这与教师的社会地位紧密相关。如果一个教师所在的学校社会的认可度、美誉度比较高,他就会有更

多的职业自豪感,对于所归属的团队有更高的认同。反之,则可能羞于承认自己是该校的教师,产生一定的自卑心理,大大降低对职业幸福的认知。

10年来,我校在全体教职员工的努力下迅速发展,成为济南市首批优化升级学校、济南市课程改革先进学校、首家"省级规范化学校"初中、山东省绿色学校、省级依法治校先进单位、省级民主管理示范学校、教育部重大课题实验单位,司法部、教育部、中央文明办未成年人思想道德建设领导小组调研、推广我校经验……这些荣誉的取得对教师幸福感增加起到了重要作用。

(二) 改善人际关系,让教师在宽松的氛围中享受自尊

妨碍教师人生幸福的最大障碍之一是不良人际关系,干群关系、同事关系、师生关系的恶化都在剥夺教师的幸福感。事实上,不少好教师跳槽或转校,往往有这方面的原因。因此,校长要努力让教师置身于宽松的工作氛围和良好的人际关系之中,从而使教师觉得在这所学校里工作着是愉快的,是美丽的,是幸福的。这是校长关怀教师的又一条重要途径。

一是和谐的人际关系。人际关系重在建设。我们不回避冲突,重要的是学会理解、沟通和谅解。首先学校领导班子成员之间要精诚团结,以诚相待,做出表率。倘若领导之间拉帮结派、勾心斗角,那么教师之间的关系势必紧张。其次校长还要"亲贤臣,远小人"。千万不要出现:做事的时候想到的是一部分人,而在进行利益分配或荣誉分配的时候,想到的则是另一部分人的现象,否则会带坏整个学校的人际关系。再次要适度淡化教师之间的竞争。现在普遍推行的"末位淘汰制"是导致教师人人自危、人心惶惶的催化剂。因为害怕被淘汰,教师之间团结协作少了,不正当竞争多了,结果文人不是相亲而是相轻。校长应该鼓励和提倡教师间的合作,因为合作能促进交流,并在一定程度上缓解教师焦虑,解放教师心智,并在根本上缓解学生的压力,解放学生的心智。在校内应明令禁止打小报告、传播流言、打听他人隐私等破坏合作的劣习。

二是宽松的工作氛围。教师所乐见的是一种愉快、合作、开心、高效的办公室文化。这种办公室文化的形成发展与校长的个人风格、学校的管理水平等直接相关。为此,校长首先要着力于软件建设:平时要注意对教师的教育和引导,注意同一办公室的人员构成包括性别比例,俗话说得好:"男女搭配,干活不累",以期产生鲶鱼效应,增加办公室的亲和力;还要适当增强人员流动性,避免不团结的教师坐在同一个办公室,也要避免小团体的形成;一旦发现问题要及时采取措施。其次要在硬件建设上下功夫:教师办公室要求宽敞明亮、干净整齐、办公用品够用方便,凡装修过的每一个角落都有值得玩味的细节,传递出强烈的现代感,传递出浓郁的文化特质,体现出对人的关怀。例如有些学校每学年把经费拨到各组室,由教师自己装点办公室,学校评出最富文化韵味的组室就可能收到意想不到的效果。总之,只有"软硬兼施",才能创造并维护一种良好的办公室文化,教师整天保持一种良好的心境,办公效率才能发挥得更高。

学校中是不是充满了公平与正义,人与人之间的关系是不是融洽、和谐,这些都是关乎教师职业幸福感的重要因素。大家想想全世界有60多亿人,但是真正能够影响我们喜怒哀乐的人都在我们的身边,这些人中很大一部分就是我们的同事。对于我们的感受来说,小环境比大环境更重要。学校中的人际关系好不好,校长起着关键性的作用,每一个教师也都可以为营造良好的人际关系氛围贡献力量。

学校是一个传播思想和文化、知识的场所,教师是一个拥有知识、个性和文化意识的群体。教师在工作环境中的痛苦,不是只有工作的压力,更大程度上来源于不良的人际关系和被压抑的个性、不正当的竞争。

要建立真诚的人际基础,让学校真正变成教师们的"精神家园"。在学校这个"大家庭"中,教研组长的选择就很重要,教研组长应该既有业务能力,又有很好的协调组员们和谐相处的能力,这样每个教研组内部就会相处得非常融洽。让教师的话语权得到尊重,教师的个性风格得到重视,教师的优点能被及时发现,并给予表扬和肯定,这样才能形成一个大家真诚沟通、坦诚交流、相互关心帮助、相互包容、宽松的氛围。校长也坦诚地面对教师,对学校的工作意见作些必要的解释,做不到的请予以理解,尽量按照教师个人的专长安排班级工作和教学工作。

人际关系也是生产力。这中间的重要关系是服务与评价的关系,也就是民主的关系。无论你承认或不承认,民主都是客观存在和需要的,因为只有民主,才有客观、公正和公平。所以作为学校的领导者,时常倾听老师、学生及其家长的呼声,这是"民主人际关系"的关键所在。领导者如果是一付专制主义的面孔,"民主人际关系"就会荡然无存,教师和学生也无可奈何;教师如果也是这付面孔,学生定会遭殃,那就不会有精彩的课堂,不会有现代理念的教育和教学。

(三) 关注教师情感,维护教师尊严

学校管理工作不能仅仅管理教师的工作,同样要重视教师的情感状态,因为教师工作的特殊性决定了教师的情感对学生学习的影响。所以在平时我们管理者要摒弃领导的那种居高临下、以大压小的管理方式,而是应该以服务者角色出现在教师面前,认真倾听教师的诉说,细心为教师解开心结,及时帮教师调整好情感状态,以最佳的状态出现在学生面前。

一是满足心理需要。心理学家马斯洛认为:"除少数病态的人之外,社会上所有的人都有自尊、自重和来自他人尊重的需要和欲望。"作为知识分子的教师尤其如此。"你敬我一尺,我敬你一丈",是教师的普遍心理。所以说尊重是教师的第一需要。

二是维护人格尊严。一些校长在学校管理中的有些做法实在欠妥当。比如,校长在学校大门口站着看哪些教师上班迟到,这就大可不必。据说,有一天,一位教师早上迟到后,某校长铁青着脸瞪了那位教师一眼,那位教师也不甘示弱,发了脾气。校长和教师本应和谐的合作关系就在"瞪眼"和"发脾气"中失调、错位。那位老师迟到可能另有隐情或者苦衷,校长不分青红皂白责怪,就会导致教师带着不良情绪走进教室,这种不良情绪很可能就会殃及到无辜、处于弱势地位的学生头上。这样做这只会引起领导层与教师之间的隔膜,使彼此的尊重和信任丧失,最后的受害者却是嗷嗷待

哺的学生。教育管理者们要深入教师和学生中间，多与师生沟通，让他们感受到管理者的真诚、细致及人格魅力，感受到学校大家庭的温暖。

三是尊重岗位选择。校长要尽可能让教师做自己喜爱的工作。因为自主选择岗位，这本身就是一种幸福。每学年结束前，可以让每位教师像学生考大学时填写志愿表一样自主选择工作岗位，比如愿意任教上课还是做行政工作，是否愿意担任班主任等，学校千方百计尊重教师的选择。如果个人志愿与学校工作有冲突，学校必定专门找教师商量沟通，教师一般都能够通情达理，服从大局。只有选择的才可能是自主的，也只有自主的，才有真正意义上的创新。这样，教育的乐趣就与教育者的职业结合起来，工作就变成了一种享受、一种幸福。

四、持续提升，让教师在成就中确证幸福

教师幸福感来源于教师的成就感。为此，我们相信提升教师幸福感的最重要途径就是持续地提升教师的专业水平，使他们最大程度地得到社会的认可，从而拥有自己的职业尊严，为幸福感的提升建立良好的载体。

（一）提高教师的专业水平，增强教师的职业尊严

提升教师的职业幸福感，就要大力促进教师的专业发展，从幸福的根源上讲，幸福是一种感觉，职业的幸福来源于良好的职业感觉，良好的职业感觉依靠的是职业的无可取代的尊严和价值，也就是说职业的幸福是一种职业能力的幸福。教师的底气来自自身的专业技术水平，只有不断提高教师的教学水平、教科研水平、班级管理水平，使他们在应对教育教学工作时能胸有成竹、游刃有余，他们才不会为学生工作的烦琐而烦恼，不会因所教学生成绩落后而痛苦。所以，作为校长要加强对教师的培养、培训和指导，以此作为工作的重中之重。

一位教师在其博客上写道："在我两年的教学生涯中，深深体验到了作为一名教师的幸福。当我全身心地投入到教学工作中，每个孩子都吸

引着我，我对工作的结果愿意有一份承诺，于是我全然忘掉了时间，我感到幸福；当我营造一个充满生命活力的课堂，和学生一起克服困难、一起享受成功，我感到了幸福；当我所教的孩子成绩有所提高，思想有所进步的时候，我感到了幸福；当我渐渐地发现，知识得到不断地充实，自身得到不断完善时，我感到了幸福。"

（二）提升教师的教育智慧，以成就感促进幸福感

教育是一种智慧。教师的教育智慧是教育理智和教育意识、教育能力与教育艺术的统一，是教师毕生追求并努力达到的幸福的教育境界。然而智慧的形成并不是程式化的、仅仅靠实践的积累就可以实现的，并不是有知识就能当老师，教育也不是单纯教授知识，教育智慧需要经过信息、知识、观念、凝练多个环节方可形成。许多成功教师的经验告诉我们，做教师要有足够的爱心、耐心、专心……一轮三年的工作当然要追求好的结果，但更需要有一个科学的过程。工作过程中，自然会有很多的努力与付出，但往往有些过程是事倍功半，有的则是事半功倍。只有通过对教育行为进行反思、不断学习、消化新鲜知识，制定合适的发展规划，从生活的喧嚣与浮躁中解脱出来，让心灵得到智慧的充盈，内心得以宁静，不把教学工作作为一种谋生的手段，才会领悟诲人不倦、得天下英才而教之的自豪与幸福，自然而然地将教育乐趣与自身的使命感、责任感有机地结合起来，在教师专业化发展的道路上，探索新的思路，创造新的方式，提高教育水平，享受教育人生。教师的最高境界就是把教育当作幸福的活动，而且是双倍的幸福——付出的与收获的、学生的与自身的。

通过上面的分析，是否会让你感到幸福的得来有些艰难，幸福的代价有些沉重？其实不然，这就是平常，即是生命的常态。你要把一切辛劳的付出，艰辛的探索，苦苦的追寻全都看作应该，全都视为必然，包括那些坎坷、委屈、误解。席慕容说："一直以为幸福在远方在可以追逐的未来，后来才发现，那些握过的手、唱过的歌、流过的泪、爱过的人……所谓的曾经，就是幸福。"平平常常就是真，这是一句真话，更是一个真理。

(三) 开拓教师的成长视野,用培训促进教师幸福

校长们常说,培训是给教师最大的福利,老师们也大都认可。的确,处在这样一个知识经济的时代,面对日益激烈的竞争,老师们对于提升和转变教育教学理念、丰富和更新专业知识、学习和探索更有效的教育教学方式等,有着比对金钱更迫切的渴求。那么,作为教育管理者,给老师们创造尽可能多的培训机会,提供适合他们的培训内容和培训模式,就显得尤为紧迫。

当前的基础教育新课程改革,极大地改变了人们的教育理念、学生的学习方式,也将从根本上改变教师的教学方式。这对教师的专业素质提出了前所未有的新要求。作为校长,我以新课程改革为契机,带领教师一切从"新"开始:重新理解教育,重新理解课程,重新认识学生,重新设计教学。帮助教师确立终身学习的意识和自主发展的能力。多方面营造教师终身学习体系:一是有步骤地派遣教师参加正规培训;二是大力开展校本培训研修,构建学习型学校;三是制定相应的制度,激励教师个体的自主发展;四是为教师业务进修大开绿灯,并出台鼓励措施;五是为教师创造大量培训与考察机会、积极向外推荐教师的论文和教育教学成果;六是通过校本教研和校本培训提高教师的教育教学能力,使他们能适应不断发展的教育需要;七是关心青年教师的成长,帮助他们制订个人成长规划,通过师徒结对、送出去请进来等形式,开展培训,组织必要的竞赛活动提升能力;八是推行有效课堂评估制度,申报相关的研究课题,让教师全部参与到教学实践和课题研究之中,在实践和研究中提升自己的专业技能和研究能力。

培养教师的幸福感不是一招一式就可以完成的,需要长期坚持,搭建教师成长的阶梯,引导教师不断追求更高目标。对于学校教师这样一个群体,要充分考虑到个体的共性和差异性,在培养教师的过程中需将二者予以兼顾。为了满足不同层次教师的精神需求,实现自我理想,我们从教师专业理想上开辟了一条通道:教坛新秀、骨干教师、学科带头人、名师、教育家,让不同资历的教师有不同的追求,而且通过努力有望实现,一旦实现,心理上得到极大的满足。

五、健康心理，让教师在常态中享受幸福

教育部早在 2002 年颁发的《中小学心理健康教育指导纲要》中就要求"要重视教师心理健康教育工作。各级教育行政部门和学校要把教师心理健康教育作为教师职业道德教育的一个方面，为教师学习心理健康教育知识提供必要的条件。要关心教师的工作、学习和生活，从实际出发，采取切实可行的措施，减轻教师的精神紧张和心理压力，使他们学会心理调适，增强应对能力，有效地提高心理健康水平"。然而，将近 10 年过去了，中小学教师的心理健康水平仍不容乐观。更为严重的是，教师心理障碍不仅影响到教师自身发展和学生发展，有的甚至导致了校园恶性事故的发生。为此，我们特别关注教师心理健康的问题，想方设法帮助他们克服影响他们幸福的心理障碍。

（一）建立有效的机制，消除教师的心理失衡感

1. 改革管理模式，营造良好的心理环境

学校树立以人为本的管理理念，从以"管"为中心走向以"理"为中心，关注教师的情感、价值及工作环境，维护和促进教师的心理健康。例如，学校定期召开民主生活会、座谈会，设置校长热线电话、教师意见箱，建立教师的心理卫生档案，举办心理健康讲座，进行心理咨询，等等，让教师有地方诉说苦衷与烦恼，发泄不满与怨言，使其心理危机能够得到缓解、消除。学校要建立心理辅导机制，通过心理辅导，让每一位教师都能够保持积极、健康、向上的情绪和心态，妥善处理教师之间、师生之间、教师与领导之间的关系，营造和谐的教学氛围。

2. 完善评价制度，缓解教师的心理压力

学校逐步探索、构建和完善发展性教师评价制度，实行多元评定，全面、合理、客观地评价教师的工作，避免只看点不计面的片面评价。正确运用竞争机制，慎重对待聘任制、末位淘汰、按学生成绩取酬等具体涉及

教师切身利益的制度的实施。对于工作确实较差的教师也要酌情留有退路,缓解教师的工作压力和心理压力。在教学中,要给教师自主权,要调动教师的主观能动性,鼓励教师敢于发挥、敢于创新,让教师根据教学实际和自己的特点选择合适的教学方法。

3. 提高教师待遇和地位,消除教师心理失衡感

随着社会的进步与发展,教育越来越受重视,教师的地位和待遇也有了很大的改善,但教师仍属于低收入阶层。通过访谈、问卷调查,我们发现,仅55%的学生家长尊重教师这一职业。有很大一部分优秀的高中毕业生在面临人生的选择时,不愿意报考师范院校,不愿意从事教师职业。有鉴于此,学校要进一步提高教师的待遇和地位,消除教师的心理失衡感。

4. 建立心理测试制度,保证教师从教素质

教师是一个特殊的职业,面对的是心智尚未成熟的学生,除了要有文化知识和教学技能外,还必须具有良好的心理素养和健全的人格。华东师范大学心理咨询中心主任叶斌认为,心理测试能够有效杜绝那些有潜在变态人格的应聘者成为人师。因此,笔者也认为,为保证教师的从教素质,有必要建立心理测试制度,对在职教师进行心理测试,发现心理问题,及时疏导;招聘新教师时,要进行心理测试,提高准入门槛。通过对教师进行心理测试,确保每一个教师都是认知功能正常、情绪反应适度、意志品质健全、行为表现规范的合格教育工作者。

(二) 加强心理辅导,增强教师的自我心理调节能力

加强心理辅导,增强教师的自我心理调节能力是增强教师幸福感的重要途径。其内容主要有下述几个方面:

1. 帮助教师设计恰当的"理想自我",克服"理想自我"与"现实自我"的冲突

每个人都有两个"自我",一个是"现实自我",即自己的实际情况;另一个是"理想自我",即通过努力将来要实现的"自我"。有些教师无视"现实自我"的客观情况,总是追求尽善尽美,为自己设计过高的、甚至是无法

实现的"理想自我",其结果往往是生活在失败的阴影里。所以学校要帮助教师学会反思：既然选择了教师的职业就要热爱所从事的事业，认同自己的职业角色；要直面人生，耐得住寂寞和清贫，不畏各种冲击和挑战；要与他人建立良好的人际关系，尊重他人的个性，获得自己所需的人际关系，集思广益，与他人携手愉快地工作。可见，清晰地认识"现实自我"，然后在这一基础上设计符合实际的"理想自我"极为重要，否则很容易形成教师内心"理想自我"与"现实自我"的冲突，产生负面情绪，影响对生活的享受。

教师的绝大部分时间都是在学校中、在教室里与学生一起度过的，教师心理出现困扰，最主要的因素来自工作领域。或许可以这样说，教学工作既会给教师带来成就感和归属感，在某些情况下也可能危及教师的身心健康。工作以外，家庭生活构成了教师生活不可或缺的另一重要组成部分。在家里，教师或为父母，或为子女，或为夫妻，这些方面的生活关系是否和谐，家庭是否幸福，家庭的压力是否超出教师所能承受的上限，也无形地影响着教师的心理健康。更何况，教师工作的压力和困扰，教师工作的成就和快乐，都可能在家庭这一介质里放大或缩小，因而家庭是教师无法绕开的主题。现代社会，越来越多的人开始关注教师自我的感受，倾听教师自我的声音，教师作为主体的"我"的价值在哪里？"我"是怎么想的？"我"是怎么做的？"我"过得风调雨顺还是遇到了阻力？"我"感到幸福吗？"我"享受自己的工作吗？"我"的工作有价值吗？这些问题，都与"理想自我"的设计与"现实自我"的确证有关。心理辅导在这方面是大有可为的。

2. 改变思维方式，增加积极情绪体验

任何事情都有积极和消极两个方面，若能从积极的角度看问题，易使人增强信心、振奋斗志，产生乐观等积极的情绪体验；若仅从消极角度看问题，就会产生诸多不良情绪，造成苦闷心理。因此，只要换一种看问题的角度，就会"横看成岭侧成峰，远近高各不同"，产生完全不同的感受，进而把自己的心理调整到良好的状态。

3. 客观评价并悦纳自我，善待别人

教师应加强耐挫力的培养和锻炼，不断完善自己的人格，对自己不苛求,对别人不妄想。不因他人的评价而影响自己的情绪,积极善意地对待身边所有的人,善于在学生的点滴进步中体会快乐,从每一节好课中体验成功,乐观地看待每一件事,努力地去做好每一件事。

4. 养成宣泄不良情绪的习惯

不良情绪是心理上的垃圾,是产生心理障碍的直接诱因。我们每天都可能产生不良情绪,这是正常的现象,只要及时合理地把它宣泄出去,就会迎来心理上的一片晴空。实践证明:当一个人受到挫折后,用意志力强行压抑不良情绪,好像减轻了焦虑,其实这只是表面现象,内心的情绪纷扰却没有解除,这样做,不但不能从根本上解决问题,而且还会陷入更深的心理困境,带来更大的心理危害。因此,教师要改变观念,适当地打开情感的闸门,尽情地宣泄不良情绪,及时地清除心理上的垃圾。

5. 在乐交善处中建立协调的人际关系

在日常生活中,教师之间、教师与学校领导之间、教师与学生之间的人际关系不协调现象也时常发生,给教师带来了不良情绪。因此,教师们要勇于面对现实,主动适应。应多一分宽容,少一分计较,要有一种严于律己、宽以待人的态度。在交往中,努力做到以诚相待,多从积极的角度看待别人的行为,这样,才能与同事、领导、学生保持良好接触,建立良好的人际关系。

6. 强身健体,丰富业余生活

健康的身体是心理健康的坚实基础。教师作为脑力劳动者,更要注意劳逸结合。不少教师由于长时间承受超负荷的劳动,身体和心力透支,导致身体素质下降,心理承受能力降低。因此,要提高教师的生命、生活质量,应加强体育锻炼。

我国的教育事业伴随国力的增强有了飞速的发展,但教师面临许多方面的挑战。加强教师的心理健康研究,分析引发教师心理障碍的因素,有利于帮助教师采取相应有效的措施,及时地消除或避免心理危机的发生,从而增加教师日常生活中的幸福感。

回归天性　发展德性　张扬个性
——让每个孩子阳光灿烂地成长的初中教育

河南省第二实验中学　李涵

李涵(中)与她的学生

教育是什么？教育为什么？教育如何做？这是最近这些年反复萦绕在我脑海中的问题，几乎每天我都在这样追问着。

我任职的河南省第二实验中学是 1998 年成立的公办初级中学，由省教育厅直管，属于划片招生的义务教育学校。2002 年出任校长后，我首先思考的是如何为学校定位，如何确定学校的办学目标与追求。初中教育在人的发展过程中具有特殊重要的地位，这是他们人生观、价值观、世界观形成的关键时期。我认为，人的精神世界既无垠又有限，我们用善良、智慧、真诚、美好去充实孩子的心灵，一切龌龊黑暗的东西就失去了存在的空间。刚毅的人格、正直的德行、发展的个性支撑孩子自立的信心，这样的孩子就能够做最好的自己。经过多次反复讨论，学校领导班子和全体教职工逐渐形成共识，将学校的办学宗旨确定为"让每一个孩子都阳光灿烂，培养有民族灵魂、世界眼光的现代人"，其中"让每个孩子阳光灿烂地成长"是学校工作的目标与追求，也是衡量学校办学成效的主要准则。

我们按照这样的理想办学，学校的教育教学成绩和社会声望迅速提高。经过几年努力，学校以划片生源创造出了一流的学业成绩。《中国教育报》以"他们是在用心办学"和"智慧化的管理源于心灵沟通"为题先后两次报道了学校的办学实践和管理经验。我也先后受邀在李长春同志主持召开的思想道德建设领域座谈、河南省政府组织召开的规范办学行为推进大会上做主题发言，介绍学校的教育教学实践经验。河南的各大媒体都在介绍学校的办学成果和经验。学校逐渐确定了自己河南初中教育发展引领者的地位，第二实验中学已经成为家长、社会心目中的优质教育品牌，更成为毕业生心中魂牵梦萦的心灵家园。

一、我对教育的理解：回归天性、发展德性、张扬个性

我希望能从本质上认识和把握教育，能把自己的学校管理建立在对教育清晰认识的基础上，而不是凭借经验糊里糊涂地跟潮流。这些年我

对教育的思考集中在"三性"上,即对教育中人性、德性、个性关系的把握上,我认为这三个方面体现了教育的本质,蕴含了学校教育的各种矛盾,应当是思考教育的"钥匙"。

(一) 回归天性

学生是教育的对象也是教育成效的承载和体现者,素质教育既要体现在学生的素质与能力的提高上,也要体现在教育过程中学生的体验与感受中。学校全面推进素质教育的重点应当是努力创造有利于缓解学生学业与心理负担的环境与氛围,让每一个孩子开心快乐地在学校生活,阳光灿烂地健康成长,自觉承担起时代赋予他们的学习责任,使孩子在这样的状态下形成能力、养成品行、积累知识,完成社会化,成长为具有国际竞争能力的、持续自我发展的、完整的大写的人。

学校素质教育要想达成这一终级目标,就必须充分发现和尊重孩子的天性。只有顺应天性的教育才可能不成为学生的负担,只有顺应天性的教育才可能调动学生内在的学习动机,激发学生自主发展、主动发展的愿望。这样的教育就需要在课程设置、学生评价、教育方法、学校活动等方面充分认识和把握学生的心理特点,将学校教育牢牢建立在适应学生的身心发展规律的基础上。

(二) 发展德性

教育的本质是使人社会化,人的社会化中重要的方面是对社会伦理与规范的接受,最终落实到受教育者德性的发展与成熟,因此教育应当把涵养人的德性作为自己重要的使命与目标看待。

学校教育要始终坚持德育核心。"德育核心"就是要不断涵养学生的德性,形成学生的道德观念,养成学生合乎道德的行为,提供条件让学生不断参与道德实践活动。学校德育既是育人的目标,也是实现其他目标的基础和保障。学校要通过德育帮助学生树立理想与信念、提升成就动机、形成情感与意志,从而更好地实现其他教育目标。

（三）张扬个性

基础教育的根本属性之一是基础性。身处义务教育阶段的初中学校首先应实施公民教育，为学生成为合格公民奠定最基本的教育基础。但当今社会已经进入个性化生产与个性化消费的时代，创新能力已经成为最重要的社会发展要素之一。发展个性既是时代的需要，也是人的自我发展与完善的体现，学校教育必须把发展学生个性作为重要的使命与任务，在基础知识、基本能力合格的基础上推动每一个学生的个性发展。

二、保护好奇、尊重想象，顺应孩子天性的发展

教育必须适合孩子的天性。这就像不同的植物有不同的生活环境要求，生长环境适合了才可能阳光灿烂地生长，耐阴的植物你给太多的阳光会阻碍其成长，沙漠植物你给浇灌太多的水也难以长好。学生是一个个鲜活的生命个体，有共同的属性也有各自不同的特征，教育应当为每一个孩子提供适合其天性、利于其发展的个性化的教育环境。只有这样的教育才可能真正有效，才可能为孩子接受和喜爱，才可能使每一个孩子阳光灿烂地成长。

（一）尊重天性就要遵循不同年龄阶段学生的生理与心理发展规律

现代学校教育采用班级授课制，其最重要的理论基础是把处于相同生理、心理发展阶段的学生作为一个整体进行施教，这样就具有了最好的针对性和最大的经济性，也能够建立一个同伴有效交流的群体，有利于发挥同伴效应，促进学生共同成长。班级授课基础上的教育活动必须基于学生的心理、生理发展特点。

七—九年级的初中生年龄绝大部分在 13—16 岁，是青春期发育的最关键时期，同时也是心理上的敏感期、教育的最佳期。他们的学习能力迅速发展，自我意识迅速提升，社会责任感开始形成。这段时间是发展自我管理意识和能力、形成持续自我激励的关键期。这个时期对于培养学生

的创新精神和实践能力、确立人生理想与目标具有特殊重要的作用。同时，这一时期学生社会认知和自我认知水平的发展，使得他们对来自他人的评价更加敏感，社会交往意识更强，处于建构个人与社会、个人与他人、个人与组织、个人与自然关系的关键期，对自我的认知过程更容易带来各种心理和道德问题。

学校的教育教学活动的设计要充分考虑学生这样的心理与生理特点，这样的教育才最有效，也才可能最大程度地得到学生的认同与配合，才可能实现"让每一个学生阳光灿烂地成长"。

对于初中生来说，谈到他们的心理与生理特点，人们就不能不谈到他们的青春期教育的问题。针对这些学生的青春期教育问题，我们采取的举措是：

1. 科学开展青春期教育，解决孩子们说不出口的烦恼

有关方面的调查表明：青少年关心与性有关的话题，青春期性教育有待加强。如果孩子们不从正确的途径获得性知识，他们只能从不正规的途径获得以讹传讹的错误信息。倒不如由学校或家长大方地把科学的性知识告诉他们，讲个明白，彻底消除这种神秘感。有人认为性教育可能起到火上浇油的作用，其实不然，性教育可以使孩子们用科学的知识武装自己，去防范不健康思想和行为的侵蚀。

我校考虑到现行初中生物课本中有关青春期教育的内容不能有针对性地解决学生的某些具体问题，以及目前学生在发育过程中性成熟提前的实际情况，为尽量避免学生通过不良途径获取不良知识从而导致有关错误行为的情况，从 2003 年开始，我校在为学生举行的青春期生理及心理讲座中，打破了原有的男女学生分开授课的模式，由生物和政治教师分别在演播室进行专题讲座，学生在教室集体收看。生物老师主要负责讲青春期发育的生理知识部分，特别是侧重于一些课本中涉及较少的青春期卫生保健方面以及在发育过程中可能出现的问题及简单的处理方法等；政治老师则主要从心理方面做好引导，解决学生们青春期出现的心理问题。我校的这种做法既消除了学生对于青春期知识的神秘感，又能使学生通过正规途径获得他们所需要的青春期知识,正确面对青春期的一些问题,这样的讲座在学生和家长当中引起了极大反响,得到了心理学专家的肯定和好评。

2. 关注学生亲子关系状况,帮助孩子解决"青春期"遭遇"更年期"的矛盾

苏联教育家苏霍姆林斯基指出:"施行学校—家庭教育不仅可以很好地培养年轻一代,而且还可以使家庭和父母的道德面貌完美。没有对子女的教育,没有对学校生活的积极参与,没有成人与孩子之间经常的精神上的接触和相互充实,就不可能有作为社会基层单位的家庭本身,不可能有学校这个最重要的教育教学机关,也不能有社会在精神上的进步。"对于这一点我们认识得非常清楚。所以,我们一直认为,让每个学生都爱自己的父母,让每个家庭都和谐美满,是促进学校教育发展的重要前提。而事实上,由于初中学生处于"青春期",他们的父母又恰好走进"更年期",两者之间频频爆发的"战争"严重影响了孩子的健康成长。针对这些,我们的基本做法是让父母与孩子彼此欣赏。

举措之一:举办"家长论坛",定期邀请家长到学校做专题讲座。先后邀请了新华社高级记者王耕做了"一个新华社记者的酸甜苦辣"的讲座,邀请郑州大学教授陈金周做了"包装废弃物与环境问题"的讲座,邀请河南省高级人民法院少年法庭二级法官吴金鹏做了"青少年要强化自我保护意识"的讲座,邀请光明日报驻河南记者站站长刘先琴做了"做孩子的朋友,当新型的家长"的讲座等等,这不仅密切了家校之间的联系,深入挖掘了可用的教育资源,而且让孩子们知道他们的父母是有着广泛生活阅历、丰富专业知识,值得钦佩、赞赏的。

举措之二:召开家长会、进行家访之前,每个老师都要精心准备:至少要找出孩子的三个闪光点。让家长了解,除了学习,自己的孩子还有很多值得肯定、表扬的优点。只有彼此欣赏,才能彼此尊重,新型的亲子关系应该是建立在尊重与欣赏的基础上的。

举措之三:利用班会、思想政治课对学生进行传统美德教育。让学生知道"百善孝为先"。亲情是一个人善心、爱心和良心的综合表现;孝敬父母,尊敬长辈,是做人的本分,是天经地义的,也是各种品德形成的前提。孝敬父母,是人类相生相亲的自然感情,也是中华传统美德教育的基础。

举措之四:要求孩子主动承担家务劳动。具有约束力的学校教育与溺爱式的家庭教育,使中小学生不自觉地形成双重人格:在学校热爱学习,参与劳动,在家里衣来伸手,饭来张口;在学校尊敬老师,回到家呵斥父母……独生子女时代这两种矛盾的人格特征共存于青少年个体中,对孩子的健康成长非常不利。这是一个普遍的社会问题,也是学校教育面临的困惑之一。回想我们小时候,给父母端茶倒水、洗衣做饭,过年时给长辈拜年……正是这些不起眼的小事儿培养了我们勤劳、节俭的品质,增强了我们能统筹、会协调的能力,更重要的是使我们学会感恩并承担起对家庭的责任。有了对家庭的责任感,才能承担起对他人、对国家的责任。我们利用"母亲节"、"父亲节",给学生布置特别作业,要求他们以实际行为感恩父母,再以主题班会,强化身为家庭一员要承担家庭责任的意识。

(二) 尊重天性就要充分保护学生的好奇心,让好奇推动学生发展

好奇是人的天性,初中学生有着充满梦想的金色年华,对自然、对社会的好奇是他们探索的重要动力。基于这样的好奇推动的动机具有动力强、持续久、不容易转移等特点。大量对成功者尤其是成功的科学家的研究表明,好奇心往往是推动其前行的主要动力,好奇是他们取得成功的第一关键因素。

我一直在思考一个问题:为什么在学习之外孩子们会因好奇而不断地探索与行动呢?孩童时代,他们可以趴在地上看蚂蚁搬家,充满好奇的眼睛使他们周身放光;少年时期,他们愿意为好奇而冒险,对自己感兴趣的事不惜时间和精力。学校所教授的知识是人类认识未知世界最宝贵的经验积累,是最重要的知识遗产。对未知充满好奇的孩子为什么在学科学习中如此的无精打采?我们的教学在多大程度上调动了孩子的好奇心,并以此推动他们快乐地学习?我们把充满了智慧和乐趣的知识财富

变成乏味的负担,关注了知识本身而忽视了孩子的感受,没有充分重视他们好奇的天性,以至于课余时间会发光的眼睛在课堂上常常无精打采。我始终认为,我们只有在教学中真正尊重和调动了孩子好奇的天性,才可能真正解决学习兴趣和动力的问题。这是我们的教学中存在的根本性问题!

(三) 尊重天性就要努力培养学生的想象力,为理想插上想象的翅膀

想象力是创造力中最重要的思维特征,"在全球 21 个受调查国家中,中国孩子的计算能力排名第一,想象力排名倒数第一,创造力排名倒数第五。为什么会出现这样的现象?"这是近期国内各大网络媒体争相报道的一个新闻。我想这在本质上与"钱学森之问"相同。中国的教育确实有很多优点,我们不应妄自菲薄,去年上海参加的 PISA 考试就是很好的例证。但同时我们必须承认,想象力的不足已经成为影响我们创新人才培养的关键问题。

我们的教育没有帮助孩子插上想象的翅膀,而是不断限制和约束孩子想象的空间,"标准答案"成为摧残想象力、让孩子木讷、丧失热情的"利器"。这不能不说是中国教育的一大悲哀! 我们的学校只有给孩子更大的想象空间,充分发挥孩子的想象力,才可能符合天性、调动激情,才可能使每一孩子阳光灿烂,我们才能培养出真正创新人才!

(四) 尊重天性就要培养学生独立思考,在质疑批判中形成创新能力

主体性是人的天性,体现为独立思考、批判与质疑的精神和能力。人类文明进程中,所谓的创新大都是在质疑与批判中实现的。培养独立思考、质疑与批判精神是实现人的主体性的主要途径,也是当代教育培养学生创新精神与实践能力最为关键的内容,学校教育应当以此为重要目标。

中国教育在培养创新人才中的不足,最重要的是关注学生的主体性不够,压抑学生天性过多。在学校教育中,自由质疑、独立批判得不到应有的尊重和提倡,更多地是要求学生服从、听话、循规蹈矩,遵循并接受所谓唯一的标准答案。因此,我们提出,学校应当"规范行为、解放思想",鼓励学生独立思考,对已有的答案或结论进行质疑与批判。这样的学校教育才能最大程度调动学生的主体性,实现真正意义的自主发展,不断培养和锻炼学生的创新精神和实践能力。

三、文化浸润、爱心涵养、行为强化的德性养成

(一) 对当代中学生情感特点的认识与把握

当代初中生出生于 90 年代后期,属于"后 90 后"一代,他们是在我国经济持续稳定快速增长、人口出生率迅速下降、社会迅速变化的时期出生的。他们中的大多数是独生子女,在两代甚至三代成年人的呵护下成长,一方面有着优越的物质环境,"集万般宠爱于一身",承载着家庭更多的期望;另一方面具有更强的自我意识,有着更强的自主发展要求。初中德育只有充分考虑这些"后 90 后"中学生的情趣特点,转化德育模式与机制才可能走出德育低效乃至无效的困境。

当代中学生是一个独特的群体,他们有如下的特点:

1. 自我意识强,关注自身价值与个性,更有主见、更有自己的想法

"后 90 后"出生和成长在我国改革开放深度发展的时代,社会价值观取向迅速变化,文化意识形态加快变迁,国民自信力迅速提高,伴随他们成长的始终是社会的进步,与此同时是价值取向的多元与冲突。他们的父辈大多是 60 年代末 70 年代初生人,祖辈多数成长在新中国成立后,这些因素在他们身上打下了深深的成长烙印。与祖辈、父辈们的集体主义观念不同,他们更加具有个人主义特征,主体意识更加强烈,更加关注自身价值与个性。伴随信息多样化成长的这一代不是轻信的一代,他们对事物有自己的认识,尽管许多时候这只是他们特定阶段的认识。但这种认识不容易受成年人的影响。他们对世界、对事物充满质疑与批判,有些时候又容易受到成年人牢骚的影响而对事物认识产生偏见,不容易相信美好。他们更相信自己的判断,排斥别人的观点,对国家民族有更强的自

豪感,表现出较强的民族自信心。多样、丰富、冲突、矛盾,这个时代经济社会发展给"后90后"镌刻下鲜明的烙印。

2. 有更加开阔的视野,关注外部世界、关注未来,对多样具有更强的包容性

信息的开放、文化的多元使得当代初中生的精神追求更加丰富,在不同思想的交融与碰撞中丰富着他们的精神世界,也更加容易受到社会环境的影响。他们没有成见、思想解放,但对事物的认识容易改变和动摇,表现出更多"愤青"与"冷漠"的双重性格,情感的丰富与情绪上的波动常常并存。

3. 更加关注精神生活,情感需要更加突出,行为更多受到价值选择影响

90后是我国历史上真正在"没有短缺"的环境里长大的一代,"后90后"更是在我国整体走向富裕中成长的,物质生活不再匮乏,他们提出的物质要求基本可以得到满足,这就形成他们对精神生活有着更高层次的需求的特点。父辈们经常不明白,孩子们什么都不缺为什么就是不快乐?我们过去得到一件新衣服、一件新玩具都会兴奋万分,现在的孩子不知道满足,幸福感不强。其实这是不同成长环境的结果,更加关注精神需求,更多看重价值追求无疑是90后中学生的特点之一。情感的丰富和复杂是这一代的显著特征,他们对功利的追求不是非常在意,然而,他们的家长和学校老师更喜欢用功利的追求激励学生。

4. 思想更加开放,更加容易理解和适应变化的世界

曾经全世界都在担心中国独生子女的社会交往问题,对"后90后"而言,"独生子女"已经成为常态,独生子女一代的社会交往已经趋于成熟,没有了显著偏差。虽然兄弟姐妹的交往体验没有了,但不同孩子之间的交往也变得更加容易,他们表现出更加开放的心态,更容易在陌生的环境里交往。由于与外界交往的增加、信息环境的开放,90后的孩子更能够适应和理解变化的世界。

但从小的溺爱容易导致人的情感脆弱,90后学生表现出两种极性化

的情感特点,这已经为众多实证调研所证实。传统上我国是不太尊重孩子的,批评与打骂被当成正常的教育孩子方法,这一方面不利于孩子成长,但也提高了孩子经受挫折的能力。90年代以来,我国社会处于转型中,独生子女一代形成另一个极度——过度溺爱。这直接导致孩子经受挫折能力、忍耐与吃苦能力的降低,近年因为一点批评就出现极端情况的事例常常见诸报端。学生的极端情绪和极端行为已经成为困扰学校和社会的重要问题。

5. 更少接触社会实际,更少实际生活体验

以独生子女群体为主的4-2-1家庭结构,加上隔代对孩子的溺爱,使得总体上90后孩子接触社会实际、面对和解决社会现实问题的机会大大减少。他们更多生活在动画片、游戏与网络的虚拟世界中,对真实世界里的众多事情他们都缺少经历和体验。城市化的迅猛发展使他们少有接触大自然的机会,长辈解决了几乎所有问题使他们缺乏相应的锻炼,学校教育改革强调尊重学生也使得"后90后"成为最少受到批评、更多在赞扬中长大的一代。所以,他们的抗挫折能力差,心理承受力不足,容易出现心理极端问题。

成长中相对优越的物质环境并没有为这一代青少年带来更多快乐,学习压力使他们过早进入竞争,社会体验的机会被作业大大挤压,学生直接的社会经验越来越少,对世界认识更趋肤浅。这样的状况直接影响了学生社会实践能力的形成,影响了他们探索未知世界的兴趣。

6. 行为方式更加感性,注重自己的感受

90后的学生是在动画片和电脑的陪伴下长大的,"快餐"文化伴随着他们的童年到少年,因此与其父辈相比,这些孩子更感性,不容易进行深入的理性思考,往往是将自己的感受直接转化为行为。近年在多地进行的调查中发现,居然有相当比例的学生认为是为了其父母而读书的(尽管他们知道学习的意义在于自己,但他们似乎对考学、成绩等的重视程度远远没有他们的父母更加重视和在乎,一些孩子正是因为安慰父母这样的情绪才努力读书的)。

"后 90 后"初中生的这些特点,直接影响到中学的德育成效,多年来中学德育的经验受到了时代前所未有的挑战。

(二)"文化浸润、爱心涵养、行为强化"德性养成的德育模式

　　学校教育最重要的是涵养人的德性。学校教育是实现道德与伦理规范社会化的主要途径,是一个不断涵养德性的过程。然而,我国学校德育往往表现为过于简单直接,总是希望设置一个德育目标并采取相应的德育活动就可以完成。但现实德育复杂得多,不是仅仅外部影响就可以实现的,更需要主体的自我觉悟。在学生德性的发展方面,中国古代教育有众多的经验可资借鉴,但我们往往把这些宝贵的遗产抛到一边。比如古代道德家和学者强调的"思"、"悟"在现代学校经常被忽视,自我修养的方法被束之高阁。

　　从我国当代初中生思想道德形成的特点来看,我认为:学校德育的关键在涵养德性。而涵养德性就要重视学生道德养成教育,关注反思、体验与感悟。在此基础上,我校初步形成了"文化浸润、爱心涵养、行为强化"德性养成的学校德育模式。这一模式的核心在于:

　　1. **文化浸润**

　　德性需要文化熏陶,把学校人文教育与德育结合,不仅可以使德育有了抓手、落到了实处,而且为德育提供了广泛的素材和源源不断的养料。在我校的德育实践中,我始终关注文化浸润,强调德育与人文结合,希望用体现人文的细节落实德育,期待在一件件"润物细无声"的人文"小动作"中实现我们的育人目标。

　　学校注重让德育体现在人文渗透的每一个细节之中。我们学校是一所占地不足 8 亩的微型学校,早上 7:50 开校门,作为校长,除非有特别的事情要处理,否则每天这个时间我都会在大门迎候进校园的孩子,并随时亲切地提醒同学的衣着、行为等不符合学校要求的方面。同时我要求班主任也要在班级教室迎接孩子的到来,及时安排处理发现的问题,把德育落实在人文关怀的细节中。

郑州的冬天很冷,学校的金属门把手更凉,一些学生就会用脚开门。发现这个现象后,我就安排后勤为每一个金属门把手包上塑料外套,然后教育学生要有文明的行为。学校的占地面积小、空间狭窄,我们就要求教职工的私家车不能停到校园里,我第一个把车停到校外。有时到校稍微晚一点,就要花上很长时间在校园周围找停车的地方,即便如此我也从不破例。在我的带动下,教师们很自觉地都把车子停到了校外,把学校空间最大程度还给学生。

每年六月我们都会组织庄重的毕业典礼,会精心制作由这一届同学三年学习生活的瞬间镜头组成的视频短片,其中还有校长的寄语、教师的期待。每每在毕业典礼上播放这样的片子,家长和孩子都会感动得潸然泪下。精心准备的寄语、真心的祝福和期望,每一个二实验的学生带着母校的嘱托离开校园,这嘱托能够长久地成为激励他们奋进的力量。我们也期待这样的人文更好地浸润到每一个孩子的血液中。令人欣慰的是,学校毕业的学生正如我们期待的那样始终保留了我们教育的成效。

学校的表彰奖励是学校教育的重要组成部分,每一所学校都会安排优秀学生的表彰活动。如何使学校的表彰更好地发挥作用,真正成为激励学生的"加油站",这是我长期思考的问题。我清晰地记着自己中学时曾经得到的一份奖品——一个笔记本,这个笔记本毫不起眼,与如今精致美丽的各式本子相比,实在有些简陋,但直到现在我还保留着,因为它承载了太多的内容与回忆。每次看到它,都会感受到一份温暖,它给我坚持的力量。如何让现在学校的表彰成为孩子心中不可磨灭的记忆,如何让奖品成为孩子终身珍藏的记录,近年我们做了这样的尝试。

学校正式的表彰一定要举行隆重的表彰仪式,为每一个受到表彰的同学准备简短的颁奖辞,每一项发奖都会配合郑重的颁奖辞;所有的奖品都要盖上奖励的章,尽可能印上一句奖励词。还有,我校的爱心基金是一项有影响的活动,我们不仅给每一个捐助者颁发爱心证书,还印制了"爱心七彩标识",不同类型的爱心证书印制成不同颜色(共七种颜色)。当一位同学积满七种不同色彩的爱心证书,就会得到"爱心小天使"称号,不仅颁发七彩证书,还要将其照片展示到学校宣传栏。

在学校的几次颁奖中我发现,有自己班同学得奖,班级就会有热烈的喝彩,但其他班级的同学就很少有呼应。针对这样的现象,我在全校提出"为自己喝彩也要为他人喝彩"的活动,全校师生共同寻找其他人的优点、长处和好处,尤其是对自己平时不喜欢的人,在学校开展了声势浩大的"悦纳教育",大大推动了包容、和谐氛围的形成。

在课堂上,我们关注老师的教学行为能否有效地激发学生参与的积极性,我们不希望有学生因老师的不当言语而受到挫伤,从而逐渐丧失学习的兴趣。在节假日,我们给学生充足的休息和放松,老师布置作业要科学、要充分考虑学生心理状态。在长假之前把所有的考试进行完,让孩子们过一个没有负担的假期。只有彻底的放松,才会有长假之后真正的紧张,学生才能精神饱满地投入到学习中。

这些年我经常通过校园网给老师发邮件、写信,把我对教育的理解、对学校发展的思考、对教师的要求和期望、富有哲理的文章、新的、好的信息与教师共同交流,通过这样的方式与教师交心。我也会把新学期里的工作打算、学校的问题与不足、工作的重点向教师交代,这已经成为我的一种工作习惯。

在我校即使是严格的行为规范要求,我们也努力用人文的方法落实。学生的社会化,规范行为的社会化当然也是其中重要的内容之一,没有规范的行为就难以适应社会的交往与社会生活。然而,如何规范学生的行为,怎样进行学生行为规范的管理,这是学校德育工作的重要课题。我在学校管理中提出,"规范的行为是底线不能突破,但行为规范的教育应当人性化、人文化,尽量把刚性的要求通过柔性的管理去实现"。比如,学校规范管理中手机等通讯以及电子产品的管理最为困难,争议最大。一方面手机等已经成为影响学生发展的重要问题,另一方面现代信息社会学生有必要熟悉这些,也有这方面的现实需要,我们经过讨论做决定、通过协商沟通达到控制的目的。

我首先给家长写了信,得到家长的理解支持。其次,组织学生针对相关问题举行辩论会。再次，做问卷调查，明确合理需求和限制范围，并广泛征询同学的意见，最终达成共识后严格执行。实践证明这样的做法收到了很好的成效。

养成一种好习惯对于孩子的成长是至关重要的。我校提出"淑女气质、绅士风度"的做人要求，把绅士淑女的系统规范教育作为美育的重要内容加入到我们的教学管理体系中来。将多年学生工作中形成的管理常规编制成《河南省第二实验中学学生常规手册》，每年秋季开学第一周实施教学，意在使同学们养成可以受益终生的良好的行为习惯。课程内容既有"己所不欲，勿施于人"的传统美德教育，又有培养学生"不给别人添麻烦"、"学会轻声说话"的意识和良好习惯，还有各学科学习习惯养成的内容。这一课程的实施，使学生在思想认识、道德修养、行为规范、知识技能等方面都有发展和提高。

2. 爱心涵养

以爱育爱，建设和谐师生关系，让爱深入每一个孩子的心灵。爱是可以传递的，教育是一种以爱育爱的活动，只有把教育者的爱心结合到活动中，才能培养学生的爱心，使教育活动深入学生的心灵。学习绝不是学生生活的全部和唯一，我们要教学质量，但绝不是以牺牲学生的情感体验、生活体验为代价的。我们应该珍惜孩子们的情感体验和生活体验，创造条件让他们去张扬、去发挥、去感受，在活动中成长。为此我们组织了丰富多彩的德育活动，让青春火热的校园活动产生时代文化的感染力，使孩子们开阔视野，激发学习、探究的兴趣，从而更加热爱生活、热爱学习。

（1）让校园充满爱。"像爱自己的孩子一样爱学生"，这一句关爱学生的倡导宣言已升华为广大教师的高尚职业情操。热爱学生、尊重学生、做学生的知心朋友已经内化为广大教师的自觉行为。我校七（2）班有个学生，刚入校时，经常旷课、迟到、上课睡觉，学习成绩很差，还时不时说谎。班主任陈老师发现之后，就特别关注这个学生，多次找他谈心。在交谈中老师了解到他的父母已离婚多年，他现在跟随母亲生活，母亲对他的生活、学习不管不问。由于缺少关心和帮助，他先是不写作业，后来发展到旷课,成绩越来越差,成了现在的状况。谈话之后,陈老师分析,这个孩子并不是没有上进心,并不是做不好事情,而是缺乏必要的关心和鼓励。于是,之后的每天,陈老师都会抽空跟这个孩子说上几句话,关心他的生活起居,表扬他学习上取得的每一点进步,捕捉他在班级生活中的每一个优点。渐渐地,这个孩子不再旷课迟到了,上课也能认真地听讲了。为了能更好地帮助孩子,陈老师积极走访家长,在遭到他妈妈的拒绝后,陈老师又千方百计、费尽周折找到了孩子的父亲,并把他请到学校,和学生处老师一起说服他履行家长责任,关心孩子的学习和生活。现在,这个学生不仅学习有了明显的进步,成绩也已名列班级二十名,还担任了班里的生活组长。看到孩子的变化和进步,他的父亲激动地说:"我从来没有遇到过如此关爱学生的老师,孩子的进步使我看到了希望。"这类的例子在校园里还有很多。

如今的学生所受的挫折太少,往往在一个很小的问题上受到一点困难,就会有畏惧心理。诸如一道题不会做,学生可能就会沮丧烦躁,甚至连课都听不下去;也有学生会因为老师的一句批评而一蹶不振,最终丧失了对这门课的兴趣……诸如此类的事例实在太多。所以课堂中爱的教育是使学生更容易接受教师本人及所教科目最容易的方法,同时也是涵养学生德性的一个重要途径。我们要求老师们平等关爱每一个孩子,真正体现"以人为本"的教育精神。我们的老师从不会因为孩子的失误而粗暴地训斥他,随意地停止他上课。如果有这样的情况出现,属于重大教学事故,老师是要负责任的。

我经常跟老师们说,要去关注孩子的精神和心灵,和孩子们形成荣誉的、精神的共同体,一起去做有意义的事情,只有这样,才能在实现各自的梦想、价值与尊严的同时建立起和谐的师生关系。

(2)在活动中体验爱。如果要评选校园里最煽情的德育活动,恐怕排在榜单之首的会是"感谢有你"系列活动。这是我校感恩教育的重要载体。有位哲学家说过,世界上最大的悲剧或不幸,就是一个人大言不惭地说没有人给我任何东西。我们认为,学校的德育工作应该重视感恩教育,而感恩教育需要我们有意识地去做。如果我们只知道奉献，而不知道把自己的劳动和付出呈现给孩子从而教育孩子，孩子也就无从感受到父母、学校、社会、朋友等对他的关爱。不知恩就不会去感恩。"感谢有你"系列活动就是通过活动让孩子学会尊重他人，以平等的眼光看待每一个生命，尊重每一份平凡普通的劳动，也更加尊重自己。

2010年6月27日的"感谢有你毕业典礼"活动，学校邀请全体家长参与。活动中播放了学校用三年的时间积淀、用三个月的时间精心制作的毕业纪念光盘。光盘记载了孩子三年初中生活的点点滴滴，每个孩子都能从中找到自己的身影，无一疏漏。我和全体班子成员为每一个孩子颁发毕业证书，一一叮嘱，走好前行的路。典礼即将结束之时，当会场最后响起学校的铃声，近千人的会场静寂无声。无声的啜泣、眼角止不住的泪水，孩子们打心底里流淌出对学校的留恋、对老师的感激。

2010年9月10日"感谢有你铭记师恩"活动延续了这一系列活动的精彩。师生情，很多时候需要一点距离、一些积淀。当两者离得太近时，这份厚重得堪比父子、母子的情谊往往被太多的琐碎、小矛盾、小别扭冲淡，甚至掩盖。我们要唤醒孩子心底的这份情，通过征文让他们梳理、品味、书写对老师的情。征文很成功，又辅之以视频、师生表演的节目，一台精彩的联欢会呈现在了全校师生面前，会场的每一个人都感受到了这份充溢于时空的浓郁的师生情。摘取其中一位同学的文章跟大家分享"已经第三年了，我们从相遇，相识，相知，真不得不叹服岁月这东西，将不相识的人们糅在一起，让他们明白爱这东西的奇妙。我曾经在你表扬我时沾沾自喜，曾经在你批评我时露出不屑的神情，曾经在你安慰我时感到一份依赖，曾经在我们共同承受时有一份感动！我们经历过太多太多：一起承受过痛苦，一起欢呼过成功，一起为了班级的荣誉而奋战……我庆幸初中的道路上，有你的陪伴，也正因有你的陪伴，我从未感觉到孤独！"

值得与大家分享的还有很多。为了安全，河南许多中小学校不敢组织学生外出活动，我却亲自带学生到黄河边春游。烛光晚会上，上千名学生在烛光里给父母写信，含泪表达感恩之心。学校通过丰富多彩的活动给学生学习、感受的机会,让他们懂得真善美;给学生展示、交流的舞台,让他们体验成功的喜悦;给学生真诚的关注和指导,帮助他们解决成长的烦恼。

(3) 在行动中传递爱。我们希望通过对学生一点一滴的关怀,让学生体会到爱和尊重,并由此学会去爱和尊重。我们欣慰地发现,我们的努力得到回报。当校园内有废纸时,会有人拾起它;当学校的水龙头常流不息时,会有人拧紧它;当寒冬到来时,老师的办公室门上会被贴上一个漂亮的标语——"请随手关门"。

还有个很典型的事例,很好地证明了老师对孩子的爱和尊重赢得了孩子们的喜爱和信任。课间十分钟,校园里热热闹闹的,孩子们在利用这十分钟做充分的休息。七年级教师办公室里进来一个男生,个子高高的,眉目清秀。"老师,都三个星期没人表扬我了,你表扬我好不好? 今天我的作业全交了。""好! 这是多好的事儿啊! 我一直都认为你是一个非常好的学生,待会儿上课我提问你好不好?""好!"男孩儿高高兴兴地离开了。

卓有成效的爱心德育使学生的思想品质不断得到提升,他们在享受爱的同时也不忘分一缕阳光给他人。孩子们自发成立了"阳光志愿者小分队",深入社区,走上街头,在课余时间为社会奉献自己的一份力量。他们积极为"爱心基金"募捐,把零花钱一分一角地积攒起来,为农村留守儿童、湘西贫困学子、洛阳福利院的孤儿们等需要帮助的弱势群体奉献爱心。无论是汶川地震还是玉树地震,无论是印尼海啸还是南方冰灾,都能看到他们伸出的援手、奉献的爱心。持续的爱心服务得到了社会的认可,目前郑州市青年志愿者协会已破格批准我校阳光志愿者小分队正式登记注册。

3. 行为强化

行为强化就是让学生引领学生,让自己教育自己,在发展中找回自信、快乐和梦想。学校每一个举措的实施,每一次活动的策划,都同时站在家长和学生的角度上来反复思量,我们既要让孩子们取得优异的成绩,为高中的学习打下坚实的基础；又要给他们留下一份最美好、最多彩的青春回忆，不让他们的人生留白。我想，真诚地关爱每一个学生，真正在教育中体现"以人为本"，是完全可以换来学生的爱戴和信任的。

（1）设立诚信考场，给孩子们彻底的信任。孟子曰：诚者，天之道也；思诚者，人之道也。中国自古就是一个讲究诚信的礼仪之邦，有过人类史上灿烂辉煌的五千年文明，更是一个富有理性的民族。随着时代的进步与发展，各大领域交流日趋频繁，特别是市场"全球化"的高速推进，人类的相互依存日渐明显，诚信就显得尤为重要。对于学校教育来说，我们认为，缺乏诚信比缺少成绩更加可怕！没有成绩可以创造，缺乏诚信却能把几代人创造的成绩一夜之间夷为平地！培养学生讲诚信，我们就要给学生完全、彻底的信任。这种信任从设立"诚信考场"开始。

下面是摘录大河报小记者关于我校设立"诚信考场"的报道《用快乐的心情写下诚信答卷》中的几段话：

这次"诚信考场"的设立，是学校对同学们最大的信任，只要学生自愿写申请书报名，经过班主任审核，均可以到"诚信考场"参加考试。这项活动得到同学们的热烈响应。大家纷纷写出申请书，经审核后，有近80％的学生参加了诚信考试。

在无人监考的情况下，同学们反而显得格外镇静，手中的笔"刷刷"地写个不停，一直到考试结束，没有出现任何作弊、抄袭的现象。其中，全校报名到"诚信考场"参加考试人数最多的是七（4）班，人数达到全班的80％。马太峰老师说："我的学生从'诚信考场'回来，只要不抄袭作弊，就算是考零分，我也是光荣的，因为他们在诚信做人上已经得了100分！不错，诚信为人之本，同学们的表现也让我感到欣慰。"

这次"诚信考场"的设立圆满成功了。这不仅是对同学们自身素质的考验，更是思想品德方面的一大飞跃！

事后，同学们一致表示，他们会把"诚信考场"一直坚持下去，他们有信心做得更好，诚信会伴随他们一生。

（2）建立学生自治管理系统，让学生自己发展自己。学生是发展中的人,具有巨大的潜能可以开发和提高。无论什么时候,做什么事情,学生往往都表现出强烈的参与意识,这是十分宝贵的。如果这种参与意识得不到尊重和及时开发,或者被扼杀,以后将无法补偿。而长期以来,我们的学生一直是处在被管理的角色中,一直是受约束的对象。管得过多、过严之后,人身上潜在的积极性就会被压抑,就会显得麻木。想想在一个环境里,你永远不是中心,你自己不是主人,你就没有当家作主的感觉,随之而来的还会有责任感的缺失,以及逆反心理的增强。所以,我校经过几年的探索,大胆放手让学生自治。自治,是给学生一个平台,让他自己来掌握,让他自己来对自己负责。

举一个例子,每天的课间操,从组织、督促学生站队,喊口令整队,检查做操质量,纠正不正确动作,到评点优劣,一切都由学生来负责。每周的升旗仪式,从培养旗手、训练旗手、确定"国旗下演讲"的内容,到颁发流动红旗,也都没有老师的参与。学生的口令喊得可能还没有体育老师那么专业,但却更洪亮;学生确定的演讲内容可能不是很新颖,但却和学生的生活紧密相关。

我校学生自治的根本宗旨是:自己的事情自己做,自己的干部自己选,自己的活动自己搞。

学生会干部在谈到承担的工作时说:"在进行常规检查的时候,我们会先检查自己,因为检查别人的前提是自己要合格;在检查的过程中,我们的目的不是为了扣分,而是要起到监督作用。同样的提醒,如果是老师提出来,同学们可能会觉得比较严肃,但是,我们的提醒,就会让大家轻松接纳。很多时候,同学们看到学生会的成员,就会自觉地检查仪容仪表、做操表现等。因为学生会的自制,我们的校园更有序、更温馨。"

学生会干部在2009年期末总结中写道:在学生的日常管理教育工作中,我们学校主要以量化考评为依据,实行学生自治,学生会在其中发挥了重要的作用。如今年11月12日,郑州突降暴雪,阻塞了道路行车,导致步行艰难,但全校师生仍按时到校,学校立即启动了应急预案,校领导和部分老师积极清扫积雪,学生会主席李彦曾同学和纪检部高宇同学在学生处指导下积极果断采取措施:第一,校广播站循环播报,告诫同学们在操场玩雪、赏雪,并不得把雪带入教室;第二,由纪检部安排各楼层全天课间检查;第三,上下学时段,安排校门口、楼道口、拐角检查。通过以上方案的实施,在我们这所处处都是见雪即滑的教学楼里,没有发生一例追逐滑倒事件。又如12月7日,新闻中播报湘乡育才中学发生踩踏事故,我校学生会副主席李丹阳同学,在事发第二日就主动制定出学生会楼道检查的方案并组织实施检查,细化了学生处所制定的各班按指定楼梯下楼的要求。

(3)给孩子真诚的关注,帮孩子找回自信、快乐和梦想。"……野外拉练时,我真正体会到了团结与友谊的伟大。当前方路途艰险时,总会有一双温暖的手向你伸来,那来自朋友与集体的力量,会一直激励你走完两个半小时的崎岖山路。在他人遇到困难时,你伸出的援助之手,你一句鼓励的话语,也会给他人以力量,就在这样相互的关心与帮助中,全校1000多名师生胜利返回。我们在崎岖的山路中磨砺自己的意志;在互相的帮助中体味团结的力量;在彼此的关心中感悟友谊的纯真。我们学会了坚强、勇敢、友爱、团结。"

"……终于轮到我做向导了,晓燕紧紧拉着我的手,一层蒙蒙水珠罩在手上,可我依然紧紧地拉着,生怕因为自己的一时疏忽,导致她发生意外。我小心翼翼地指挥,在第一时间清扫障碍,我的心随着她的脚步而忐忑不安,我带领她去轻抚绿叶的露珠,俯闻丝缕花香,在她去掉眼罩的刹那,我如释重负,我们的眼泪盈满了眼眶……信任沟通起你我的桥梁……"

"……第二个令我震撼的是当我蒙上眼的时候,在那一刹那,我感到无助极了,没有了光明,没有了视野,就等于失去了一切。但是我的同伴的出现给了我力量,她拉着我越过障碍,一步步坚定地走到了目的地。我感悟到,在漫漫人生路上,有朋友的相随是多么重要啊,她可以帮你走出阴影,她可以帮你越过坎坷,她可以给你重生的信心……正是有了这些,我们才得以一直生存下去。……"

这些参加了快乐营的孩子们的心声,无一不在证实:赏识教育是孩子心灵的疗养院,是孩子快乐的加油站,是孩子智慧的充电器。也正是因为这一点,我校与河南赏识教育推广中心联合每年在八年级秋季开学之初举办赏识教育快乐营活动。我们想通过这一方式帮助学生学会做人、学会生活、学会学习、学会发展、提高情商、全面提高素质,找回在实际的生活、学习中孩子们遗失的宝贵财富。很多孩子在快乐营里找到了自信、快乐,点燃了梦想,制定了远大的目标与具体的学习计划,修好了学习的"发动机",学会了赏识、理解别人,从而更加热爱生活,感恩父母老师,增加了智慧,提高了情商。这项活动不仅是孩子一次刻骨铭心的奇妙心灵之旅,更成为孩子最美好的记忆。

(4)创造条件,让学生自己展示自己。2004年7月,我校组织代表队参加了中央电视台10套节目举办的英语节目《希望之星》师生对抗赛,我校代表队战胜了来自全国18个省市的代表队,荣获两项冠军,为河南省争得了荣誉。2004年10月,我校和河南卫视《英雄年少》栏目合作录制了一辑我校学生的专题节目,参赛队员、演员、小记者、现场观众等七八十名学生,他们表现出色,赢得了节目组的高度赞扬。后来,河南卫视又单独邀请了当时表现出色的于歌等同学参与了其他节目的摄制。

2004年12月,我校组队参加了中央电视台大风车栏目的《挑战800》节目,经过激烈角逐,我校代表队战胜了来自北京等5个省市的代表队,荣获月冠军和季冠军。经过与《大河报》联系,我校发展了《大河报》小记者,并带领小记者外出参加采访活动,组织学生参加"'新概念学校杯'第二届大河新命题中英文作文大赛",取得了很好的成绩。这些活动的开展,既活跃了学生的校园生活,锻炼了学生多方面的能力,又增长了学生的见识。

省电教馆要组织拍摄100个课本剧,我校300余名学生承担了其中26个课本剧的拍摄。从舞美、灯光、服装,到化妆、道具、音乐,每个环节都浸润着学生们大胆的想象和奇异的构思。继拍摄课本剧之后,我校给孩子们搭建了校园情景剧表演的另一个展示舞台。2007年,我校学生创作并表演的《学跳华尔兹》、《明天要开家长会》、《温暖的月亮》以剧情贴近生活实际,表演真实细腻,具有较强的思想教育意义,获得河南省首届校园情景剧大赛一等奖。拍摄校园情景剧,引导学生体验感悟生活、提炼升华生活,激发了学生的创作欲望,锻炼了学生的创造能力,使学生更加热爱生活。

在给老师们的一封信里,我解释了开展各项活动的初衷——"我们要教学质量,但绝不是以牺牲学生的情感体验、生活体验为代价的。每个年龄段的孩子都有属于自己年龄的鲜明的情感特点,过去了,这种情感就变化了,甚至没有了。这就是为什么在我们成人看来无比幼稚的游戏却会受到孩子们的追捧的原因。所以,作为一个教育工作者,我们应该珍惜孩子们这种宝贵的情感体验,给他们创造条件让他们去张扬、去发挥、去感受。"

四、尊重差异、因材施教,促进学生的个性张扬

当代教育面临的根本问题是什么?如何在义务教育中培养学生的创新精神和实践能力?我理解我们社会最大的变化体现在进入个性化生产和个性化消费的时代,创新已经变成商品价值结构中的最重要因素,如何培养学生的创新能力是时代的课题。《国家中长期教育改革与发展规划纲要》明确提出教育发展本身就是现代化的标志,我们的教育要实现"工具性价值",更要关注对人自身发展的"本体性价值"。无论是适应时代发展需要、服务国家和社会还是实现自身的价值,个性发展都居于重要位置。因此,发展学生个性应当是当今教育的重点之一,必须给予足够的重视。

(一) 个性发展是当代教育的共同关注

当代国际教育发展的一个重要特征是十分重视学生的个性发展,这一方面是当代经济社会发展对人才培养机制提出的要求,另一方面也体

现了对人本身的尊重与关注。越来越多有关创造心理学研究的证据表明，创造性与个性密切关联，充分发展学生的个性是培养创新能力的重要途径和方法。多元智能理论也进一步揭示了个性发展的教育意义，不同的人的优势智能是不同的，教育的任务是发现和发展每一个人的优势智能，通过优势智能的发展贡献社会并实现自我价值。

我国义务教育已经从关注"有书读"发展到关注"读好书"，已经从以普及为重点转向以提高为重点。作为义务教育学校的校长，我们必须及时从关注"一个不能少"转向关注"每一个都重要"。学校教育真正落实到对每一位学生的教育，在保证国家义务教育质量的基础上，关注学生个性特长的发展，把发展学生个性特长的教育放到学校工作的重要位置，把学生个性特长的发展作为学校重要的办学目标与追求。

（二）个性发展呼唤宽松的教育环境

目前在教育界对个性发展重要性和现实意义的认识已经趋于一致，我们欣赏个性，但现实中又往往难以容忍个性。当今中国社会对创新人才几乎到了渴求的地步，我们因为培养不出更多我们期待的创新人才而反思教育，为此设计组织了各种各样创新人才培养的方案和计划，但现实中我们对创新人才的个性又缺乏包容。

无论我们对创新的理解多么不同，创新本质上是一种求异的活动。个性突出的创新人才其行为与思维特点一定是不附和别人，有自己的主见和思考的，而创新的作品通常是大家当时不能认识和理解的。因此，整个社会就面临创新个性被包容和悦纳的问题。目前，在我们学校教育中，一方面强调个性发展，另一方面又难以容忍学生的质疑、"异想天开"、"不听话"；一方面强调个性与创造，另一方面又注重标准答案和统一要求；一方面要求学生自主发展、主动发展，另一方面又不给学生足够多的选择机会、决定空间，什么事情都要替学生安排好。如此这般的教育环境与我们所追求的培养目标是背道而驰的。

（三）个性发展需要"学生发展历程个别化"

学生是个性不同的生命主体,教育就应当为个别化的生命体提供个性化的发展帮助,发展学生个性、培养学生的独立思考精神关键在实现班级授课制下的个性化发展。这些年我在学校工作中一直致力于这样的探索,从选修课程建设到个性化课堂、分层教学,从个性化作业研究到学习共同体的建设,始终围绕"学生发展历程个别化"进行探索,希望为每一个学生提供最大程度促进个性发展的教育环境。学生在这样的教育环境里,个性得到张扬、主体性得到尊重,能够调动自身的发展动机,从而能够实现阳光灿烂地成长。实践证明,我们这样的探索受到了学生的欢迎、得到了家长的支持,初步的成效鼓励我们把这样的探索继续进行下去。

1. **基于学生个性发展的社团建设与课外活动**

教育作为一种培养人的活动就是要使每个人的个性都得到充分而自由的健康发展,从而使每一个人都具有高度的自主性、独立性和创造性。我校以社团建设为抓手,建立了文学写作与编辑、校园电视节目采编、课本剧编导与表演、电脑制作、定向越野、舞蹈基础、器乐演奏、合唱技巧等学生社团。还开展了多学科领域的探究性学习,如成长的烦恼、近视的成因、正视畜牧业造成的环境危害、我们身边的水、学生书包内的物品和用途调查、学生购买零食的原因调查、中学生零用钱调查报告等。比如在"成长的烦恼"研究性学习中,学生们分小组设计调查问卷,深入学生聚集的校园、图书馆、购书中心等地点,搜集各类成长的烦恼,还大量搜集古今中外表现烦恼的艺术作品(电影、电视剧、小品、音乐、绘画、摄影、雕塑等),最终以多种富有创意的形式向同学展示调查分析的成果,拓展了自身的视野,提升了自身能力,破解了成长中的困惑。

2. **基于学生个性发展的校本课程**

多年来,我校从学生实际出发,开发了一批旨在促进学生个性发展的校本课程。这些课程中典型的有:

（1）培养未来领袖的模拟联合国活动课程。模拟联合国活动作为一项锻炼学生综合素质、培养未来领袖的活动得到了国际社会的普遍认可,

20 世纪 90 年代初进入我国至今,参与者都是大学生和高中生。今年,我省电教馆引入了国际上唯一一个为 9—16 岁青少年组织的蒙特梭利模拟联合国项目。在活动中,学生们可以通过扮演各个国家的外交官,模拟联合国的议事规则和动作方式,通过阐述观点、政策辩论、投票表决、做出决议,了解人类所面临的共同问题,思考自身可以发挥的作用。我校作为首个基地学校,承担了活动组织、学生培训等主要工作,并同时成立了我校的模联社团。经过半年多的准备、安排和策划,11 月份召开了首届河南省蒙特梭利模拟联合国大会。我校派出了 16 名学生,代表巴西、比利时、沙特阿拉伯 3 个国家参加了六个委员会的会议。我校学生在大会上表现出色,荣获了杰出代表、最佳风采、最佳立场、最佳阐述等 13 个奖项。其中 8 名学生被选中,将于今年四月参加在美国纽约联合国总部召开的蒙特梭利模拟联合国峰会。模联活动使孩子们更加深刻地体会到合作的重要性,他们学会了妥协,学会了用正确的方法为代表的国家争取利益,知道了盲目的坚持个性并非真正理性的行为准则。模联带给孩子们的不仅是一种全新的视角,更是一盏导航明灯。它让孩子找到目标,并成为一种潜在的推动力让学生更加善于发现自己的领袖才能,并努力去实现自己的目标。下学期,我校将在更大范围内推广这一活动,让更多的孩子通过活动受益。

（2）为器乐爱好者设计的《走进乐器王国》课程。刚踏入中学校园的学生们,对音乐充满期待和喜爱,但是很多学生对这些带给他们欢乐的乐器认识比较模糊。例如:弦乐、铜管、木管分类不明确,西洋及民族乐器难以区分。因此开设了一节校本课《走进乐器王国》。通过这节课使学生轻松地识别了乐器的分类、辨别了乐器的音色。

该课通过音乐冲浪游戏的导入吸引学生,简单介绍乐器的起源。从地域明确乐器两大分类:民族与西洋乐器。再从这两类中逐步让学生认识乐器的详细分类:弦乐器、弹拨乐器、打击乐器及吹管乐器;西洋吹管乐中铜管乐器与木管乐器的区分。为使课堂生动活泼,在课件中大量展示出各种乐器的图片及视频资料,播放很多经典的乐曲片段,组织学生模仿乐器演奏姿势等,从而让学生能够深刻记住乐器的特点及音色。例如铜管乐器中的长号,选用了大家熟知的新闻联播曲;弹拨乐器中的琵琶,选用了《十面埋伏》。课堂中通过教师的小提琴演奏及学生古筝、笛子、萨克斯的才艺展示,使整个课堂生动活泼,激发了学生对乐器的了解与喜爱,使学生深刻记住了每种乐器的音色。

通过该课程的学习,学生基本能判断常见乐器的分类、辨别乐器的音色,并对管弦乐队的编制有了初步的了解。它受到了器乐爱好者的极大欢迎。

(3)屡创佳绩的定向越野队训练课程。定向越野运动,1918年起源于瑞典,最初从军事活动演变而来。在北欧是一项有着百年历史的"古老"运动。于2008年成为奥运会正式比赛项目。

定向越野运动是融健身性、知识性、趣味性和国防教育性于一体的一项体力与智力并重的体育项目,非常适合在大、中、小各级各类学校开展。经常参加定向运动不仅能强健体魄,还能让学生在轻松愉快的比赛过程中增长识图、用图知识,对培养学生独立分析并解决困难的能力和良好的逻辑思维能力有独特作用。

定向越野是全国中小学生"2+1工程"的体育项目之一。通过定向越野课程的学习,要求学生掌握定向越野的基本知识、基本技术,并能持之以恒地加以锻炼,为终身体育锻炼打下坚实的基础。

我校定向越野队训练课于2007年开始,从2007年河南省第一届青少年定向越野锦标赛至今,连年获得集体和个人项目的最好成绩。使学校在全省各参赛学校中打响了知名度,同时引起了省体育局以及很多专业教练的注意。虽然时间不长,但该课程取得了傲人的成绩,得到社会各界的普遍好评。

(4)推动高中、初中、小学三学段衔接的课程。初中在基础教育中处于中间阶段,上要衔接高中教育,为学生进入高中奠定基础,下要对接小学教育,适应从小学进入初中的学生的现实需要,在我校的校本课程建设中,把"衔接课程"作为重要的校本课程建设内容,从课程、教学两方面推动这样的"衔接教育"。

我们主动与河南省实验中学、河南省实验小学联系,分别组织实施了"初高中衔接与深度教研"、"小初衔接与深度教研",开发形成了基于"衔接"的教学内容与教学安排。这样的活动从小学到高中,着眼学生终生发展,进行跨学校、跨学段的各学科衔接教学深度教研,使不同学段的教师从社会对人才的需求这一终极目标着眼,认真研究了课程标准要求、学生能力需求、学业评价导向等需要衔接的问题,破解影响学生升入高一级学校时面临的学习难题。虽然算不上严格意义的课程,但有目标、有内容、有教学安排、有评价,已经具备课程的主要要素。

结语:为了孩子阳光灿烂地成长——我的教育理想与追求

我在学校苦苦求索了 13 年,学校的教育教学质量得到社会认同,以划片入学的生源取得一流办学成绩,学生的综合素质发展更得到家长和社会的认同,"一所在真正实施素质教育的学校"这样的口碑逐渐形成,办学成绩在河南省是备受瞩目的:

在中招学业水平考试,我校连续多年名列郑州市前茅,受到郑州市教育局的表彰。多名同学在全国中学生英语能力竞赛、全国数学竞赛、全国中小学生电脑制作大赛、《语文报》全国"五星竞赛"等省市各类活动和竞赛中获得优异成绩。

从官员到校长,13 年的酸甜苦辣,我的信念似乎变得更加坚定了,对教育的理解也在不断深化:我们办教育、当校长究竟追求个啥? 有人问我为什么总能保持对孩子、对学校这样高昂的热情和激情? 我自己评价自己是"敬业不爱岗",校长面对的办学社会环境令我失望、令我忧心,做校长太苦、太难,从内心里不想当校长,但每当看到孩子的脸庞、家长的期望、想到国家和民族的发展、看到社会的不良现象,办教育让孩子阳光灿烂成长、让我们生活的社会变得美好的强烈使命感就会让我倍感身上的责任重大,不敢有丝毫的懈怠。

我知道很多人把我看成很"另类"的校长，只要为了孩子、为了教育的理想我可以低头、可以弯腰，我愿意来倾听孩子，愿意为孩子们去争、去吵、去呼吁，但面对利益、面对权贵、面对世俗、面对压力，我有超越小女子的坚定和坚持！在我心灵深处似乎总有孩子的呼喊：给我们一份阳光、给我们一份快乐吧，我们不会辜负家长、辜负时代！这样的呼声支撑我坚持、坚持、再坚持！

　　我的"另类"还体现在总喜欢关心整个教育的问题，不仅关心自己学校、自己学校的教师和孩子，更关心整个河南省教育的发展，也许与我在教育厅工作的经历有关吧，我希望我们的有效做法能够推动其他学校发展，我希望我们的教育资源能够让更多学校、更多孩子受益，只要能够有利于全省基础教育的发展，即使我们学校我个人受到损失我也是乐此不疲的，让我们学校的孩子阳光灿烂地成长是我的追求，让更多孩子阳光灿烂地成长同样是我的理想与追求！

　　教育路漫漫，责任永无限，探索无止境，为了孩子阳光灿烂！

阳光育人 多元发展

——河南省新乡市第十中学素质教育理念与行动

河南省新乡市第十中学 马玉芬

新乡十中 1956 年建校,是具有 50 年办学历史的传统名校。学校以校风正、教风严、学风浓、校纪明而享誉全社会。目前学校的规模为:74个教学班,4500 余名在校生,近 300 名教职工,是豫北地区乃至全省规模最大的初级中学之一。

半个多世纪的励精图治、五十余载的薪火传承,在一代又一代十中人孜孜不倦的追求和不懈努力下,学校育人成果丰硕,办学业绩斐然,学校发展已进入到一个高原期。2008 年被河南省教育厅"教育时报杯"评选为"河南省最具榜样力量的学校"。十中优良的传统,严明的校纪,优质的教育教学质量是十中几代领导和广大教职员工共同写就的办学历史。十中光荣的办学传统与厚重的历史文化影响着一代一代十中人,也激励着我与同事们在这一片教育热土上倾心地付出,愉悦地收获。

"阳光育人,多元发展"是我校五十年校庆全体教职员工通过认真研讨共同确立的办学理念,也是我们不断追求的办学特色和正在稳步形成的学校文化。为使办学理念真正成为每一个十中人的教育行动,2008年,我们把"办学理念"正式申报为省级十一五规划科研课题:课题名为:实施"阳光育人,多元益智"综合工程,促进师生多维度全面发展。在总课题的引领下,目前我校共确立市级课题 10 项,校级子课题 32 项,全校教师全员参与课题研究工作,现已取得丰富的成果。

一、"阳光育人,多元发展"教育理念的确立

(一)"阳光育人,多元发展"释义

阳光育人:我们确立"阳光育人",志在把学校打造成充满理想和热情的学校,使师生人人都有内在的生命活力;努力营造阳光和谐校园,让学校成为教师发展的乐土,学生成长的乐园。

当前,在我国的中小学,学生整天浸泡在"题海"里;教师又沦陷在加班补课中。学与教都成了苦不堪言的体力劳动,毫无乐趣可言。这种状况亟待改变。

多元发展：我们确立"多元发展"，目的是给每一位教师搭建多元发展的舞台，让每一个学生都有自己成长的一片天空。运用多元智能理论，关注师生强势智慧发展，充分挖掘每个师生的潜能，充分张扬每个师生的个性，努力铸造每个师生的成功。

传统的智力观和智力理论把智力局限在课业学习的范畴，用一把尺子量学生，它窄化了学生成才的通道。如果我们对一个人智力的理解、智能的理解仅仅用校园里的分数来衡量，这就意味着我们会让一些很有才华、很有才能的学生因为学习成绩不好而在校园里成为学后生和学困生，甚至把他们定位是蠢材、废材。多元智能理论强调每个儿童都有自己的强势智能领域，因此每一位学生都是可造之材。新课程的学生发展观，应该是促进学生多维度、多层面、全方位的发展。

（二）"阳光育人，多元发展"的理论支撑与实践的需求

1. "阳光育人，多元发展"的理论支撑

我校实施"阳光育人，多元启智工程，促进学生多维度全面发展"是受到多元智能理论的支撑，并为多元智能理论提供了很好的实践的土壤。在实践探索中我们深深认识到：多元智能理论对我们正在进行的新课程改革有很大的启示，它很好地诠释了素质教育：

启示一：多元智能理论的教育理念是关爱生命的教育理念。对每一个生命它都不放弃，只要教育得法，每个人的潜能都能得到开发，每个人都是可塑之才。我们需要有这种理解人才的视角，在教育的过程中，有很多优秀教师，他的优秀不在于把课讲得很出色，而在于他对学生的深刻的理解和尊重。

启示二：教育不是改造人而是培养人。根据多元智能理论：每个个体都是不同的，都有自己的强势智慧和弱势智慧。每一个儿童都是一个独特的种子。我们每一位教师应该关注的不是哪一个儿童更聪明，而是一个儿童在哪方面更聪明。用魏书生老师的话来理解，就是找到每一个学生的起点，能飞的飞，能跑的跑，能走的走。

启示三:教育应该促进儿童富有个性的全面发展。运用多元智能理论,关注学生的强势智慧,绝不是说让学生在初中阶段就在某一方面有个极端的发展,而是用他的智能强项带动他各项领域的发展,通过某一点"长项"的个性张扬,培养学生的自信,因为"信心是半个生命"。美国曾对200多名著名的科学家进行调查,发现他们成功的秘诀在于:多数人都是由于对某一领域的问题有强烈兴趣,才导致忘我乃至疯狂地工作,直至成功。可见从兴趣和快乐出发,人生才能走得更久远、更成功。

2. "阳光育人,多元发展"的实践需求

按照新课标要求,教育要对学生的终身发展负责,学校教育要把教育学生"做人"放在首要位置。因为一个人在知识上的缺陷,不至于影响他的一生,而在做人方面的缺陷则会影响他一辈子。

新东方总裁俞敏洪谈教育:"教育问题在于从小学一直到大学,学生在受教育的阶段能够学到什么样的眼光、价值观、创新意识和创造力的问题。缺少对社会的理解,缺少对自己清晰的定位,缺少面对挑战的信心和决心,缺少与社会相容的爱的能力,缺少接受失败和挫折的良好的心理准备,没有完整的价值观,掌握再多的工具也无法真正获得成功。"

从我国社会发展的现状来说,现在面临的最大问题是:在经济繁荣的同时,社会道德存在一定程度的滑坡,科学发达,人文溃乏。试想,一个掌握了高新技术的高精尖人才,如果没有民族责任感和爱国心,没有健康的人格和心理,他能给社会、给国家、给他人带来什么?

二、"阳光育人,多元发展"需要阳光教师与教师多样才能

教育部中学校长培训中心陈玉琨主任说:要改变一个教师,就要先改变一个教师的价值追求,通过改变教师的价值追求,让教师更关心自己的成长和发展需求。在培养教师的发展过程中,我们形成了以下的认识:

1. 培养阳光学生,首先要培养阳光教师

"阳光育人,多元发展"的落实急需一大批"创造性的教师"和"教学的

艺术家"，因此，"教师的成长、教师的发展"是实现学校办学理念最关键的因素。

在理念引领的基础上，十中校领导树立"教师的最大福利是教师的培训，对教师专业发展的关怀是最人本的关怀"的认识。在全校开展了"教师成长和发展"的系列研究活动。研讨活动之一：提升教师的职业态度；研讨活动之二：研究教师教学艺术风格的形成与发展；研讨活动之三：开展"叙事研究"，推进教师的专业化成长；研讨活动之四：打造书香校园，让读书成为习惯；研讨活动之五：名师引领，榜样示范活动。

研讨活动之一：提升教师的职业态度。为了提升教师的职业态度，校领导向全体教师明确提出：培养阳光学生需要阳光的教师。推行阳光教育，仅做一个向学生传授知识的"经师"是不合格的教师，十中教师人人要做既关注学生精神成长，又能成为学生精神成长示范者的人师。能不能做"人师"，教师的职业态度至关重要，要成为优秀教师，职业态度就要不断地向上去发展。为了把"爱与责任"的教育深入到每一位教师的心灵深处，我们开展了职业态度大讨论。

通过大讨论，使我校教师明确了教师职业态度有三个层次：

第一个层次，是把职业当成一种谋生的手段，这个层次不能用觉悟来衡量，在这个层次上的教师一般容易站在个人私利的小圈子中，较多地计较个人得失。

第二个层次，是把职业当成一种追求——即热爱教师这个职业，因为热爱教师这个职业，所以热爱这个职业里边的所有东西，特别是爱学生，把当一名优秀教师作为他生活中的一种向往和追求。这个层次的教师以事业为重，敬业奉献精神强，很少计较个人得失。

第三个层次，是职业态度的最高境界，把当"人师"当做人生的价值去体现。这个层次的教师舍身忘我，全身心地投入，把事业当生命。

为了建立新课程理念下"新型"的人文师生关系。我们把师生关系提高到办学质量的高度来认识，响亮提出：师生关系就是教学质量，师生关系融洽，才能促进教学质量的提高。

我们要求师生关系要上三个台阶。第一个台阶：教师与学生是朋友，打破师道尊严；第二个台阶：教师和学生是知音，学生有心里话愿意对你说；第三个台阶：教师是榜样，用人格魅力吸引学生，以高尚情操影响学生。

为了培养阳光学生，我们在全体教师中响亮地提出五个口号：①大声表扬，悄悄批评。②把微笑带进课堂。③好的关系胜过好的教育。④学生是待点燃的火把。⑤教师是奉献爱的事业。

通过师德大讨论，十中教师对"今天怎么才算是好教师"有了统一认识，好教师的标准应该是：教师具有阳光心态，能够在教育学生中享受工作的愉快；喜欢学生，学生也喜欢你。如果我们当了一辈子老师，却没有体验到当老师的快乐，这是一件很悲哀的事情，因为你做了一辈子你不喜欢的事。当一个教师，如果自己不快乐，你的学生保证也不会快乐。你想我们做教师的天天愁眉苦脸、懒懒散散、没精打采，学生他能轻松快乐吗，他能有激情和热情吗！情感这个东西是富有感染力的，就像感冒一样传染。所以我经常对我校的年轻教师说：如果你已经干了三年教师了，还没有喜欢上这个职业，就赶快转行，从事自己不喜欢的职业，是件非常痛苦的事，你不阳光，学生也不会阳光；你不幸福，学生也不幸福。

2. 培养阳光教师，既要培养教师的师德，也要培养教师的师能

（1）教师师德的培养。为了最大程度发挥教师的主动性、自主性和创造性，以达到自我反思、自我教育之目的，2009年我们创新师德教育模式，改变了以前领导说教和领导提要求的方式，充分发挥教研组的积极性和主动性，以教研组为单位轮流承担全校的师德教育活动。具体做法是：每学期由学校教科两处负责，确立师德教育的主题，师德教育的内容与形式由承担师德教育的教研组负责设计与实施。2009—2010年已有四个教研组承担了全校的师德教育任务，主题分别是，语文组：文明高尚的教师礼仪，潜移默化的人格魅力；政史地组：讲师德辨是非，谈高尚说先进；数学组：师爱无疆—春风化雨，爱心育人；体音美组：学三平精神，做幸福教师。内容贴近教师教育生活，形式新颖而富有创意，以互动讲座、教育叙事展演、小品、配乐诗朗诵、合唱歌曲等形式,对"师德和教师礼仪"进行了系统的阐释,充分展示了十中教师的育人魅力和人格魅力。

(2)教师师能的培养。从教师研讨活动的第二系列开始,我校把教师教学能力,也就是"师能"的培养放在重要位置上。

研讨活动之二:研究教师教学艺术风格的形成与发展。新课程要求:不当教书匠,要当教育家。为了使我校教师与新课程共同成长。我们组织全体教师认真研讨了上海师大谢利民教授关于教师教学艺术风格形成与发展的研究成果,认真分析了教师在成长过程中每一个阶段的特征和促使他发展、提升的内在与外在因素。通过研讨我们把教师教学艺术风格的形成及其发展设计成四个阶段,使广大教师明确:一个刚入门的教师要成长为一个教学的艺术家必须经历四个阶段的磨砺。

第一个阶段:模仿性教学阶段,见习期的教师基本上属于这个阶段。模仿性阶段的教师还不是一个合格的教师。

第二个阶段:独立性教学阶段,已成长为一名合格教师。

第三个阶段:创造性教学阶段,已成长为一名优秀教师。创造性阶段的教师最鲜明的特点是在他教学艺术发展过程中"常教常新",学生听不够他的课。

第四个阶段:形成独特的教学艺术风格阶段:即教学的艺术家。这个阶段的教师的教学水平和能力有"过人"的地方,就是他对"教学最优化"的刻意追求。

在深入研讨教师成长和发展的活动中,校领导和教务处认真分析了十中教师这支队伍在四个成长阶段中每一个人所站的位置,并分析处在四个台阶上的教师比例分别有多大,哪些教师的可塑性强、潜力大,能往上再提升一步。通过研讨,校领导深深认识到:将来对学校发展产生触动作用最大的是第三、第四阶段的教师,即创造性教师和教学的艺术家。他们是实施"阳光育人,多元发展"的中流砥柱和领头雁,因此,学校要特别关注这个阶段的教师成长,要从合格教师中发现苗子,创造一个内部和外部的环境,通过各种渠道和各种管理体制,提供发展的平台去促成这批教师的生成,并把他们作为学校的带头人带动全校教师去创新,去进行教学改革。

通过研讨"教师的成长和发展",号召全体教师人人编制个人发展计划,让每一位教师分析个人的优势与不足,自我定位、自我加压、自我塑造,人人制定出自我成长和发展的目标,在全校掀起一个争当"创造性教师"和努力攀登"教学艺术家"高峰的热潮。我们充分相信:研究教师的成长和发展,对我校新课程的实施与推进将产生深远意义。

3. 教师师德与师能的培养离不开生活与实践

研讨活动之三:叙事研究,推进教师的专业化成长。多年从事教育工作的经验告诉我们:教育的真知来自生活,生活的味道越浓,教育的意义就越大。

在校领导的大力提倡和指导下,2005年校科研处以写"教育叙事"和"教育案例"为载体,推进我校教师的专业化成长。这项工作每年都有创新,物化成果越来越丰富。主要开展了三项活动:

第一项活动:阅读中外经典教育叙事。

每学期校科研处通过校园局域网和每两周一期的理论学习资料向全体教师推荐中外经典教育叙事和案例,并利用理论学习时间组织教师学习和研讨。如我校在校园网发布的经典教育案例有:举起你的左手;一个习惯改变一个命运;高明的惩罚;今天我们怎样做教师等;教育叙事如:责任感不能丢;被骗以后;架起信任的桥梁;让教育充满惊喜等。

通过阅读和研讨,十中教师在这些蕴含着深刻的教育理念与教学技能的经典故事中心灵受到震动,思想受到启迪,观念得到更新。更令人惊喜的是,这种盐撒在汤中的渗透式教育,使十中教师从教育理念到教学实践都与新课程越走越近。

第二项活动:人人写作教育叙事和案例。

在阅读和研讨中外经典教育叙事与案例的基础上,科研处又开展了人人写作教育叙事和教育案例活动。每年放寒暑假前,我校教师都有两道特殊的作业,即每人交一篇经典教育叙事和一篇经典教学案例,学校成立专家评审组进行认真评选,在评选过程中,评委们强烈地感受到:老师们通过写作教育叙事和教育案例而涌现出来的新思想、新理念波涛汹涌,字里行间充满着他们对"新课程理念"孜孜不倦的追求和在教育实践中得出的智慧结晶。

第三项活动:倾听同行的教育故事。

在人人写作和专家评选优秀教育叙事的基础上,校科研处又在全校开展"倾听同行的教育故事"活动,每学期校科研处从 600 余篇教育叙事和教学案例中精选出 30 篇有代表性的教育叙事和教学案例,让其作者在全体教师会上向同行们讲述。老师们交流的经典教育故事和案例有:"在150 面镜子前正衣冠"、"把爱的种子洒向心田"、"还学生一份人情"、"诚信对话胜过无名发火"、"给孩子一片展示自己的天空"、"尊重学生,赢得教育的成功"、"一个帮助,一次重生"等。

几年来,在老师们撰写的几千篇教育叙事中,既有细致翔实的故事性描述,又有基于事实的深刻分析,故事里有真情,故事里有真理,故事里有灵魂和生命。每年暑假,我们都要举行"倾听同行的教育故事"即:优秀教育叙事交流会,教师们声情并茂地娓娓讲述着发生在他们自己身上的、教育生活中真实的、细小又巨大的故事,震撼着在座的每一位老师的心灵,成为师德教育中一道亮丽的风景线。

通过开展"倾听同行的教育故事"活动,让全校教师共享同行的研究成果,并在遇到和故事中相似的教育现象、教育情景时能够反躬自省,做个有心人,在共享中互相汲取教训,借鉴方法,学习理论,增长经验,达到共生共长。

通过开展阅读中外经典教育叙事案例、写作身边的教育叙事和案例、倾听同行的教育叙事和案例的活动,十中教师正在养成一种"探究"的习惯,时时以研究者的眼光,审视、反思、分析和解决自己在教学实践中的问题,不断改进教学行为,实现从行为到理念的飞跃,并逐渐向专家型教师迈进。

校科研处把写"教育叙事"和"教学案例"列入到教师每学期的"教科

研学期固定百分考核"当中。《新乡教育科研》杂志连续两期（115、116）专题刊登了我校教师40篇优秀教育叙事和案例，在教育界反响很大，起到了教师专业化成长的引领作用。2006年9月，学校组织专门人员，整理修改了一百多篇叙事优秀作品，编辑出版了十中教育叙事集《述说成长的故事》、《实现共生的理想》，并在我校五十周年校庆时，发放给参加校庆庆典的一千多名校友和与会的五百多名领导与老师。

研讨活动之四：打造书香校园，让读书成为习惯。苏霍姆林斯基的名言："一所学校可能什么都齐全，但如果没有为了人的全面发展和丰富精神生活而必备的书，或者大家不喜爱书籍，对书籍冷淡，那么就不能称其为学校。一所学校也可能缺少很多东西，可能在很多方面都很简陋贫乏，但只要有书，有能为我们经常敞开世界之窗的书，那么这就足以称得上是学校。"

为了营造书香校园，2003年我们就响亮提出：建立学习型组织，建设学习型校园。教科两处在全校开展了"打造书香校园，让读书成为习惯"的系列读书活动。学校出资每学期为教师购买1—2本教育名著、专业书籍或优秀的中外文学名著，教科两处给老师们发放的必读书籍如：李希贵的《为了教育的自由呼吸》、孙云晓的《好的关系胜过许多教育》、赵国忠的《教师最需要什么》、周成平的《著名特级教师课堂魅力经典解读》、《100位优秀教师魅力修炼心得》、还有《杜郎口旋风》、《教育就是培养习惯》、《于丹心语》、《影响教师一生的100个好习惯》、《做幸福的教师》、《第56号教室》等。在此基础上，教科两处在全校师生中开展了"好书导读—读书报告会"、"读教育名著，与名家对话"等活动。

每年暑假的教师培训，学校都要开展以教研组为单位的读书交流活动，各个教研组以精彩纷呈的内容、富有创造性的形式为大家展示他们的阅读感悟和读书所带来的生命启迪。学校根据教研组推荐及个人上交的读书心得、读书笔记，评选出学校"十大读书人物"和"读书活动先进个人和先进教研组"，在教师节进行隆重表彰。为推动读书活动进一步向纵深开展，又开创了在全体教工会正式开始之前，由学校"十大读书人物"为大家进行读书展及演讲活动。现在,以教研组、教休室为团队的读书活动有声有色,气围越来越浓,我们惊喜地发现:教师的读书活动带动了学生和家长的读书活动。十中的教师、学生和家长正在使"读书"成为习惯,并当做吃饭、穿衣一样成为生活中的必需,十中校园内外已形成浓厚的读书氛围。

"三更有梦书当枕,半床明月半床书。"我们在全校开展读书活动旨在:通过读书提升教师的职业境界;通过读书让教师不再职业倦怠,使疲惫的心充盈起来;通过读书让教师感觉工作和生活不再沉重,让人生充满自信和激情,并把这些美好的感觉传递给学生,从而培育他们的生命情怀,滋润他们的生命质地。

在开展读书活动中,校领导深深感悟到:让教师实实在在捧起一些教育教学专著,享受前人积淀了一生的宝贵财富,在品尝前人的智慧中,在和名家对话的顿悟中,真正体验到教育的真谛和新课程豁然开朗的那一片芳草地。通过打造书香校园,使十中的领导和教师也真正达到了魏书生老师所描绘的那个境界:静下心来教书,潜下心来育人,守住一颗平常心,把平凡的事情做的有滋有味、有声有色、如诗如画、如舞如歌。

三、阳光育人,多元发展——为学生终身发展奠基

(一)扣准多元发展的目标,给学生一片希望蓝天

阳光育人,多元成长当然应当是多维度、多层面、全方位的发展。看一看我们基础教育的现状,孩子们的人生才刚刚开始,沉重的课业负担竟然使很多学生厌学。为了提高课业成绩,学生们拼光了体力,耗尽了兴趣,甚至失去了对生活的热爱,这样拼出来的的成绩还有多少价值!即使是考上清华北大,失去了对生活的热爱,失去了对学习的兴趣,他的人生也是灰白沉重的。素质教育要让每一个孩子都阳光灿烂地取得好成绩,而不是满脸菜色地去争第一。

2004年9月,我校率先承担了省教科所下达的校本课程研发任务,各

学科组依据校科研处出台的《校本课程建设及管理条例》,充分发挥广大教师的积极性和创造性,赋予各任课教师课程权利,通过多种渠道开发建构学校课程。努力形成富有特色的融文化、生活、自然、社会为一体的校本语文、校本外语、校本数学、校本物理、校本化学、校本德育等科目在内的系列校本课程。

外语组的校本课程"英语口语伴我行"被新乡教育电台进行了专题报道,在社会上反响很大,被推荐参选全省电视节目大赛,荣获"全省最佳电视节目奖"和"全省电视节目大赛银奖"。

体育组的校本课程"活动左肢,开发右脑,青春节拍韵律操",被中央教科所定为国家级校本课程研修基地,并举行了隆重的挂牌仪式。

历史组开展的《快乐历史行—多彩课堂,演绎历史》更是把学生带进了博大精深的历史生活和历史故事当中,其中历史剧《精忠报国》、《罢黜百家独尊儒术》、《梦幻课堂》被教育电台推荐到省里参加"全省中学生电视剧大赛",喜获三个银奖。

现代部进行计算机机器人智能开发、计算机软件设计开发、网络环境下的探究学习等,在全省和全国机器人灭火大赛中,两名实验班选手捧回了金光灿灿的奖杯,取得全省一等奖和全国三等奖的佳绩。

现在各学科校本研发课题组都有自己的校本教材,已形成的音像资料有各具风格特色的校本课程研讨课、不同形式的课件、网页等,其中有些已经被国家和省市课程改革音像资料有关部门推广和使用。

由于我校校本研修和课程开发成果丰硕,在全省"校本研修和课程开发经验交流会"上,十中代表新乡市作了典型发言和成果展示,共有32项成果荣获省级校本研修成果一等奖和二等奖,学校也被省教科所评为河南省校本课程研发先进学校。

有位哲人说过:给我一个支点,我将翘动整个地球。在课程改革中,十中领导和教师深深认识到:校本研修和课程开发是实现学校跨越式发展的新的质量增长点,它带给我们的是一个全新的教学视野。

(二) 以校园活动课为抓手,塑造终身难忘教育

苏霍姆林斯基说:没有一个孩子是毫无才能的庸碌之辈,他们有着各种各样的兴趣和禀赋,只要遇到合适的土壤,每个人都能取得属于他自己的发展成就。

为了落实阳光育人、多元发展这一办学理念,2009 年起学校决定在原有校本课程研发的基础上,在新初一年级开设综合实践活动课程,即选修型校园活动课程。

1. 总体思路

构建以兴趣特长为动力,以自主学习为方式,以校本课程为依托的素质教育新模式。把学校的一切具有教育内涵的活动都作为课程去建设,把学校的各项教育教学活动都纳入学校课程建设的范围。

2. 主题分类

我校综合实践活动课以年级为单位,主题分别定为:初一年级:"我与生活"、初二年级:"我与自然"、初三年级:"我与社会"。

3. 课程菜单

现在已开设并取得丰富物化成果的综合实践活动课有 26 门之多,它们是:

语文组:《魅力语文,演讲与口才》、《中华古诗文经典诵读》和《中华民俗(节庆)研究》。

数学组:《通过数学活动,发现数学魅力》。

英语组:《英文影片欣赏及模仿秀》、《趣味英语驿站》。

政史地组:《播音与主持》、《社交礼仪》;《生活中的地理》、《地理中的情趣》。

理化生组:《化学生活 DIY》、《生命教育》。

信息技术组:《信息技术综合实践课》。

体育组综合实践课:《篮球兴趣课堂》、《足球兴趣课堂》。

音乐组开设综合实践课有:《音乐:学习与欣赏》、《形体美训练》。

美术组:《创美艺术社》。

学科外综合实践课:《服饰与饰品设计》;《手工刺绣与编织》、《茶艺鉴赏》、《摄影艺术》、《象棋》;《围棋》、《武术、散打、跆拳道》,等等。

开设菜单式活动课,让学生自主选择,让每一个学生在参与自己向往、热爱的"原生态"校园活动中,享受探索的乐趣、体验合作的愉悦、感受成功的自尊。将他们身上的潜能、灵光、亮色在活动中激发出来,再加以捕捉和引领,最终让每一个学生都拥有一项足以令他们自豪乃至影响他们一生的重要知识或技能。为每一个学生在应考之外再开辟出一条新路。

四、"阳光育人,多元发展"的教育评价

(一)"阳光育人,多元发展"教育评价的基本理念

一位木匠的故事,相信它对我们理解"阳光育人,多元发展"的教育评价会有极大的启示。

一位教育局长在一次校长培训会上,别出新裁地让校长们从一堆木料中找出一块有用的木头来。校长们不停的挑拣,结果只有5位人找到了有用的木头,其余皆空手而归,说是"全是废木",然而,局长却请来了木匠,请他谈看法,木匠直言不讳地说:"在我的眼里每一块木头都是有用的,平整的木头可以做椅面,较长的木头可以做椅腿,短木可以做横档,连一块小木头,还可以做加固用的木楔,一句话,只要你用的恰当,都是有用的木头。"

这个故事告诉我们:校长还应该是一个好木匠。因为只有这样的校长,才会对每一位教师知人善用,才会把长短不齐、宽厚不一的木头做成椅面、椅腿、横档,乃至做成加固用的木楔。一句话,这样的校长才会让学校里所有的教师人尽其用。

(二)"阳光育人,多元发展"的学生评价

"阳光育人,多元发展"学生评价的指导思想是:教育应该关注一个儿

童在哪些方面更聪明，而不是哪一个儿童更聪明。玫瑰就是玫瑰，莲花就是莲花。我们只需要欣赏，而不需要去比较。苏霍姆林斯基以"相信孩子"的思想缔造了国际著名的帕夫雷什中学；陶行知以"生活即教育"、"民主教育"、"创造教育"的教育思想创立了具有"开明、平等、实干"风格的晓庄师范；上海建平中学校长冯恩洪提出"合格＋特长"的育人思想，创建了闻名全国的建平模式。据于此，我们十中牢固树立了这样几种学生评价的观念：

1. **评价目的观**

我们始终相信，今天的教育如果不能让我们的孩子对学校眷恋的话，是非常危险的教育。为此，评价就要以为促进孩子对学校眷恋为根本目标。

2. **多元价值观**

从龙到才，"龙"是统一规格的"人上人"，"才"是百花齐放的"人中人"，从龙到才强调从"单元价值"到"多元价值"。教育不是改造人，而是培养人。玫瑰与莲花之间没有可比性，因为玫瑰有玫瑰的色彩，莲花有它独特的药用价值，我们只需要欣赏，而不需要去比较；

3. **发展评价观**

过去强调横向评价，今天强调纵向比较：今天的我与昨天的我有什么不同，今天的我与未来的我有什么发展。天生我才必有用，让每个学生都有成才的愿望。

4. **全面要素观**

教育要培养学生人格上自尊，行为上自律，学习上自主，生活上自理，心理上自强。

(三)"阳光育人，多元发展"的教师评价

评价就是导向，学校对教师的评价制度，直接决定教师的价值取向和具体的教育教学行为。因此要努力建设一种鼓励教师大胆创新、允许失败、公平竞争的评价机制。注重从教育观念、基本素质、教育教学能力、业

务学习和敬业精神等方面对教师进行综合评价。

教师虽然每天都在激励自己的学生,赏识自己的学生,其实,他们自己也需要激励。校长的一个重要使命是发现,发现教师,发现其所长,发扬其所长、发展其所长,搭建教师成长的多元平台,点燃教师的创业之火,以阳光教师育阳光学生。教师也是人,他们的身体强弱、生命兴亡,直接影响着教育质量。当"为学生终身幸福奠基"成为一个越来越多的人认可的先进教育理念时,"为教师幸福人生奠基"同样应当成为我们实实在在的行动。

为此,我校的考评机制特别强调:凡做出贡献者,教师节实行记功制,进行隆重的表彰和奖励。如:宋秉玉老师和宁昕老师申请的课题项目《创十中课改模式,打造高效创新课堂》,尚德兰、李尚春老师申请的《有效教学管理研究》,张彩霞、杜宇老师申请的《年级管理创新思维模式研究》,周祥龙、马清慧主任申请的《初三学生管理策略与智慧》等。由于他们在不同的方面作出了成就,都得到了学校高度的评价,这有效地激励了全校教师的积极性。

结 束 语

在实施素质教育的过程中,我校的"阳光育人,多元发展"取得了一些成效。然而,教育改革之途漫漫,尚需我们做出更多努力。我们坚信:通过孜孜不倦的努力,"学校特色化,教师专业化,学生多元化"能真正成为学校的品牌,并在走进新课程的进程中放射出无限的魅力,我们的目标是把学校打造成充满理想和热情的学校,使师生人人都有内在的生命活力。